天下文化
BELIEVE IN READING

心理勵志 BBP 449

與成功有約

高效能人士的七個習慣

The 7 Habits of Highly Effective People

30th Anniversary Edition

30週年
全新增訂版

by Stephen R. Covey　Sean Covey
史蒂芬・柯維　西恩・柯維

顧淑馨 —— 譯

目錄

第二部 個人的成功

從依賴到獨立

第三部 公眾的成功
從獨立到互賴

第四部 全面觀照生命

第五部
永遠的叮嚀

各界讚譽

「有抱負者必讀的商管書籍很少，而本書就是必讀佳作之一。」

——賽斯・高汀（Seth Godin），知名部落客兼暢銷書《低谷》（*The Dip*）、《紫牛》（*Purple Cow*）、《部落》（*Tribes*）作者

「《與成功有約》指引許多人在企業界闖天下。內容簡單卻有奇效。對有心成為領導者的人，這是一本絕佳指南。」

——梅格・惠特曼（Meg Whitman），短片串流媒體平台Quibi執行長，惠普公司前執行長

「《與成功有約》目前已是有史以來最暢銷的書之一。」

——《財富》雜誌（*Fortune*）

「《與成功有約》是史上最成功、最暢銷的書籍之一，而且當之無愧。有千百萬人運用此書徹底改變了人生，我就是其中之一！過去二十年來，我每週都會向朋友、生意夥伴與廣播聽眾引用和推薦這本著作許多次！想要人生成功，你一定少不了它。」

——大衛・藍西（Dave Ramsey），《紐約時報》暢銷作家，全美廣播節目主持人

「史蒂芬・柯維這本開創性著作不斷指引和啟發千百萬讀者。它循循善誘的向讀者說明，培養個人效能可以引導他們走向幸福之路，幫助他們領導改革，讓世界變得更美好。」

——羅莎貝絲・肯特博士（Rosabeth Moss Kanter, PhD），哈佛商學院艾巴克（Arbuckle）講座教授，哈佛大學先進領導計畫（Advanced Leadership Initiative）主任；暢銷書《信心》（*Confidence*）和《超級公司》（*SuperCorp*）作者

「十年前我參加了柯維博士的研討課，他教一大群成年人七個習慣，其中多半是企業領導人。我四下望去，只見教室裡人人都十分投入，我不禁想著：『為什麼等到成年，才教他們這些技巧？』不久後，我們學校就開始教七大習慣，先是對教職員，後來又對學生，甚至是才五歲的孩子。過去十年來，七大習慣對本校的影響十分驚人。我從事教育工作三十六年裡，從未見過對學生成就、教師留任率和家長滿意度影響如此大的事物。目前全球各地有五千多所學校的學生，正透過『領導力教育』計畫（The Leader in Me），在學習同樣強而有力的習慣，這令我感到振奮不已。」

——妙麗・湯瑪斯・桑莫絲（Muriel Thomas Summers），美國寇姆斯小學（A. B. Combs Elementary School）校長

「《與成功有約》這本書，讓全世界看到一個助人擺脫枷鎖的真理：心態在我們身上有奇妙的作用。如果覺得自己很差，就真的會很差。柯維博士教導我們：改變人生的關鍵，在於改變看待自我

的心態，在於體認人人都滿懷無盡的潛力和可能性。」

——穆罕默德・尤努斯（Muhammad Yunus），二〇〇六年諾貝爾和平獎得主

「本書使我受益良多。……它思想最精闢，也最發人深省。」

——諾曼・文森・皮爾（Norman Vincent Peale），《向上思考的祕密》（*The Power of Positive Thinking*）作者

「過去二十五年裡，《與成功有約》一直列在我最愛的商管書單裡。它是我不分類別最愛的一本書。裡面教的是人生大事，值得每天二十四小時念茲在茲。」

——喬爾・彼得森（Joel Peterson），捷藍航空（JetBlue）董事長

「《與成功有約》提供的教導是通往成功的重要指南。本書是史上最暢銷著作之一實非浪得虛名。我在游泳和人生中的成功，應歸功於同樣主動積極、有目標的做法：『夢想、計畫、達成』。經由我基金會的活動，我們體認到夢想的力量，也強調執行詳盡的計畫，推動你邁向目標的重要性。」

——麥可・費爾普斯（Michael Phelps），二十二面奧運游泳金牌得主，費爾普斯基金會創辦人

「從我開始，柯維影響了成千上萬的美國海軍。栽培領導人才是我們的工作，並具有攸關生死的意

義。《與成功有約》教導我們重新思考，迎接個人的新挑戰，也是攸關我國國防的挑戰。他的著作影響一個世代的海軍領導人，也在九一一之後那段日子，幫助我領導海軍。我永遠難忘他與我的領導團隊同桌晚餐時，分享使海軍變得更好的構想。他永遠改變了我們的人生！」

——克拉克（Vern Clark），美國海軍退役上將

「我幾乎從不推薦商管或是自助類的書籍。但是只有《與成功有約》是少數例外之一。我給它滿分，並向同事、家人、朋友大力推薦。我特別高興曾與柯維及其團隊往來，也感謝他們對企業界的重要貢獻。」

——雷克赫爾德（Fred Reichheld），貝恩顧問公司（Bain）研究員，《終極問題》（*The Ultimate Question*）作者

「《與成功有約》不只是一本書：它是一位偉大教師的遺教，這位教師身體力行他所寫的。柯維博士的信念來自原則和經驗。我很感謝他，但不致想念他。透過他的教誨，他每天持續與我相伴。」

——克雷頓．克里斯汀生（Clayton Christensen），哈佛商學院教授，《創新的兩難》（*The Innovator's Dilemma*）與《你如何衡量你的人生？》（*How Will You Measure Your Life?*）作者

「當我想起史蒂芬．柯維，我想像他聽到『做的好，我善良又忠心的僕人』時，會露出微笑。史蒂

芬值得如此讚譽的重要理由之一，是《與成功有約》。此書的教導在今日，與三十年前史蒂芬首次寫下它時同樣有意義，甚至意義更大。本書一直會是必讀之作，也是必須一讀再讀之作。」

——肯．布蘭查（Ken Blanchard），《一分鐘經理人》（*The One Minute Manager*）和《願景領導》（*Leading at a Higher Level*）共同作者

「在當前的競爭世界裡，有各種責任和對時間、旅行、工作、家庭的需求，加諸我們身上，幸而有柯維的《與成功有約》可供參考，實在是一大助益。」

——瑪麗．奧斯蒙（Marie Osmond），歌手、演員、《愛是關鍵》（*The Key Is Love*）作者

「柯維是自卡內基（Dale Carnegie）以來，打進企業界最熱門的自我改進顧問。」

——《今日美國報》（*USA Today*）

「經過七大習慣的訓練課程，我們確實看到員工的合作能力有進步，這正是我們所要的。多年來我們持續進行這項訓練，因為我們覺得值得這麼做。在個人發展、增進員工關係、提升整體工作效率等方面的好處，對於像喬治費歇爾（Georg Fischer）這種在各大洲都有公司的國際企業的成功，實在太重要。」

——塞拉（Yves Serra），瑞士沙夫豪森州（Schaffhausen）喬治費歇爾集團執行長

「史蒂芬·柯維的《與成功有約》，曾給予萬豪（Marriott）集團廣泛的指引，因為我們要管理七十四國的關係企業。他的洞見協助我們在優良餐旅服務上，達到突破性領先地位。」

——馬瑞特（J. W. Marriott, Jr.），萬豪國際公司董事長暨總裁

出版者的話

柯維的「七個習慣」與錢煦的「七心」

高希均／遠見・天下文化事業群創辦人

歷久不衰的普世價值

管理學大師史蒂芬・柯維終其一生任教於楊百翰大學（Brigham Young University），他在一九八九年出版《與成功有約：高效能人士的七個習慣》，至今已翻譯成四十種語言，在全球發行四千萬冊。

這本書被譽為出版史上最暢銷的書，也是天下文化成立三十八年以來最重要的長銷好書之一，因為書中講述的是歷久不衰的普世原則，包括：誠實、正直、品德、良知、慷慨、真誠、尊重、遠見、當責、紀律、主動積極、利他、同理心、團隊合作、互信互助、綜效等，它們豐盛了自己以及他人的生命。

第一次讀這本書的英文書稿是在一九八九年，書中所傳遞的人生哲學正是天下文化所致力傳播的進步觀念和正向價值，所以我們積極爭取中文版權。三十年後重讀，仍然感受到書中的智慧卓見彌足珍貴。但是柯維還是謙虛的說，這七個習慣並不是他所「創造發明」，而是源自亙古不變的「自然法則」。閱讀本書時，我懷想自己這三十年來的生命經歷，在在印證了書中的核心價值，也就是七個習慣：

- 習慣一：主動積極（Be Proactive）
- 習慣二：以終為始（Begin with the End in Mind）
- 習慣三：要事第一（Put First Things First）
- 習慣四：雙贏思維（Think Win/Win）
- 習慣五：知彼解己（Seek First to Understand, Then to Be Understood）
- 習慣六：統合綜效（Synergy）
- 習慣七：不斷更新（Sharpen the Saw）

是什麼原因讓這本書成為歷久不墜的經典？

我認為，這七個習慣就是我們每個人的生命支柱，撐出生命的廣度與高度。

錢煦的「七心」

柯維的七個習慣，也與旅美大科學家錢煦在《錢煦回憶錄：學習、奉獻、創造》（天下文化，二〇一九年七月出版）中提倡的「七心」先後輝映，真是英雄所見略同。錢院士的「七心」是「全心」熱愛、「決心」投入、「用心」理解、「精心」創新、「同心」合作、「推心」溝通、「盡心」完成。在該書〈出版者的話〉中，我寫著：「當做人做事與誠心和專心結合時，就有機會產生像錢院士一樣的輝煌人生。」

天下文化還有一本好書《好人肯定有好報》（*Why Good Things Happen to Good People*）。我時常和同事分享，世界之大，有足夠的成功可以分給每個人，我們可以互助共好，甚至大方的把成功的光環讓給別人，功成不必在我。

圓滿的人生來自品德，而真正的領導力根源於道德的力量，這是高速變動的時代唯一不變的事。我鼓勵所有朋友精讀《與成功有約》，進而把七個習慣推廣到整個社會。

栽植台灣「生命之樹」的十個觀念

就在天下文化發表本書之際，很湊巧的我把多年來在國內外演講的十個觀念組合起來，用以栽植台灣社會的「生命之樹」*。這十個觀念彼此支撐貫穿，宛如下頁圖 1 所示。讀者可以發現，「十個觀念」與「七個習慣」及「七心」有眾多共通之處。這或許正說明東西文化中的人性、理性、價值、美德等，必有相互融合交流的共同元素。

* 高希均，〈台灣的生生不息之樹——十個觀念造就十全十美的生命〉，《遠見雜誌》，二〇二〇年十月號。

新冠肺炎疫情在全球蔓延，隨著國內外因素的改變及突變，人類有以下選擇：

- 同在一口井裡，看不到天空的陽光。
- 同在一條船上，面對不測的風浪。
- 同在一個地球上，追求永續的發展。

面對外在環境的不確定和內心的不安定，此刻正是細讀及實踐「七個習慣」及「七心」的最好時機。

圖1　十個觀念
栽植台灣「生命之樹」

序

偉大的領導力來自於品德

詹姆・柯林斯／企管大師、《A到A+》作者

我與史蒂芬・柯維的首度會面，是在二〇〇一年，那時他希望能跟我交換些想法。在溫暖的問候之後——他與我握手時，是用雙手包覆著我的手，那雙手給人的感受，像是已經戴過上千次、舒適無比的皮製壘球手套——開始了我們長達兩個小時的對談。

史蒂芬是用問問題來開場的，他問的問題可真多。在我的眼前，坐著一個大師級的老師，當今世上最具影響力的思想家之一，可是他卻想向一位小他二十五歲的後輩學習。

會談中，我把握住機會，問了一個使我好奇的問題：「您是怎麼想出《與成功有約：高效能人士的七個習慣》這本書裡的概念？」

「那並不是我想出來的，」他回答。

「這是什麼意思呢？」我問，「那本書是您寫的啊！」

「是的，是我寫的，但在我提出之前，書裡的原則早已為人所知，」他繼續說，「這些原則更像是自然法則，我所做的只是把它們蒐集起來，幫人們做綜合統整的工作。」

此時，我開始明白為什麼他所做的事能有這樣的影響力。柯維書上所寫出的這些道理，花了他超過三十年的時間來研究、落實、傳授及精練，但他卻沒有因此矜功；他努力教導這些原則，讓人們理解。對他來說，這七大習慣的創造，並非他追求個人成功的工具，而是一種服務的行為。

歷久不墜的經典好書

當富蘭克林柯維公司（FranklinCovey）執行長華特曼（Bob Whitman）打電話給我，請我為《與成功有約：高效能人士的七個習慣》二十五週年增修版寫篇序言時，我第一個反應是重讀整本書。這本書於一九八九年出版後不久，我就拜讀過，如今有幸重溫此書，不啻是種恩賜。我也想重新闡述：是什麼讓這本書成為歷久不墜的經典。我想，有四項因素成就了這本書今日精純入微的境界。

首先，柯維整理出一個條理清晰的概念性架構，輔以極具說服力的寫作風格，他創造出一個「使用者介面」，讓人容易理解。其次，柯維專注於闡述不受時間影響的原則，而不只是提供技巧或流行一時的概念。再者，柯維所寫主要是關於「建立品德」，而不是「獲致成功」，因此不只幫助人們成為更有效的個人，還成為更好的領導者。最後，柯維本身就是第五級領導人，虛心面對自己的缺點，並仍致力於廣泛分享所學。

史蒂芬・柯維是個不凡的集大成者，我認為他在個人效能方面的成就，可比擬為個人電腦領域的圖像化使用者介面（Graphical User Interface）。

在蘋果電腦（Apple）及微軟（Microsoft）出現之前，很少人能將電腦運用到日常生活裡，當時並沒有容易操作的使用者介面——沒有滑鼠指標、友善的圖示，螢幕上也沒有可重疊的視窗，更沒有觸控式螢幕。

但是，隨著麥金塔（Macintosh）及隨後視窗（Windows）作業系統的出現，絕大多數人終於能連結上螢幕背後微晶片的力量了。同樣的，關於個人效能的智慧也累積了好幾百年，從富蘭克林（Benjamin Franklin）一直到彼得・杜拉克（Peter Drucker），卻從未被整合成一個前後一貫、對使用者友善的架構。

柯維在個人效能領域創造出一個標準的操作系統「Windows」，並讓這套系統易於使用。事實證明，他是一位非常優秀的作家、講小故事的大師、機智的概念表達者。

我忘不了第二章裡提到的故事——在地下鐵裡，有個男人未能管好自己大吵大鬧的孩子（還有這故事的意義），也忘不了燈塔、走錯路，或是金蛋的比喻。他有些概念的包裝方式異常有效，既能清晰的將概念呈現出來，同時又讓人知道如何應用「雙贏思維」、「知彼解己」、「以終為始」、「要事第一」。

他還透過真實的人生奮鬥故事——教養孩子、婚姻關係、友誼建立，讓這些概念更容易運用在教導習慣如何建立，如何在生活中培養起來。

在這個概念架構裡的理念，是與時俱進的。它們是原則，因此能夠發揮效用，並且打動全球各地不同年紀的人。

在這樣一個充滿變化、騷動、混沌與持續不確定的年代，人們渴望能有一個定錨點，找到一組概念，在面對混亂時給他們指引。柯維相信，超越時間的原則確實存在，且找出這些原則並非蠢事，而是智慧。他拒絕聽信那些高喊「神聖已逝，無事能恃，白雲蒼狗，無可建樹！萬事皆新！傳統無用！」的聲音。

如何從優秀變偉大

我自己的研究，主要是針對以下這個問題：是什麼讓一家偉大的公司永續經營——為什麼有些公司能從優秀變成偉大（而其他公司卻做不到）？為什麼有些公司能基業長青（而其他公司卻關門大吉）？以及為什麼有些公司能在混亂中欣欣向榮？我們的主要發現之一便是：「保存核心，刺激進步」。

企業要變得偉大或者保持偉大，莫不需要保有一組核心法則，在面對變動不居的世界時，做為立業根基、精神支柱，以提供指引。同時，企業要保持偉大，也需要刺激進步——改變、更新、改善，並追求「宏偉、艱難和大膽的目標」（BHAGs: Big Hairy Audacious Goals）。當你結合這兩者，保存核心及刺激進步，便得到了能讓一間公司或組織生生不息的神奇辨證之道。

柯維在個人效能領域發現了類似的模式：首先，建立起不受持續變動影響的強力核心法則；同時，不懈的追求改善與持續自我更新。這樣的辨證之道，確保個人能擁有如磐石般堅固的基礎，終其一生，都能持續成長。

然而我認為，《與成功有約：高效能人士的七個習慣》最重要的面向不只合乎實際，還意義深遠——它強調「建立品德」，而非「獲致成功」。

沒有效率不需紀律，沒有紀律不需品德。

當我撰寫這篇序言時，我在美國西點軍校領導力研究一九五一班為期兩年的教職正進入尾聲。我得出一個結論，西點軍校治校的關鍵在於，偉大的領導力來自於品德，而品德主要是與你的本質有關，因為這就是你一生作為所繫。你要如何培養領導者？首先要建立品德。也因此我認為，七大習慣不只與個人效能有關，還關乎領導力的發展。

當我回顧所研究的幾位傑出領導者，我很驚訝的發現，在許多他們的故事裡，都可見到柯維所提出的原則。

以我最喜歡的案例之一比爾・蓋茲（Bill Gates）為例，近幾年來，人們很常將如蓋茲這樣超乎常人的成功歸因於運氣，在對的時間處在對的位置上；然而，一旦細想，這種說法就站不住腳了。

當《大眾電子學》（*Popular Electronics*）將「牛郎星」（Altair）電腦放在封面上，宣告前所未有的個人電腦已然降臨，蓋茲與保羅・艾倫（Paul Allen）立刻聯手創立一間軟體公司，為「牛郎星」用「BASIC」程式語言撰寫程式。

傑出領導者的共通性

沒錯，蓋茲是在對的時間點擁有寫程式的能力，但其他人也有同樣的能力，在加州理工學院（CalTech）、麻省理工學院（MIT）以及史丹佛大學（Stanford）念電腦科學及電子工程的學生；在IBM、全錄（Xerox）以及惠普（HP）工作的老練工程師；還有在政府研究實驗室工作的科學家，成千上萬的人都有能力做到蓋茲當時所做的事情，但是他們沒去做。

在那個當下，蓋茲採取行動，他離開哈佛大學，搬到新墨西哥州的阿布奎基市（Albuquerque，「牛郎星」所在地），日以繼夜撰寫電腦程式。生逢其時的運氣，不是蓋茲

與眾不同之處，而是他在躬逢其盛時採取主動。（習慣一：主動積極）

在微軟成為一間成功的公司之後，蓋茲擴大了他的目標，指引他的宏大理念便是：每張桌子上都有一台電腦。

之後，蓋茲跟他的太太創設「比爾與梅琳達．蓋茲基金會」（Bill & Melinda Gates Foundation），他們有個遠大的目標，想讓瘧疾從地球表面消失。正如他在二〇〇七年哈佛大學畢業典禮演講中所說：「對梅琳達與我來說，挑戰是一樣的：如何利用我們手上的資源，為最多人做出最大的貢獻。」（習慣二：以終為始）

把最好的時間留給最重要的事

真正的紀律，是要將我們最好的時間放在第一要事上，而就最好的意義來說，這意味著我們要當一個不順從潮流的人。

「每一個人」都會對年輕時的蓋茲說，讀完哈佛應該是他的第一要事；然而，儘管好心的人們投來不讚許的眼光，他還是將所有的努力對準了自己的使命。

在他打造微軟時，他將全副心力放在兩個重要無比的目標上：找最好的人才、執行少數幾項大軟體計畫，其他事情都是次要的。當蓋茲在某次晚宴上，第一次與巴菲特

（Warren Buffett）會面時，東道主問在座賓客，在他們一生中，哪一個因素是最重要的？正如施洛德（Alice Schroeder）在《雪球》（*The Snowball*）中提到的，蓋茲與巴菲特給出的答案是一樣的：「專注」。（習慣三：要事第一）

蓋茲與第四個習慣（習慣四：雙贏思維）的關係，就稍微複雜了些。乍看之下，蓋茲會讓人覺得他是一個「損人利己」（Win/Lose）的人，一個凶狠的鬥士，非常害怕公司會一蹶不振，他還寫過「噩夢」備忘錄，列出微軟如何失敗的情況。在產業標準的競賽中，只有少數會成為贏家，絕大多數都是輸家，蓋茲一點也不想讓微軟退出贏家行列。但是更加仔細觀察後發現，他非常善於結合各方互補的力量，打造聯盟。為了達成他偉大的夢想，蓋茲明白，微軟需要有其他強者的力量來強化自己——微處理器的英特爾（Intel）、個人電腦製造商IBM和戴爾（Dell）。

蓋茲還配股給員工，這麼一來，當微軟勝出時，微軟員工也會是贏家。此外，蓋茲也展示他傑出的能力，將自己的力量與他人結合，尤其是他的長期事業知己鮑默（Steve Ballmer）。蓋茲與鮑默兩人同心協力所達致的成就，遠比單打獨鬥要大得多，一加一遠遠大於二。（習慣六：統合綜效）

當蓋茲成立基金會拓展社會影響力時，他並未站到台前說：「我在商業界非常成功，所以我早就知道如何實現社會影響力。」剛好相反，他帶著無盡的好奇心，不恥下問，以求解惑。他一直提問，試圖掌握科學及方法，來解決最為棘手的問題。蓋茲跟一位朋友交談，對話最後，他說：「我需要多了解磷酸鹽。」（習慣五：知彼解己）

最後，讓我印象深刻的是蓋茲「日日新、又日新」的方法。即使在打造微軟最艱鉅的年代，他還是會定期空出一整週，不參與工作，而是投入閱讀與反思中，這是一個「想想週」（Think Week）。他還培養出閱讀傳記的嗜好，他曾對《財富》雜誌的史藍德（Brent Schlender）說：「有些人一輩子能做到的事，真是令人驚訝！」這一課，蓋茲打算當成此生的箴言。（習慣七：不斷更新）

超越時空的成就

蓋茲是極佳的案例，但我還可以舉出其他人為例，譬如柯普（Wendy Kopp），她建立起「為美國而教」（Teach for America）的非營利組織，鼓舞了成千上萬的大學畢業生，到資源匱乏的學校任教至少兩年的時間，致力於創造出一股持續不懈的社會力量，徹底改善十二年基本教育。（積極主動、以終為始）

或者，我也能以賈伯斯（Steve Jobs）為例，他住在沒有家具的屋子裡，終日忙於創造無與倫比的產品，而無暇顧及看似不重要的活動，譬如買餐桌或沙發。（要事第一）

還有，西南航空（Southwest Airlines）的凱勒赫（Herb Kelleher），他在管理階層與勞工之間創造雙贏文化，在九一一事件發生後，讓公司的每個人團結起來，使公司三十年來連續獲利的佳績保持不墜，而且沒有任何一個人遭到裁員。（雙贏思維）

甚至，還有邱吉爾（Winston Churchill），他在二次大戰期間，白天會小睡一會，讓自己每一天都有「兩個早晨」。（不斷更新）

我無意暗示七大習慣可以與建立偉大企業一一對應，比如《從A到A+》（*Good to Great*）、《基業長青》（*Built to Last*）裡的原則，和《與成功有約：高效能人士的七個習慣》的原則，彼此是可以互補又各自成立的。

柯維想寫的書，並不是如何建立偉大組織，而是如何達到偉大的個人效能。然而，組織是由個人所構成的，有效能的人愈多，組織就愈強大。而且我確實感到，能實踐七大習慣的人，成為第五級領導人的可能性愈高。

正如我在《從A到A+》花了大篇幅描述的那些少數的蛻變期人物，第五級領導人展現出矛盾的組合，集謙虛的個性與專業的堅持於一身，將自身的精力、動機、創造力與紀律，都投注在比自己更偉大、更持久的事物中。

他們肯定是有雄心壯志的，但他們的目的不是為了自己，而是要建立偉大的公司、改變世界，或是達成一個最終會超越自身的偉大目標。

一間企業能否保持偉大，重要因素之一與一個簡單的問題有關：擁有權力者內在的動機、品德與野心，其真相究竟為何？他們真正的內在動機絕對會展現在其決策與行動上，即使不是立即可見，也會日久見人心，無論他們怎麼說或怎麼裝腔作勢。因此，繞了一圈，我們還是要回到柯維思想的核心原則：先建立內在品德——私領域的成功先於公領域的成功。

第五級領導人的影響力

這讓我看到了史蒂芬．柯維本人，他就是一位第五級領導人。

在他堪稱奇蹟的生涯中，他對自己所造成的衝擊及影響力，展現出令人佩服的謙遜，而且他有著不屈不撓的意志，去幫助人們明白他的理念。他真心的相信人們若能活出這七大習慣，這世界會更加美好，而且這樣的信念在書裡隨處可見，閃耀著光輝。

身為第五級領導人，史蒂芬．柯維盡其所能活出自己的教導。他說他個人最難做到的是第五項習慣（知彼解己），這真是很出人意料，因為在他寫出這本書之前已歷經幾十年的探索，才獲得對這些習慣的了解。他先是透過學習而成了老師，然後他又成為一位學習寫作的老師，也因此讓他的教導禁得起時間的考驗。

在解釋第二個習慣時，柯維帶大家想像自己的喪禮——想想，你希望在喪禮上追述你生平的人，怎麼描述你及你的一生？你希望他們在你身上看到怎樣的品德？你希望他們記得你有怎樣的貢獻與成就？我想，他會很高興聽到人們在他喪禮上的發言。

沒有人能長生不老，但是書籍與觀念卻能永垂不朽。當你翻開這本書時，正當人生巔峰的史蒂芬．柯維彷彿如在眼前。你可以感到他在字裡行間向你招手，說：「你好，我真心相信書裡的話，讓我來幫助你——我希望你了解，有所收穫，我希望你成長，成為更好的人，對世界做出更大的貢獻，活出有用的人生。」他的人生已經抵達終點，但是他的作品還在持續發揮影響力，這本書如今仍像當年首印時一樣充滿活力。

《與成功有約：高效能人士的七個習慣》才不過是個二十五歲的年輕生命，鵬程萬里，遠景可期。

於科羅拉多州博爾德
二〇一三年七月
（郭貞伶／譯）

序

向高效能父親致敬

柯維家族

我們的父親「不斷更新」的習慣，真的曾在蒙大拿州救起一個人。

在成長過程中，我們經常看到他的行為正如他所說的：「贏得每日的個人勝利。」每天早上，他會早起冥想、運動及閱讀經典；某天下午，他在湖邊安靜的閱讀，享受著湖上美景，此時，他聽到一聲微弱的呼救聲：「救救我！」

他拿起望遠鏡——他似乎經常將望遠鏡帶在身邊以便觀察野生動物——看到一艘雙管浮舟在湖中載浮載沉，有人正絕望的抓緊浮舟邊緣，快掉進寒冷的湖水裡。

父親迅速跳上他的水上摩托車，朝那艘浮舟開過去，將一位重垮垮的醉漢拉上摩托車，把他載回岸邊。之後，他在附近的露營區找到這名醉漢的家人，並發現他們還在飲酒作樂，絲毫未察覺有人已失蹤。幾年後，這位被父親救起的男人，在一個大團體前說出這段往事，並說那是他生命的轉捩點。他並不知道救起他的人是誰，他很感恩有人回應了他的呼救，並挽救了他的性命。

這個事件，是我們的父親史蒂芬．柯維一生的縮影，對他的後代，九個孩子及五十四個孫子來說，他是我們的「生命線」；但不只如此，他也是成千上萬個人與組織的生命線，他們都受到《與成功有約：高效能人士的七個習慣》的影響，改變了一生。

父親總是說，他並未發明這些習慣，因為它們是源於普世原則或者自然法則，譬如責任感、正直、豐盛及更新，但他同樣相信，「有常識不代表有落實」，所以，他一生致力於將他的訊息傳達出去，盡力讓更多人做到。

畢生投入激勵人心的事業

父親於二〇一二年七月去世之後，我們一家意識到，他畢生投入在「釋放人類潛能」的這項任務，有多麼遠大與重要。

數以千計的電子郵件、信件、便條、探望與電話，從世界各地如排山倒海而來，許多人都想跟我們分享他們的故事，告訴我們，父親是如何同樣的拋給他們救命索，從各式各樣的情境中拯救了他們，譬如沒有目的的人生、無能的公司領導者、失敗的婚姻、破碎的關係，甚至是面對教養虐待。

一次又一次，我們傾聽人們述說父親多麼不可思議，透過他從原則出發來面對生命的方式，激勵了他們，而且毫不誇張的，他確實也鼓舞了上百萬人。

老爸是個「堅守原則」的人，一生正直。在那些年頭裡，他有許多機會為世界級領袖及各國元首上訓練課程，他將這些機會視為極大的榮幸與責任。有一回在討論時，團體中的每個人都在批評當時的美國總統，保持沉默的父親格外顯眼。

人們問他，為什麼不參與這場八卦討論？他只是簡單的回答：「將來我或許能有機會影響他，若是真有這麼一天，我不希望自己當個偽君子。」幾個月之後，這位美國總統打電話給老爸，說他剛讀完第二遍《與成功有約：高效能人士的七個習慣》，他想請問老爸能否親自為他開課，教他應用這些原則。

終其一生，老爸曾與三十一位國家元首會面，其中包括四位美國總統。

以身作則再教導他人

父親一定是先以身作則，才會教導他人，尤其是在七個習慣上。早在書籍出版之前，他就花了許多年的時間研究、發展七個習慣。

他本人便是「主動積極」的大師，在我們的成長過程中，這經常讓我們感到困擾，因為他不允許我們有任何藉口，或是為了自己的問題而責怪環境、朋友或老師。他教我們，只能「自己想辦法」或是「選擇不一樣的回應」。還好，母親有時候會允許我們當個受害者或是責怪其他人。她與父親，達成了健康的平衡。

老爸在「運用資源」和「主動積極」方面，也是相當傳奇的。

有一回，他因為遇上道路施工而塞車，可能趕不上飛機。他決定自己不能坐在車子裡等，他對計程車司機說，他要下車去指揮交通，這樣子交通才會動起來，並請司機等會兒去接他。

計程車司機愣住了，他說：「你不能這麼做。」對此，老爸只是很開心的回應：「你等著看！」他下車之後，開始指揮交通，那條路上的車子（還有喇叭聲跟歡呼聲）開始動了起來，計程車司機也接到他，及時載他前往機場，趕上飛機。

我們全家都知道，父親是個毫不做作、不受約束的人。

他經常會戴著假暴牙或是可怕的假髮，遮掩著名的禿頭，讓人們認不出他，而得以與陌生人盡情的聊天。

有一次，他因為在打高爾夫球的時候感到無聊，跟一位朋友打起水仗，因此被請出高爾夫球場。

當我們跟他一起搭電梯時，也會覺得很不好意思，因為幾秒鐘之內，他就會轉身露出大大的笑容，對其他人（侵犯了他們的個人空間）說：「你可能會想知道為什麼我稱這是短暫的會議！」然後就自顧自的因自己說的笑話笑了起來。

活在當下的生命哲學

我們從他身上學到，別那麼在乎別人的想法，只要單純享受他愛搞笑的個性。

他打小盹也是出了名的。他時常捲起外套當枕頭，戴起眼罩，就開始打盹，好恢復精神。在一般人想不到的地方他也能打盹，譬如商店、戲院、機場、火車、公園長凳上，隨時隨地，只要他得空，找到了地方，他就能睡。

他的熱忱很能感染他人，他總是愛說要用「活在當下」（Carpe Diem）的精神過日子，以「吸取生命的精髓」（譯注：語出美國作家梭羅〔Henry David Thoreau〕）。

對於個人的成功，他總是感到有點意外與不好意思，也總是很謙虛，不受名聲影響。在他眼裡，他只是在服務這項偉大工作，並總是將自己的成就歸功給其他人和上帝。他從未對自己的價值與信念感到羞愧，他相信，若是以神做為生活的中心，所有事情都會自動到位。

他告訴我們，個人或組織要能長保成功，唯一的方式是依據永恆的原則處世。

我們的父親真的很認真做到知行合一、以身作則，他經常在自己沒做到時向我們道歉。譬如，他會說：「兒子，我很抱歉，對你發了脾氣。」或者，「親愛的，是我不好，我該怎麼彌補呢？」

我們經常被問到，跟他一起生活是怎樣的情況，人們想知道他是不是像表面看起來那麼好。雖然他並非完美的人，也會因為如塞車或出門前得等我們的媽媽這類情況，而要鍛鍊自己的耐性，但是在他的教導與生活之間並無二致，他是個名副其實的人。

或許，我們能給父親最大的讚美是：他在公眾面前，是個好作家、好老師；私底下，他更是個好丈夫與好爸爸。我們很愛他人前人後一個樣。

我們都知道，老爸寧可把時間花在家人身上，而他會透過時間管理，以「要事第一」讓這件事說到做到。雖然他因為事務繁多而經常出差，卻很少錯過對我們來說很重要的事，譬如我們的生日或籃球比賽，有時候他還會提前兩年就做好計畫。

他持續在我們每一個人的「情感帳戶」裡存款，他會一對一跟我們談話，徹底做到「在關係中，小事就是大事」。

他很擅長機會教育，總是會把對的原則應用到我們正在面對的事情上，鼓勵我們根據自己的價值、而非一時感受，來做出決定。他以身教讓我們明白「人生是項使命，而非事業」，透過服務他人，我們都能找到真正的快樂。

老爸深愛著我們的母親珊德拉，兩人恩愛結褵五十六載。每週，他們會進行好幾次增進感情的活動——他們會騎著本田機車，悠哉悠哉，一邊騎一邊「好好聊聊」，享受路上的風景跟相聚的感覺。每一天，他們都會通上兩、三次電話，即使是老爸出遠門時。他們無所不談，從政治、好看的書到子女的教養，老爸很看重媽媽的意見。

他是個深思熟慮的人，一不小心，說起話來就會太過理論，而媽媽是絕佳的回音板，會幫助他把話簡化，讓他的表達更加實際。媽媽會說：「喔，史蒂芬，這太複雜了點，沒有人知道你要說的是什麼，要說得簡單一點，講更多故事。」他很喜歡這樣的回饋！現在我們也有了自己的孩子，我們很驚訝他們在人際關係上的雙贏，也看到他們有多麼享受生活在一起的快樂。

真正的領導力就是給人幫助

老爸對領導力有個很美的定義，他說：「領導的藝術，就是幫助他人體認到自己的價值和潛能。」

就在父親過世不久後，有位在艱困環境中成長的男子提起父親說過的這段話，這也是父親一生在做的事：「我希望你們知道，直到現在，我都還保存著三十年前他為我錄製的錄音帶，他錄了二十分鐘激勵我生命的話。他告訴我，神是愛我的，我會上大學，有一天我會有自己的家庭。過去三十年來，我反覆聽著這卷錄音帶，他告訴我的每一件事，我都做到了。要不是他，我不會有今天。謝謝你們！」

正值《與成功有約：高效能人士的七個習慣》出版的重要週年紀念日，儘管有上百萬人、數千個組織盛讚這本書對他們的影響，史蒂芬・柯維家的孩子們，還是要對這位「高效能」父親致上敬意。

正如許多年前，他救了那位差點溺水的人，我們相信他的生命與文字，依然會是你、你的家人、你的團隊與組織，還有許許多多人們與事業的生命線。在這個紛亂的年代，我們相信七個習慣中永恆的原則，比以往都來得更加重要，而其訊息與影響才剛展開序幕。

我們會永遠感謝這位偉大的父親及爺爺，他的精神會一直活在我們心中，也會持續閃耀在受到他感召與鼓舞的人們心中。我們會活得正直，對世界做出貢獻，並體現每一個人內在的偉大本質。

史蒂芬・柯維家的孩子由衷感謝您。

辛希雅、瑪麗亞、史蒂芬、西恩
大衛、凱瑟琳、柯琳、珍妮及約書亞
敬上

（郭貞伶／譯）

序

三十週年——向經典致敬

西恩・柯維

我已經不再計算究竟被問過多少次：「在世界聞名的史蒂芬・柯維博士和他的七大習慣家裡長大，感覺如何？」

在我成長期間，父母就只是父母，他們很慈愛，很盡責，可是也很令人尷尬。我十幾歲時，會有陌生人過來抱著我，靠在我肩膀上哭起來，並且告白：「我要讓你知道，你父親的書改變了我的人生。」當時我十七歲，心想：「你不是在開玩笑吧？你曉不曉得，我爸穿絲絨寬長褲配禮服襯衫和帆船鞋。而他改變了你的人生？」

我記得讀小學時，有一次爸爸在午餐時間出現。他跟我一起排隊取餐時，開始唱起一首臨時編的歌，叫作「我愛我的家庭」。同學們覺得很好玩。我覺得糗死了。更糟的是爸爸禿頭！太丟臉了！

直到後來我才有點知道，小時候自己多麼幸運。十九歲時，我終於拿起一本爸爸寫的書，開始看看他要說些什麼，我心想：「哇，老爸真的很聰明。他好成熟好成熟。」那本書讓我憶起這一生所學到的一切。我生長在七大習慣的家庭裡，是九個孩子中的老四，一直浸淫在書中的內容裡。爸爸不但教我們他撰寫的那些原則，也把我們視為最珍貴的學生。他在我們身上試驗所有寫作素材。可是就像魚是最後發現水的那個比喻，我們沉浸在這個環境中太久，反而未察覺它的存在。

當我開始發展事業，並且愈來愈意識到七大習慣的深厚本質，就決定要寫一本給青少年看的版本，名為《7個習慣決定未來》（*The 7 Habits of Highly Effective Teens*）。幸好當時我身邊沒有青少年。現在我有了，我收回過去說過的話，沒有所謂高效能青少年這種東西（譯注：書名直譯為「高效能青少年的七個習慣」）。那是矛盾說法。開玩笑的。說實話……有很多傑出的青少年。

眼見七大習慣對人們生活的影響，我受到激勵，決定要繼續分享相關訊息，於是出版《與成功有約兒童繪本版》，還有大學教科書《大學生與成功有約》（*The 7 Habits of Highly Effective College Students*）。我身為富蘭克林柯維公司的創意部門主管，二十年來也推出工作坊、網路研討會、影片和練習本。簡言之，除了在七大習慣的家庭長大，我想在父親之外，我可能是世上以七大習慣為工作，並且撰寫、思考它最多的人。

所以當出版商西蒙舒斯特（Simon & Schuster）要我為《與成功有約》三十週年增加一些個人心得的時候，我非常掙扎。我的直覺反應是「免談！這本書是經典。為什麼還要加東西？」

可是繼而一想，愈想愈覺得這個主意也許不錯，因為可以讓我說明七個習慣，不只是對我，還有對全世界的影響。我發現自己可以分享一些父親生活幕後的小故事，同時說明這七個習慣與時俱進的適切性。

確實當家庭、組織、社會的問題和挑戰愈深沉，這些習慣就愈適用。為什麼？因為它們是根據放諸四海皆準、超越時間、歷久不衰的高效能原則而來。父親不曾說過這些概念是他發明的；反而他視那些為普世接受的原則。他的角色是將其總合變為個人可以身體力行的習慣。

父親說過他的使命是，讓全世界滿溢以原則為中心的領導。我常聽到他講：「重點不在我，在這些原則。我要這些原則超越我的有生之年，長久傳承下去。」那番話給我勇氣，讓我覺得如果爸爸還在，他會鼓勵我為他的著作增色，好讓這些原則存續下去。

在每一章和每個習慣的結尾，我增加了幾頁心得和故事，希望有所助益，讓讀者能夠把這些原則應用得更好。請注意，我沒有更動父親的一字一句。本書是史蒂芬·柯維的心血結晶，各位閱讀時可以感覺到，他現身於字裡行間，肯定你的價值和潛力，教導你如何在工作中、家庭裡，做個更有效能的人。

我做七大習慣的工作愈久，愈認為它們是社會—情緒學習或行為科學領域一項深遠的科學突破。七大習慣不只是又一套七項「這個或那個」。我贊同詹姆．柯林斯在本書的序所寫的：

史蒂芬．柯維是個不凡的集大成者，我認為他在個人效能方面的成就，可比擬為個人電腦領域的圖像化使用者介面。……關於個人效能的智慧也累積了好幾百年，從富蘭克林一直到彼得．杜拉克，卻從未被整合成一個前後一貫、對使用者友善的架構。柯維在個人效能領域創造出一個標準的作業系統「Windows」，並讓這套系統易於使用。

目前七大習慣正應用於全世界數千所小學和國高中學生、《財富》雜誌的百大企業（Fortune 100）、中小企業、監獄、馬術療法、軍中、身心障礙人士、家庭等等。七大習慣的原則、比喻和故事，可以改變人生。我收過一個十六歲女孩的信，她剛在學校學到雙贏的概念。她寫道：

親愛的西恩，想要改掉在生活中長久養成的習慣，真的很困難。有一件大事是，我不再試圖在學校與這個女孩競爭。她很魯莽（bumptious；抱歉，我剛學會這個詞，我覺得它太酷了！它的意思是粗暴、莽撞、急躁），也很愛跟我爭，所以我們經常針鋒相對。過去我因為討厭她，害我犧牲了一些愛好，像是學校的戲劇和演講比賽。現在我對這件事大大釋懷！我已經原諒她，我要走自己的路。今天我在日記中寫了一句話，告訴自己要記得，人生不是競賽。結果你知道嗎？我覺得好多了！我感到如釋重負。

我也記得密西西比電力公司（Mississippi Power）總經理威爾森（Anthony Wilson）的這則電郵，他寫道：

九〇年代解除管制的威脅，對電力產業帶來前所未有的挑戰，而我們公司祭出七大習慣來引導我們前進。我們從上到下訓練每個員工，認識柯維的七大習慣和以原則為中心的領導，並把這些習慣融入公司文化內。二〇〇五年卡崔納颶風（Hurricane Katrina）肆虐我們供電區的二十三個郡，造成全面停電。我們必須從北美各地召集一萬兩千個第一線人員，但沒有足夠的領班去帶領他們。我們委請公司員工，在緊急應變時期擔起領導角色。由於他們懂得如何以終為始和知彼解己，所以表現可圈可點。我們得以在十二天內恢復供電，當時《今日美國報》形容這種效能，是「值得研究的危機管理個案」。本公司有賦權的文化，讓員工能夠挺身領導，迅速做決策，在破壞中創新。七大習慣一直融入我們高績效文化的架構內。在此我要表達謝意！

那就是原則的力量。七大習慣的力量。希望各位對我在本書各處增添的心得，會覺得很有幫助。

祝福各位！

前言

探索成功的真義

《與成功有約：高效能人士的七個習慣》出版至今，世界已經起了巨大變化，生活變得更複雜，壓力更大、要求更多，我們已經由工業時代轉入資訊／知識工作者時代，並承受了這個時代所有深遠的影響。

現在，每一項個人、家庭及組織所要面臨的挑戰與問題，都不是一、二十年前所能想像，這些挑戰不僅範圍擴大，類型也截然不同。

社會以及全球數位化市場的幡然改變，引發一個非常重要的問題，這也是人們常問我的問題：「時至今日，七個習慣仍然適用嗎？」或更進一步的問：「十年、二十年、五十年、一百年後，這些習慣還能適用嗎？」

對於這類問題，我的回答是：變化愈大、挑戰愈艱難，這些習慣要解決這些問題，都必須仰賴不分地域、時間且不言可喻的原則。這些原則是歷史上所有悠久、繁榮社會的共同特色，不是我的發明，我不敢居功。我只是將原則列舉出來，整合成一個系統。

我一生中最深刻的學習經驗是：若想達到最高期望並克服最大挑戰，就得認清主宰你的原則或自然法則，然後加以運用。每個人運用原則的方式，會依個人的力量、天賦與創造力而大不相同，但一切努力都必須符合成功所繫的原則，才能獲得最後成功。

世俗原則的困境

然而，許多人並不這麼想，或至少意識上是如此。其實，你會漸漸發現，依據原則的解決之道，和我們大眾文化中通俗的做法與思考方式是完全對立的。我就舉幾個人們最常面臨的挑戰為例，稍做描述：

● **恐懼與不安全感** 有太多現代人都為未來恐懼，在職場上他們也很敏感，唯恐失去工作與維持家庭生計的能力。這種脆弱的心態常常會讓人甘於沒有風險，依附著同事與家人的生活。在我們的文化裡，對這個問題的普遍反應就是讓自己愈來愈獨立。「我要專注在『我和自己的事情』上。我要做我的工作，把它做好，下班以後我要好好享受。」獨立是一種重要的甚至是不可或缺的價值觀與成就，問題是我們生活在互賴的現實中，最主要的成就都需要互賴的技巧，絕非單靠我們本身能力就能達成。

● **「我現在就要。」** 人們想要的東西，馬上就要得到。「我要錢，我要一間漂亮的大房子、一輛好車，還有最大、最好的休閒中心。我什麼都要，這是我應得的！」雖然現在的信用卡社會讓你可以輕易「先享受後付款」，但經濟的現實面終究會提醒我們：消費不能超過當前的產能。有時候這種提醒令人痛苦，而假裝沒有這回事卻也不是長久之計。利息的負擔是毫不留情、絕不寬貸的，即使努力工作也還不夠。

日新月異的科技與全球化的趨勢，導致市場競爭愈來愈激烈，光是教育自己並不夠，我們必須不斷重新教育自我、開創自我。我們必須讓心靈成長，不斷將自己磨得鋒利、發展競爭力，以免遭到淘汰。在職場上，老闆總是非要看到成果不可，這並非毫無道理，但當競爭過於激烈，就會導致人們感覺生存受到威脅。

● **推諉與受害主義** 無論你發現什麼問題，通常也會發現指責的對象，社會已經注定扮演受害者的角色。「如果我老闆不是個控制欲這麼強的笨蛋就好了……如果我生在富裕一點的家庭就好了……如果我沒有遺傳父親的壞脾氣就好了……如果我們的人不要這麼懶惰、缺乏幹勁就好了……如果我老婆更善解人意一點就好了……如果、如果……就好了。」

因為我們的問題而指責其他人事物或許是正常現象，也或許能暫時解除痛苦，卻也讓我們無法擺脫這些問題。

有誰處在艱難困境中時，仍能以謙沖虛心、認真負責的態度面對？有誰在必要時能勇敢踏出第一步，以創新的方式努力解決或改變這些挑戰？如果有誰能告訴我這些，我就能告訴你，「選擇」有何等驚人的力量。

● **絕望**　推諉會衍生出憤世嫉俗與絕望，當我們甘心相信自己是環境的受害者，並屈服於宿命論的苦境，我們便會失去希望、失去動力，變得認命而委靡不振。「我注定是個卒子、傀儡，是個微不足道的小人物，你說我能怎麼辦？」有太多聰明而有才華的人都有這種感覺，更因為隨之而來的各種失望與沮喪而痛苦不已。

一般大眾的存活反應是憤世嫉俗，也常有人會說：「只要降低你對人生的期望，不要再因任何人事物失望就好了。」但綜觀歷史上的成長與希望原則，給人們的啟發卻是「我才是創造自己人生的力量」。

● **生活失去重心**　處在通訊科技發展快速的年代，如今，我們隨時隨地都能利用各種行動裝置通話、即時傳送訊息、上網瀏覽資訊，生活變得愈來愈複雜、嚴苛，壓力愈來愈大，令人筋疲力竭。我們利用現代科技奇蹟，努力掌控時間、做得更多、更上一層樓、更有效率，但為什麼愈來愈覺得自己生活中堆積著空洞的事物？例如：忽視鍛鍊保養的健康、貌合神離的家庭、缺乏教養的品德，以及其他許多工作上的重要事項。

其實，問題不在於工作，工作只是維繫生命的引擎，也不在於複雜或改變。問題在於，現代的文化告訴我們：「早一點上班，晚一點下班，要有效率一點，暫時忍受犧牲。」但事實上，一個人想獲得心靈的平衡與平靜，靠的並不是這些，而是必須能夠認清自己最重視的是什麼，然後專注而誠懇的朝目標邁進。

● **「這對我有什麼好處？」** 我們的文化教導的是：想要什麼東西就得「找最好的」。它也教我們：人生是一場賽跑，一場競賽，最好要獲勝；包含同學、同事甚至家人，都是你的競爭對手，因為他們贏得愈多，你能得到的就愈少。當然，我們會盡量表現氣度，為他人的成功喝采，但大多數人面對他人的成就，都會暗暗感到椎心刺痛。

文明史上的許多偉大功績，都是靠著單獨一人的堅定信念造就的，可是在這個知識工作者時代，只有深諳「眾人」藝術的人，才能獲得最大的機會與無限的成就；只有懷著寬大無私的心，彼此尊重並為彼此的利益努力，才能成就真正的大業。

● **渴望被了解** 希望被了解，希望別人能聽到、尊重並重視自己的聲音，希望自己有影響力，這幾乎可說是人心中最大的需求。大多數人以為，產生影響力的關鍵在於溝通，也就是清楚的傳達你的意思，展現說服力。然而，仔細想想，你不覺得當別人和你說話時，你並沒有確實傾聽，而是只顧著該如何回應嗎？

只有當別人感覺到你受他們影響、你了解他們、你很仔細並真誠的聽他們說話、你願意敞開心胸，這時才算真正發揮了影響力。但大部分的人總是過於急躁而無法深入聆聽——他們無法拉長時間用心了解對方，便急著說出自己的想法。但是，雙方交談必須至少有一人願意先仔細傾聽，進而彼此了解，才能掌握影響力原則。

● **衝突與差異** 人與人之間有很多相似之處，卻又迥然不同。每個人有不同的想法，不同的價值觀、動機與目標，有時甚至相互競爭，而這些差異自然衍生出衝突。

社會上利用競爭方式解決衝突與差異的方法，多半將重點放在「盡可能獲得」之上，即使在不斷讓步後取得雙方都能接受的中間點，這種技術性的妥協藝術有不少好處，但沒有哪一方會真正高興。因為諸多差異而迫使雙方接受彼此的折衷方案，這多可惜！未能善用「創意合作」設想出比各方原來想法更好的解決之道，這又多可惜！

個人的能力，或者說是人類的本質，可分為四個層面：身體、智力、情感與心靈，會因所依循的標的不同，如：積弊已久的文化或歷久不衰的原則，而有迥異的結果。

在身體層面，若從文化角度思考，會傾向維持原來的生活型態，以手術與藥物解決健康問題；若從原則角度處理，則會讓生活型態配合既有的、全球共通的健康原則，預防疾病、避免問題。

在智力層面，從文化角度會傾向看電視、自我娛樂；從原則角度，則會鞭策自己廣泛而深入閱讀、不斷接受教育，終身學習。

在情感層面，文化角度的思維，是意圖利用人際關係增進自身利益，是一種自私的態度；若是依循原則的思維，則會尊重對方並深入聆聽、服務他人，最終將可感受最大的成就與喜悅。

在心靈層面，依循文化的習慣，包括：宗教、禮節以及食衣住行等習俗，會讓人屈服於日益普及的世俗主義，或是慣於懷疑或嘲諷他人的犬儒主義。可是，人不應為世俗事物束縛，而應該豐富道德的涵養，追求簡單淳樸生活，因此更必須依循原則的習慣，認知到我們對於意義的基本需求，以及人生當中追求的正面事物，全都來自於此——我個人認為，這些自然法則的根源在於上帝。

無論是全人類共同的挑戰或是個人獨特的需求與挑戰，我都建議你牢記在心，如此一來，你便能找到持久的解決之道與方向，並且你也會發現，一般大眾採取的方法與歷久不衰的原則方法之間的對比，愈來愈明顯。

何必為未來後悔

最後，我想再提出一個我經常在教學上提到的問題：有多少人臨終時會後悔自己沒有多花點時間在辦公室或電視機前面？答案是：一個也沒有！他們只會想到自己心愛的人、自己的家人以及自己服務過的人。

就連偉大的心理學家馬斯洛（Abraham Maslow），到了晚年，也將子孫的幸福、滿足與貢獻，置於他的自我實現之上，他稱之為自我超越。

我也是如此。

在我的孩子與孫子身上，可以看見七大習慣涵蓋的原則所產生最大、最令人滿意的影響，例如：我的孫女在十九歲時，曾被硬拉去羅馬尼亞服務孤兒，有一天，一個小病童吐了她一身之後又伸手要她抱，這時她忽然頓悟了，寫信告訴我和妻子，她在那一刻暗自下定決心：「我不想再過自私的生活了，我要奉獻一生！」後來，她回到羅馬尼亞，繼續為當地人服務。

我的孩子們都已經結婚，包含他們自己和他們的另一半，都以原則為根基，寫出奉獻的使命宣言。看著下一代實踐這些使命宣言，我和妻子感到十分喜悅。

你就要開始閱讀《與成功有約：高效能人士的七個習慣》了，我保證你會經歷一趟充滿興奮刺激的學習冒險之旅。記得和你心愛的人分享心得，最重要的是，你要開始應用所學。千萬記住了，學而不行非真學，知而不行非真知。

我個人覺得，要實踐這七大習慣得持續不斷努力，而當你變得愈好，挑戰的本質便會改變，就像滑雪、打高爾夫、網球或從事其他任何運動。

我每天都非常真誠、努力實踐涵蓋這些原則的習慣，因而在此衷心邀請你加入這個行列，與你一同探索。

第一部

重新探索自我

由內而外造就自己

網路時代還需要柯維嗎？

在網際網路時代，疏離的人際關係為人詬病。
但柯維強調「互賴」的思維，
從「我們」的立場出發，
學好七個習慣，
就能與他人進行有意義的交流，分享有用的知識，
共創偉大前程。

1

真正認識你自己

真正卓越的人生，少不了正直的生活。

美國生物學家及教育家喬丹（David Starr Jordan）

二、三十年來，我在商界、大學與擔任家庭婚姻顧問的工作經驗中，接觸過形形色色表面上事業有成、內心卻感到匱乏的人，他們極渴望擁有和諧、圓滿的生活，並享有不斷開展的良好人際關係。

我相信，他們所面臨的問題，也是你我所關注的，而且都是很沉痛的問題，不是一天、兩天就能解決。

- 我曾為自己訂下許多目標，也都一一達成。我的事業十分成功，但卻犧牲了個人與家庭，不但與妻兒形同陌路，甚至不知道還認不認識自己？我究竟在追求什麼？不禁捫心自問——這值得嗎？
- 我又開始減肥了，今年以來這是第五次。我自知體重過重，而且很想做點改變，我讀了所有相關資訊，立定目標，給自己打氣，建立正向思考，告訴自己我辦得到，但就是不成。幾週後，我放棄了，我就是欠缺毅力，老是半途而廢。
- 我上過無數教導主管如何有效管理的課程，我對員工期望甚高，也想盡辦法善待他們，希望維持彼此良好的關係，但又總覺得員工不忠心，有一天我若是生病在家，他們一定會終日無所事事閒嗑牙。為什麼他們不能獨立又有責任心？為什麼我始終找不到這種員工？

- 十幾歲的兒子進入叛逆期，還嗑藥，我用盡方法都不能讓他聽話，我該怎麼辦？
- 我要做的事情太多了，可是總感到時間不夠用，每天都覺得神經緊張、匆匆忙忙，一週七天，天天如此。我參加時間管理研討會，也嘗試過不下六種規劃時間的方法，雖然不能說沒有幫助，但是仍覺得無法過著理想中既充實又自在的生活。
- 我希望養成子女勤快的習慣，但是每次要他們做點事，都得時時刻刻在旁監督，還得忍耐他們不時發出的怨言，結果還不如自己動手來得簡單。為什麼孩子們不能自動自發、快快樂樂的處理自己的事呢？
- 我很忙，非常非常忙，但有時不禁自問，現在做的事，長遠來看真能帶來任何改變嗎？我很希望生活過得有意義，希望因為我，一切能變得更好。
- 看到別人有所成就，或獲得某種肯定，表面上我會堆出一張笑臉熱忱的恭賀他們，可是，心底卻難過得不得了。為什麼會有這種感覺？
- 我知道自己常常強人所難，與人交際時我幾乎都想控制結果；許多時候，我甚至會操控他人依照我的方式解決問題。我會深入思考每個狀況，我真的覺得自己想出的點子對大家都有利，但我就是感到不對勁，總是很想知道別人怎麼看我，怎麼看我提出的點子。
- 我的婚姻已經變得平淡無趣。我們並沒有惡言相向，更別說是大打出手，只是不再有愛的感覺。我們請教過婚姻顧問，也試過許多辦法，可似乎就是無法重新燃起愛情火花。

你給的鼓勵不是鼓勵

幾年前，我與內人珊德拉也陷入類似的煎熬。我們的兒子在學校出了問題，他的學業成績慘不忍睹，連考卷上的答題說明都看不懂，更甭想拿高分；在運動場上，他身材瘦小又不靈活，打棒球時，往往球還沒投出就已揮棒，每每招來同學的訕笑。

珊德拉和我想盡辦法幫助他，我們總以為，若要做個「十全十美的人」，當然也得做個完美的父母。於是我們改變自己的態度與行為，也試著想改變兒子的，我們企圖用積極的態度來激發他的自信心，例如，鼓勵他：「加油，孩子，你可以辦得到！我們知道你可以。把棒子握高一點，眼睛看著球，等球快到面前再揮棒。」只要稍有進步，我們一定忙不停的稱讚，來增強他的信心。

如果孩子受到譏笑，我們一定斥責對方：「不要笑，讓他自己來，他還在學習。」可是兒子會哭著堅信自己永遠也學不好，還有他根本就不喜歡棒球。

所有的努力似乎都徒勞無功，那時我們真是憂心如焚，看得出來這一切努力反而對他的自尊是個打擊。

怎麼想比怎麼做重要

一開始，我們總是盡量鼓勵、協助、肯定他，但經過一而再、再而三的失敗之後，最終只能放棄，試著從另一個角度來看待這件事。

當時我的主要工作是為全美各地的客戶設計領導力訓練課程。由於這個機緣，我每兩個月要為ＩＢＭ的主管講授有關溝通與認知的課程。

在準備教材的過程中，有關思維的形成、思維如何影響觀點、觀點又如何左右行為，在在令我深感興趣，因而進一步研究相關理論。這才發現，每個人的思維是多麼根深柢固，並且了解到，認知不僅是認識外在世界，更與我們向外看時所透過的「鏡片」有關，因為這鏡片（即思維）往往左右我們對外界的詮釋。

我跟珊德拉談到這些觀念，並藉此檢討本身所遭遇的困境，終於體認到，我們對兒子往往言不由衷。

反躬自省之後，我們承認在內心深處，的確覺得兒子「不如人」，所以不論態度與行為表現得多麼願意幫助他，效果都有限，因為表面的言行終究掩飾不住真正傳達的訊息——你不行，你需要父母的保護。

此時我們才覺悟，要改變現狀，就得改變自己；要改變自己，先得改變我們看待外界的觀點。

品德與個人魅力孰重

正巧在當時，我潛心研究自一七七六年以來，美國所有討論成功因素的文獻。我閱讀或瀏覽的著作不下數百，主題遍及如何提升自我、力爭上游以及大眾心理學等等。

從這兩百年的作品中，我注意到一個令人詫異的趨勢——過去五十年來，討論成功的著作都很膚淺，談的都是如何因應社會形象的技巧與如何成功的捷徑，但往往是頭痛醫頭、腳痛醫腳的特效藥，治標而不治本。

相形之下，前一百五十年的作品則大異其趣。這些早期論著強調，「品德」為成功之本，諸如正直、謙虛、誠信、勤勉、樸實、耐心、勇氣、公正和一些稱得上是金科玉律的品德。富蘭克林的自傳（注：*The Autobiography of Benjamin Franklin*，中文版《他改變了美國，也改變了世界：富蘭克林自傳》，二〇一三年久石文化出版）就是這個時期的代表作，內容主要描述富蘭克林如何修養品德。

品德成功論強調，圓滿的生活與基本品德是不可分的，唯有修養自己具備品德，才能享受真正的成功與恆久的快樂。

然而，第一次世界大戰後不久，人們對成功的基本觀念改變了，由重視品德轉而強調個人魅力，即成功與否取決於個性、社會形象，以及維持良好人際關係的圓熟技巧。這種思潮朝兩大方向發展：一是注重人際關係與公關技巧；一是鼓吹積極進取心態。

由此衍生出的行為習慣，有些的確是金科玉律，例如：「態度決定成敗」、「微笑比皺眉贏得更多友誼」以及「有志者事竟成」等，但卻也毫無避諱的鼓勵玩弄手段、欺騙他人，例如：運用技巧以贏得好感，偽裝自己以套取情報，或虛張聲勢，甚至以威脅手段達到目的。

正視自己扮演的角色

這類著作中，有些固然承認品德是成功的要素之一，但多半不十分重視，只是聊備一格。對作者而言，品德只不過是用來妝點門面，要緊的還是速成的技巧與捷徑、權謀之術、溝通技巧，以及正向思考。

兩相比較之下，我終於了解，過去我與珊德拉潛意識裡都受到這種速成觀念的影響，才會對兒子採取上述做法。其實，我們那麼做是為了自己的社會形象——在我們心目中，有這樣的孩子有失顏面，我們重視如何扮演模範父母以維持形象，更甚於對孩子的關注。這種心態，或許也影響到孩子對自己的看法。

的確，在處理這個問題時，我們被許多因素蒙蔽，反而忽略了兒子本身的幸福。珊德拉和我愈深入探討，就愈慚愧的發現，原來我們本身的品格、動機與觀點，是如何強烈影響著孩子。

因為好面子，使我們對孩子的愛有了條件，造成他的自我評價低落，因此我們決定從自身下工夫，不講究技巧而著重調整內心真正的動機與對孩子的看法。我們不設法改變他，轉從客觀的角度去了解，找出他獨特的個性與特質。

擺脫舊有心態

經過一番努力，我們終於發現這孩子也有不同凡響之處與無盡的潛能，只要順其自然必可發揮無疑。於是我們決定不再插手，讓他自由發展，只是從旁肯定、重視並分享他的一切經驗；另外，我們也做了一番心理建設——不要以孩子良好的表現來肯定自我。

一旦擺脫了過去的心態，頓時感受到一股新氣象。不必再拿兒子與旁人比較，把固定的社會模式強加在他身上，反而能夠平心靜氣的與孩子相處；我們相信他有能力應付人生的種種挑戰，也就不急於保護，使他不受嘲笑。

可是孩子已習於接受保護，一開始表現得相當退縮。他向我們求援，我們雖然傾聽，但不一定給予如他預期的反應，這無形中傳達了一個訊息：「父母不必保護你，你不會有問題的！」

幾個月過去，他漸漸有了信心，也肯定自己的價值，終於以自己的速度與步調發揮潛能，不論在學業、運動場或社交場合，他的表現以一般社會標準來衡量，都相當傑出。

思維改變，豁然開朗

所有改變都來自一念之間，一旦思維改變，便豁然開朗。後來，他還當選學生社團代表、州代表選手，拿回家的成績單則科科甲等；另外，還培養出誠懇熱心的個性，走到哪都能跟人相處融洽。

珊德拉與我相信，這個孩子「足以傲人」的成就，出於自動自發的因素要多於外在的影響。這是前所未有的經驗，對我們教養子女以及扮演其他角色頗具啟發作用，也使我們體驗到，憑藉品德及依恃個人魅力而成功，其間的差距何其大。

教養兒子的經驗，以及研究人們的認知能力、閱讀討論成功因素的著作，三者心得相互激盪之下，我突然認清了個人魅力論無與倫比的影響力，也體會到自小所學且深植於心靈深處的價值觀，其實與現在四處瀰漫的速成哲學相去不遠，而這種細微的差異經常被人忽略。多年來我傳授他人的若干習慣，自信十分有效，卻與流行的思潮不盡相同，現在我終於對個中原因有了深一層的領會。

光有技巧還不夠

我並非暗示，個人魅力論所強調的重點，如：追求個人成長、訓練溝通技巧、培養積極思考及發揮影響力，不具效用；它們有時確實是成功的要素，只不過那些都是次要而非最根本的優點。

或許我們循著前人的軌跡開創前程時，太過重視造就自己，忽略了前人所奠下的基礎；也或許我們習於坐享其成，已遺忘了自己必須耕耘。

即使可以運用手段使他人投我所好，為我赴湯蹈火，或對我產生好感，彼此同仇敵愾；然而只要品德有缺陷，尤其是言不由衷、虛情假意，終究成不了大器。因為言不由衷會招致懷疑，到時一切的所作所為都會被視為別有用心，任憑再冠冕堂皇，甚至於出發點再良善，如果不能獲得信任，就算成功了也禁不起考驗。

唯有基本的品德能夠為人際關係技巧賦予生命，只重技巧就彷彿考前臨時抱佛腳，縱使有時順利過關，甚至成績還不錯，但未經日積月累的苦讀，絕無法學得精通，也不能增進心智成長。

試想，如果農夫也臨時抱佛腳，豈不荒謬？春天忘了播種，夏日忙著享樂，秋天能夠收成嗎？要怎麼收穫就先怎麼栽，沒有捷徑可抄，這是自然界的定律。

內在本質比外在言行更重要

世事亦復如此。

在人為的社會體制中，例如學校裡，你或許能靠小聰明成功於一時；在短暫的人際關係中，你也可憑藉個人魅力暢行無阻，不僅讓人留下良好的印象，甚至會被視為知己。但對於持久的人際關係，這些次要的長處便英雄無用武之地；倘若沒有真誠的品德做後盾，日久見人心，真正的動機總會浮現，一時的成功便難以為繼。

許多具備這些次要優點，也就是社會公認有才華的人，往往欠缺基本的品德。不論是同事、朋友、配偶或處於尷尬年齡的青少年，你的四周一定存在這種有缺陷的人。事實上，品德才是溝通的利器。愛默生（Emerson）曾說：「一個人的行為舉止遠比口中說詞更為真實有力。」

當然，也有人品德修養不錯卻拙於言詞，自然影響到人際關係的品質，但瑕不掩瑜。由此可見，內在本質比外在言行更具說服力。這個道理盡人皆知，有人能獲得完全的信賴，因為我們了解他的本性。所以不論他是否辯才無礙，或是否長於人際關係，我們依然信任有加，而且與他們合作無間。

文學家喬登（William George Jordan）曾說：

> 人性可善可惡，冥冥中影響著我們的一生，而且總是如實反映出真正的自我，那是偽裝不來的。

認識個人的心靈地圖

本書匯集了追求圓滿人生所不可或缺的七大基本習慣，它們是長保快樂成功的不變真理，放諸四海皆準。不過，我們必須先了解人類的「思維」，以及思維如何轉移，才能真正認識這七大習慣。

品德成功論與個人魅力論就是兩個典型的社會思維，「思維」（Paradigm）這個字來自希臘文，最初是一個科學名詞，目前多用來指某種理論或假說。不過，廣義而言，是指我們看待外在世界的觀點，我們的所見所聞並非直接來自感官，而是透過主觀的了解、感受與詮釋。

簡言之，我們可以把思維比作地圖。地圖並不代表實際的地點，只是告訴我們有關地點的一些訊息；思維也是如此，它不是實際的事物，而是對事物的詮釋或理論。

比方說，你想前往芝加哥市中心的某地，帶著市區地圖能幫助你輕鬆找到目的地，但如果你的地圖印錯了，上面寫著「芝加哥」但內容卻是底特律的街道，你應該能想像那種處處碰壁、毫無方向的感覺。

確認手中地圖是否正確

你當然可以在「行為」上努力，更拚命、更勤勞，甚至腳程加快，但這些努力只會讓你更快達到錯誤的目標。

你也可以改變「態度」，採取正向思考，但仍然無法抵達正確地點；或許你並不在意，因為你的正向態度讓你不論到哪都能自得其樂。

問題是，你依舊走錯路，你的行為與態度並沒有錯，問題的根本在於你手中那張地圖錯了，除非你拿到正確的芝加哥地圖，一切的努力才有意義。在這種情況下，只問耕耘不問收穫也才有可取之處。因此，關鍵仍在於手上的地圖是否正確。

在我們每個人腦海中都有許多地圖，大致上可分為兩大類：一是關於現實世界的，一是有關個人價值判斷的。我們以這些心靈地圖詮釋所有的經驗，但從不懷疑地圖是否正確，甚至於不知道它們的存在。

見聞決定行為

我們理所當然的以為，個人的所見所聞就是感官傳來的訊息，也就是外界的真實情況。我們的態度與行為又從這些假設中衍生而來，所以說，個人的所見所聞決定了他的思想與行為。

現在來做一個有關心智與情感的測驗，請先看下頁的圖2與圖3。仔細描述你看到的影像。你認為圖中是兩位女士嗎？她們大約幾歲？長相如何？衣著如何？身分又如何？

或許你認為圖3的女士是位妙齡女子，時髦、端莊、又討人喜歡，如果你是單身男

圖2　老嫗還是少婦？（一）

圖3　老嫗還是少婦？（二）

子，或許會想與她約會；如果你是時尚從業人員，或許覺得她有當模特兒的本錢。

如果我說你看走眼了，這位女士已高齡六、七十歲，而且面帶憂戚，生著一個大鼻子，絕非模特兒，或許過馬路時還有勞你扶她一把，你會有什麼反應？

究竟誰才是對的？假使不論你怎麼觀察，也看不出那是一位老婦人，不妨再試試看。你看出她的大鼻子了嗎？有沒有看到她的圍脖？

如果我們現在面對面交談，就可以討論這張圖，你對我形容你眼中的景象，我也可以告訴你我看到了些什麼，雙方持續溝通，直到我們彼此都明白，在對方眼中，這張圖到底展現了什麼影像。

現在請再看下頁圖4，並且與六七頁圖3對照。你看出這位老婦人了嗎？

多年前，我就讀哈佛企管學院時首次接觸這個實驗，當年那位教授藉此說明，不同的人對同樣一件事會有不同的看法，並且都能成立。這無關乎邏輯，而是心理因素使然。

起先，教授把兩疊卡片分發給教室兩邊的學生，其中一疊是六六頁圖2的少婦像，另一疊是圖4的老婦像。他給我們十秒鐘觀看這些卡片，然後收回，接著在銀幕上打出兩者重疊後的畫面，也就是圖3，並要全班描述這位女子。結果，事先看過少婦像的，幾乎一致認定這就是那位少婦；而先前看到老婦像的學生，也都認為圖3是位老婦人。

接著，教授請我們對教室的另一半學生形容自己看到的圖像，結果雙方熱烈討論，各

圖4　老嫗還是少婦？（三）

執一詞：

「別開玩笑了，我看她絕對不超過二十幾歲，怎麼可能是個老太婆。」

「你才開玩笑，她少說也有七十歲，搞不好都八十歲了。」

「你搞什麼啦，眼睛有問題嗎？這明明是妙齡美女，我都想約她了，她好正。」

「哪裡正？根本是老阿婆。」

這場爭論相持不下，每個人都非常堅持己見，當時我們都心知肚明自己的觀點不一定正確，對方的看法也可能成立，只是口頭上誰也不肯認輸，唯有少數同學試著從另一種角度來看這幅畫像。

以貌取人，老婦變少婦

經過一番毫無進展的爭辯，終於有位同學走上前去，指著一條線條說：「這少婦戴了一串項鍊。」另一位馬上反駁：「不，這是老婦的嘴角。」於是大家你來我往，開始一一討論畫中每個細節，並逐漸接受對方的觀點，但基本上，我們所接收的仍是事前觀看卡片時所得到的印象。

後來我為個人或公司擔任顧問時，經常借用這個試驗，因為它能夠使我們對人與人際關係的本質有更透澈的認識。最要緊的是，它充分顯現出制約作用對我們的思維有多大的影響力，僅僅十秒就能產生這般的影響，其他那些持續終身的制約作用可想而知。

人的一生中，來自家庭、學校、工作環境、親友同事、宗教以及流行思潮（例如個人魅力論）的影響力，均在不知不覺中制約著我們，左右我們的思維——心靈地圖。

這個試驗也說明，思維是行為與態度的根本，我們的一言一行均脫離不了思維的影響。就以六七頁圖3為例，你若認為那是一位少婦，自然不會想到要攙扶她過街。你一定是根據自己眼中「看到」的她，決定要採取何種態度與行為來對待她。

由此正可凸顯個人魅力論的基本缺陷之一，也就是僅僅強調行為與態度的皮毛，卻忽略了根源在於思維。

從這個試驗中，我們還可體會到，思維會強烈影響我們與人互動的方式。

2

新時代，舊煩惱

人的行為總是一再重複，因此卓越不是單一的舉動，而是習慣。

古希臘哲學家亞里斯多德（Aristotle）

一般人總認為，自己的觀點正確且立場客觀，但試驗卻證明，雖然別人的結論不同，並不代表他們是主觀的、錯誤的，你的位置決定你的腦袋。

每個人都以為自己看到的就是真相，自以為客觀，因為我們是透過有色眼鏡去看外在的世界，也就是用本身的觀點去看。

詮釋與頓悟

當我們形容眼前的事物，其實是在形容我們自己、我們的感知、我們的思維，若有人跟我們意見不一致，我們便直覺認為別人有問題。其實，觀點不同以致看法有異，是完全正常的現象。

不過，這並不表示沒有客觀的事實存在。譬如在六七頁圖3中，雙方都看到了白底黑線條，也都承認它的存在，只是每個人根據以往的經驗而有不同的詮釋。若不經過詮釋，這些事實便不具任何意義。

一旦我們更了解自身的基本思維（地圖）與假設，以及經驗加諸我們的影響力，就愈能夠為自己的思維負責，並加以檢視，也更能接納別人的看法與思維，如此才能獲得較客觀的看法。

由這個試驗所得到的種種啟發當中，最重要的莫過於突然領悟的經驗，也就是忽然領悟對方原來是如此觀看這幅畫的，這種現象我們稱為思維轉換。第一印象對你的影響愈大，頓悟的刺激也愈大，就像是內在忽然被點亮了。

體驗思維轉換的歷程

「思維轉換」（Paradigm Shift）一詞是哲學家孔恩（Thomas Kuhn）首先提出的，見於他極具影響力的經典之作《科學革命的結構》（*The Structure of Scientific Revolution*）一書。孔恩在書中闡釋，每一項科學研究的重大突破，幾乎都是先打破傳統、打破舊思維，而後才成功的。

古埃及天文學家托勒密認為，地球是宇宙中心；但哥白尼主張，太陽才是宇宙的中心，因而激起思維的轉換。儘管後者曾招致強烈的反抗與迫害，但轉眼間，人類對宇宙萬物的詮釋完全改觀。

牛頓的物理學原理雖然至今仍是現代工程學的基礎，但未盡周延，直到愛因斯坦的相對論一出，又為科學界帶來一次革命。

有關細菌的學說出現之前，許多婦女死於分娩，許多戰士死於傷病而非敵人的攻擊，直到細菌論帶來全新的觀點，現代醫學始有進步的可能。

今日的美國也是思維轉換的成果，傳統的君權神授、君主專制思想，由民主、民享的觀念所取代，才促成民主憲政與自由富足的社會。

但並非所有的思維轉換都是正面的，例如：由強調品德轉為強調個人魅力，反而使我們偏離了享受真正成功與快樂的正軌。

姑且不論思維轉換的利弊得失，也不必追究它是逐漸發生抑或突如其來，總之它會改變我們看待世界的角度，並帶來深遠的影響。不論我們的思維正確與否，它都是態度與行為的基礎，決定了我們與他人的關係。

地下鐵的經歷

我個人曾有一次小小的思維轉換經驗。

記得那是週日早晨，在紐約的地下鐵內，乘客都靜靜的坐著，或閱報、或沉思、或小憩，眼前一幅平靜安詳的景象。這時，突然出現一名男子與幾個小孩，孩子的喧譁吵鬧聲破壞了整個氣氛，而那名男子就坐在我隔壁，任憑他的孩子如何撒野作怪，甚至搶走乘客的報紙，這位爸爸依舊無動於衷。

這種情形，誰看了都會生氣，全車的人似乎都十分不滿，認為這人如此縱容孩子，毫不負責。最後，我終於忍無可忍，但我還是盡量克制，並耐心對他說：「先生，你的孩子打擾了不少乘客，可否請你管管他們？」

那人抬起呆滯的目光，彷彿如夢初醒，他輕聲說：「是，我想我該管管他們。我們剛從醫院回來，孩子的媽一小時前剛過世，我已六神無主，孩子們大概也不知如何是好。」

以新的角度看待生命

你能想像我當時的感覺嗎？

瞬間，我的思維轉換了。一旦我看此事的角度改變，想法、感覺與行為也隨之一變；我的怒氣全消，也不再擔心需要控制自己的態度與行為，因為我情不自禁為這人感到難過，同情與憐憫之心油然而生：「噢，尊夫人過世了？我很遺憾！可否告訴我詳情？有需要幫忙的地方嗎？」所有的一切就此改觀。

許多人在面臨生死攸關的危機時，也會大徹大悟，以新的角度去評定生命的意義。有時突然承擔一個新角色，好比成為丈夫、妻子、父母、祖父母、主管或領袖，也會發生這種現象。

我們可能花上數週、數月、甚至數年，來鍛鍊個人魅力，試圖改變自己的態度與行為，但絲毫無法觸及改變的大門，也無法用不同角度看待事情。

如果我們想在生活中做點微幅改變，這就更明顯了，或許可以專注在行為態度的轉變；但若要達成明顯而大幅度的轉化，還是要在基本思維下工夫。

重新做人，重新看見

套句梭羅的話：「砍伐魔鬼的枝葉千斧，不如一斧劈向它的根基。」生活中要達到改頭換面的進展，就得放下砍伐行為態度這種枝微末節的工夫，直接從根基下手，也就是決定行為態度的思維。

當然，並非所有的思維轉換，都如同我在紐約地下鐵的經歷那般迅速，我和珊德拉教育兒子的經驗，就是一段漫長、艱辛且費神的過程。

一開始，我們受到多年經驗制約以及從個人魅力出發的思考，以為子女的成敗代表父母的榮辱。直到後來思維改換，看事情的角度不同，才徹底調整了自己與四周的環境。

為了以全新的觀點看待兒子，我們必須先重新做人。我們投入時間精力修養品格，建立不同於以往的思維。

思維與品德是息息相關的，所以說：「什麼樣的人有什麼樣的思維。」如果本性不改，思維也難以轉換。

比方說，那天在紐約地下鐵的轉變，也是我的本性使然。我相信，有些人即使得知真相，可能只會略感遺憾或稍有罪惡感，頂多默默而尷尬的坐在那名不知所措的男子身旁。同樣的，我也相信有人天生比較敏感，一開始就能察覺出這名男子深受困擾，而主動去了解與協助他，不會像我如此後知後覺。

由此可知，思維的影響力無窮，因為它是我們觀看外在世界的「鏡片」，而思維轉換無論是瞬間完成或長期醞釀而成，都是改變行為與態度的原動力。

濃霧中的燈塔

品德成功論植根於一個基本信念之上，那就是人生有些定律是指向成功圓滿的明燈，相當於人世間的自然法則，又彷彿自然科學的定理，放諸四海皆準，任何人都無法否定其存在或正確性。

這些定律究竟多麼真切、多麼不容忽視，由《美國海軍學會會報》（*Proceedings*）中寇區（Frank Koch）的這段海上經歷，可以獲得證明：

兩艘正在演習的戰艦，在陰沉的天候中航行了數日，我在其中一艘旗艦上服役。有一天傍晚，我正在船橋上負責瞭望，但在濃重的霧氣下，能見度極差，連船長也守在船橋上指揮一切。

入夜後不久，船橋一側的瞭望員忽然報告：「右舷有燈光。」

船長詢問光源是正逼近或遠離。瞭望員答：「逼近。」這表示對方會撞上我們，後果不堪設想。

船長命令信號手通知對方：「我們正迎面駛來，建議你轉向二十度。」

對方答：「建議貴船轉向二十度。」

船長下令：「告訴他，我是船長，轉向二十度。」

對方說：「我是二等水手，貴船最好轉向。」

這時船長已勃然大怒，他大叫：「告訴他，這裡是戰艦，轉向二十度。」

對方的信號傳來：「這裡是燈塔。」

結果，我們改了航道。

我們隨著這位船長，同時經歷了一次思維轉換；思維一旦移轉，整個情況就完全改觀。這位船長因為視線不良而昧於實情，但是認清事實在日常生活中，對我們就如同對置身濃霧中的船長，同樣是很重要的。

人生定律如燈塔，乃千錘百鍊的真理。導演德米爾（Cecil B. DeMille）在其巨作《十誡》（*The Ten Commandments*）道出這原則：「人不可能破壞律法，只會因衝撞律法而遭制裁。」

一般人從經驗與社會制約中建立起思維，也就是地圖，然後透過這些觀點去看待自己的生活與人際關係。

但是地圖並不代表地點本身，只是「主觀的事實」，陳述我們對某一地點的認識。而如「燈塔」一般的定律才是「客觀的事實」，不論我們的心靈地圖如何解釋，都無法改變它的存在。

人人都能心領神會的真理

任何人只要對人類歷史的盛衰循環有深入了解，都會承認這些定律是顛撲不破、歷久彌新的。國家社會的存亡興衰，往往就取決於是否能遵奉這些定律或原則。

我所強調的這些原則，並非一些深奧玄妙的宗教哲理，也不屬於任何特定的宗教或信仰，但我可以說，世上各主要宗教、民族的倫理道德思想中，幾乎都涵蓋了它們。這些不辯自明的真理，任何人均可心領神會，就好像人類與生俱來的良知，不分種族、膚色，人人具備；即使被社會流俗或個人否定而隱晦不彰，但它們依然存在。

比方說，「公平」的原則，平等與正義的概念皆由它衍生而來。固然每個社會對何謂公平以及如何維持公平，看法可能南轅北轍，但基本上都承認公平原則的本身。

其次，是「誠實」與「正直」，這是人類互信的基礎，有了這個基礎，人類才能互助合作，追求個人與群體的持續成長。

「人性尊嚴」的原則，就如同〈美國獨立宣言〉所揭示的：「人類生而平等，享有天賦不可侵犯的權利，包括：生命、自由及追求幸福之權。」

此外，還包括「服務」原則——對社會有所貢獻，以及「講究品質」或「追求卓越」的原則。「潛力」原則是指人人均可成長進步，不斷發揮潛能，展現才華；與此密切相關的是「成長」原則，也就是潛能得以發揮、長才得以展現，這個過程需要「耐心」、「教育」與「鼓勵」的配合。

成功沒有捷徑

原則不同於實務，實務是特定的行為或活動，往往用於某一種情況，一旦情況改變便失效了，就好比父母不能完全以教養第一個孩子的方式，去養育另一個孩子。

實務是個別的、局部的，原則卻是普遍的、整體的，適用於個人、婚姻、家庭以及公、私團體。假使我們能把原則化為習慣，那麼要解決個別問題就易如反掌。

原則不是價值觀，一群盜匪可能有相同的價值觀，但他們違反了我們所說的良善原則；價值觀是地圖，原則才是地點本身，唯有借重正確的原則，才能認清事情的真相。

原則是人類行為的準則，也是不容置疑的基本道理，歷經考驗而永垂不朽。試問，人們可以憑藉欺騙、不公、卑鄙、庸碌、一無所長或墮落，而獲得持久的幸福與成功嗎？

儘管對於行為規範的涵義與實踐，言人人殊，不過這類原則確實存在於我們的良知中。我們的內在地圖或思維，若是能愈接近這些原則，那麼執行起來就能更精準實用。正確的內在地圖絕對會影響我們的個人效能以及人際效益，光是改變態度行為是絕對達不到這種效果。

你不需要暴發戶式的成功

目前盛行的個人魅力論最吸引人之處，就是號稱圓滿的人生，包括：個人成就、財富與良好的人際關係，有捷徑可循，不必腳踏實地去追求。

這種華而不實、「暴發戶式」的論調，無異是鼓勵不勞而獲，縱使得以成功，也是勝之不武。

強調個人魅力既不切實際，又會誤導人心。一步登天就如同身在芝加哥，手上拿的卻是底特律的地圖，欲速則不達。

對這項主張頗有研究的佛洛姆（Erich Fromm）曾說：

現在我們常見到一類渾渾噩噩的人，沒有自覺，卻也不以為意。唯一認識的人，是別人眼中的自己。他們已失去溝通能力，終日言不及義、一臉偽善，見不到真情流露，除了無聊至極的感覺，早已無法感受真正的痛楚。我們可以用兩句話來形容這種人：一是他們喪失了天性與個人特質，而且無可救藥，再就是基本上他們並不比芸芸眾生更高明。

人生有許多成長發展的階段，必須循序漸進，例如：幼兒先學會翻身、坐立、爬行，然後才學會走路、跑步，每一步驟均十分重要，而且需要時間，沒有一步可以省略。同樣的，人生的各個層面，小自學鋼琴，或是與同事相處，大至個人、家庭、婚姻與社會上的種種，莫不如此。

然而，在有形的事物上，我們較能接受「循序漸進」的原則，但在精神領域、人際關係，甚至個人品行上，一般人卻不見得能了解這項原則，或者即使了解，也不一定能夠認同或加以實踐。於是，難免有人想抄近路，企圖投機取巧。

成功，從承認無知開始

但是，若縮短自然成長與發展的過程，結果會如何呢？

假設你的網球技術普通，卻想與高手較量，只為了在別人眼中留下深刻印象，結局不問可知。難道只靠高昂的意志，就能幫助你擊敗職業高手？又假設你琴藝平平，卻向親朋吹噓有開演奏會的實力，這牛皮終有吹破的一天。

想要不勞而獲、一蹴可幾，不但違反自然，而且窒礙難行，只會使你失望，加深挫折感而已。所謂「登高必自卑，行遠必自邇」，便是這個道理。

如果學生不肯發問、不肯暴露自己的無知、不肯讓老師知道他真正的程度，那麼絕對學不到東西，也無法成長。而且，偽裝實非長久之計，總有被拆穿的一天。

承認自己的無知往往是求知的第一步。梭羅曾說：

如果我們時時忙著展現自己的知識，將何從憶起成長所需的無知？

記得有一次，一位朋友的兩個女兒向我哭訴，抱怨她們的父親太嚴厲、不知體諒。她們不敢向父母吐露，卻迫切需要父母的愛、關懷與教導。

我跟朋友詳談，他承認脾氣不好，卻不肯為自己的行為負責，更不願承認修養不夠。他的自尊心使他無法邁出改變的第一步。

與配偶、子女、朋友或同事相處，最要緊的就是學習傾聽，這需要相當成熟的修養。傾聽代表耐心、開放與想要了解對方的誠意，這些都屬於成熟的人格；反之，自說自話、不尊重別人，卻輕而易舉得多。

打網球或彈鋼琴時，個人實力往往高下立判，可是品格與情緒的成熟與否就不易分辨。因此，在陌生人甚至同事面前，我們可以偽裝得萬無一失，一時間不致被拆穿，甚至騙得了自己。但我相信，一般人對自己的人格多半心裡有數，旁人也非傻子。

投機取巧只會徒勞無功

我看過太多投機取巧卻徒勞無功的例子，企業界尤其如此。

不少企業主管試圖透過強而有力的演說、微笑訓練、施加壓力，或是善意、敵意的購併，來達到提升生產力、士氣以及改善品質、服務水準等目標。他們雖然「購買」了新的企業文化，卻忽略了如此玩弄權術將難以建立互信的氣氛，而一旦這些手段效果不彰，他們又求助於其他技巧。其實，唯有在自然而循序漸進的基礎下，才能發展出高度信賴的企業文化。

從女兒手上搶走玩具

多年以前，我也犯過同樣的錯誤。

在女兒三歲生日那天，我一進門就發現氣氛不太對勁——她站在客廳角落，手上緊抓著禮物，不讓其他小朋友玩。面對在場的家長，我覺得分外尷尬，因為當時我正在大學教授人際關係。心想，應該趁此機會教導女兒禮讓的觀念，這是最基本的價值觀之一。

於是，我先用命令的方式對女兒說：「寶貝，請把小朋友送你的禮物分給大家一起玩，好不好？」

「不好！」她毫不猶豫的拒絕了。

接著，我試圖跟她講道理：「你現在肯讓小朋友玩玩具，下一次你到他們家，他們也會把玩具讓給你玩。」

她還是斷然拒絕：「不要！」

我覺得很窘，連三歲小孩都管教不好。逼不得已只好賄賂，我輕聲對她說：「如果你肯讓別的小朋友玩玩具，爸爸就給你一個特殊的獎品——一片口香糖。」

她大叫：「我不要口香糖！」

這時我也發火了，不得不威脅她：「如果不讓出玩具，你待會就倒大楣了！」

女兒哭道：「我不管，這是我的玩具，我不要跟別人一起玩！」

最後我只好採取強迫手段，硬從她手上搶過一些玩具，分給其他小朋友。

不曾擁有，如何付出？

或許小女孩需要先經歷擁有的感覺，然後才會心甘情願的付出——如果不曾擁有，又如何付出？身為父親的我，應該具備相當的情緒成熟度，了解她需要經歷這個階段。

可是，我當時擔心其他家長的反應，其程度超過對孩子成長及親子關係的重視。我只是直覺認定自己是對的，她不肯禮讓就是錯的。

或許因為我不夠成熟，才對女兒做了過高的要求。我缺乏耐心，又未能體諒幼小的心靈，一味期待她懂得禮讓，最後只有借重父親的權威，強迫她照吩咐做。

如此一來，反而凸顯弱點，因為你必須倚重外力來達到目的，不但阻礙被迫順從一方的成長，也妨礙其獨立判斷與自律能力的發展，對彼此的關係弊多於利，結果是畏懼心理取代合作態度，最後雙方都流於專斷而急於自保。

更何況，你所借重的優勢，不論是體型、力氣、職位、權威、學經歷、社會地位、外表或是過去的成就，若發生變化甚至消失，又當如何是好？

真正擁有便會懂得分享

當年如果我更為成熟，就不致訴諸父親的權威，而會以對禮讓觀念與兒童成長的了解，並基於愛護與教養子女的立場，讓女兒自行決定要不要讓出玩具。

或許在講理不成後，我可以帶孩子們做個有趣的遊戲，轉移他們的注意力，也解除女兒心理上的壓力。

還好，現在我已明白，一旦兒童體會到真正擁有的感覺，自然會樂於與他人分享。

經驗告訴我，教導孩子也要因時制宜。在關係緊張、氣氛僵硬的時候，教導會被視為是價值判斷與否定；但若是在私下相處融洽時，循循善誘，效果極佳。可惜，當年我還無法體會這一點。

或許，在真正懂得分享之前，需要經歷擁有的感覺。

許多人對家庭或婚姻只知機械式的付出，不然就是完全不懂得付出，這可能正由於他們從不了解擁有自我的意義，缺乏對自我的認同，而且自我評價低。

所以，真正有益於孩子的教養方式，應該是以充分的耐心，培養他們擁有的感覺，同時以足夠的智慧，教導他們「樂善好施」的價值，並且經常以身作則。

3

解決煩惱只需要改變習慣

有七種原因決定了所有人類的行動：機遇、本性、強迫、習慣、理性、激情和欲望。

古希臘哲學家亞里斯多德

一般人對於成功的個人、家庭與團體，總是欽羨不已——他們羨慕別人的能幹、成熟，家人的團結合作，以及組織的團隊精神。但他們真正想知道的，卻是成功背後的祕訣，因此他們向成功者請教的，不外乎如何能夠立竿見影、即刻解決本身難題的方法。有這種想法的人，就有能提供這類答案的人。有時候，急就章的辦法還頗管用，可暫時消除一些表象的問題；只是，真正的癥結依舊存在，久而久之問題又會浮現，而且愈是求助於「特效藥」，病症拖得愈久，病情愈加惡化。

治標不治本的特效藥

現在，讓我們回顧一下之前所提到的幾個例子，以及個人魅力論對此的邏輯。

我上過無數教導主管如何有效管理的課程，我對員工期望甚高，也想盡辦法善待他們，希望維持彼此良好的關係，但又總覺得員工不忠心，有一天我若是生病在家，他們一定會終日無所事事閒嗑牙。為什麼他們不能獨立又有責任心？為什麼我始終找不到這種員工？

個人魅力論會建議這位經理採取激烈的手段，大肆整頓一番，逼得員工兢兢業業；或者，讓員工接受相關訓練以提高工作熱忱，甚至另聘更稱職的「外來和尚」。

但陽奉陰違的員工，私底下可能正質疑著老闆究竟有沒有為他們著想？有沒有把他們當作機器看待？員工的想法也許並非空穴來風，老闆心中的確如此看待他們，而主管態度偏差或許就是管理不善的原因之一。

我要做的事情太多了，可是總感到時間不夠用，每天都覺得神經緊張、匆匆忙忙，一週七天，天天如此。我參加時間管理研討會，也嘗試過不下六種規劃時間的方法，雖然不能說沒有幫助，但是仍覺得無法過著理想中既充實又自在的生活。

對於這類問題，個人魅力論保證一定有解決之道，例如：各種時間管理的計畫與講座，便是針對需要而設計的。

但你是否想過，提高效率也許並不能解決問題，而以更短的時間完成更多的工作，難道真的如此重要，抑或反倒會使你對周遭的人與事更為輕忽草率？是否有些事情才是真正值得深入認識與體會，包括某些思維足以影響你對時間、生命與自我本質的看法？

我的婚姻已經變得平淡無趣。我們並沒有惡言相向，更別說是大打出手，只是不再有愛的感覺。我們請教過婚姻顧問，也試過許多辦法，可似乎就是無法重新燃起愛情火花。

個人魅力論會指點你，某本書或某種課程有助於表達能力，可以增進夫妻感情；或者，就乾脆認為這樁婚姻既已如此，還不如另起爐灶，好重新享受愛的感覺。

然而，也許問題並不出在另一半，是你助長了對方的缺點，間接導致如今你所遭受的待遇。你對配偶、婚姻、愛情的基本觀念，可能才是問題所在。

反求諸己，由內而外

由前述的例子，你是否已察覺個人魅力論如何深入人心，徹底左右著我們對問題的看法，以及尋求解答的途徑？

不論一般人覺悟與否，總之現在已有愈來愈多的人，對這些空洞的承諾不再存有幻想。我曾與全美各機關行號合作，發現目光遠大的主管對只會以動人的故事、陳義過高的論調來振奮人心、激勵成就的作風，都敬而遠之；他們要的，是實際而循序漸進的辦法，不是阿斯匹靈與急救箱式的建議。他們希望解決長久的根本問題，並且把重心放在有長遠未來的原則上。

著名科學家愛因斯坦曾說：

重大問題發生時，往往不是當時的思想水準能夠解決的。

當我們環顧四周、審視內心，發現因追求速成特效反而製造許多問題之後，才會了解有些根本的問題不能以膚淺的方式解決，因此我們需要更深入的新思想標準，也就是一套正確的行為準繩，引導我們解決根本的問題、追求圓滿的人生。這種新的思想標準正是本書所要討論的主題，以原則為中心、品德為基礎，由內而外提升個人與人際的效能。

「由內而外」即反求諸己，由個人最基本的部分——思維、品德與動機——做起。

如果你想擁有美滿的婚姻，那麼就做一個能產生助力而非阻力的人，不要一味強求對方；如果你希望青春期的子女更聽話、更討人喜歡，那麼先當個言行一致、充滿愛心且懂得體諒的父母；如果你希望在工作上享有更多自由與自主，那麼先做個更負責盡職的員工；如果你希望獲得信任，那麼先當個值得信任的人；如果你希望才華不被淹沒，那麼先修養自己的基本品格。

由內而外的修為強調，先追求個人的成功，才能有人際關係的成就；先信守對自己的承諾，才能信守對他人的諾言。凡是以個人魅力重於品格，或者不能由個人修養做起，卻冀望改善人際關係，最後都將徒勞無功。

由內而外是一個過程，是遵循主宰個人成長進步的自然法則、不斷精益求精的過程。它會形成良性循環，把我們提升到自立自強與相互依存的更高境界。我曾與許多才華橫溢且渴望幸福成功的人共事，包含企業主管、大學生、宗教與民間團體人士、夫妻，從與他們接觸的經驗證實，求助於外力所得到的幸福、成功或解決問題之道，往往禁不起考驗。

重回起點，如同初見

這種由外而內的觀念，往往使人產生怨懟心理，眼中只看到別人的缺點或致使彼此關係不睦的客觀環境。

我見過一些婚姻亮起紅燈的夫婦，夫妻倆都只希望對方改變、都忙著揭發對方的「罪狀」、都希望控制對方。

我也經歷過一些勞資糾紛，雙方寧可耗費大量的時間、精力，訂下種種規章彼此約束，但是事實上誰也不信任誰。

我的家人曾住過世上三個最「火爆」的地方——南非、以色列與愛爾蘭。這些地區的衝突始終懸而未決，我相信，必然是因為社會大眾不能反求諸己，每一方都認為問題是別人造成的，如果「別人」能夠「講理」或突然「消失」，問題自然就解決了。

至於我們所提倡的反求諸己、由內而外的思維，因為個人魅力論的流風所及，再加上傳統觀念影響，當事人往往需要大幅度的自我調適才能轉換思維。

以我本身以及與人共事的經驗，再加上仔細觀察歷史的心得，我確信本書的七大習慣早已深植人心，它們所涵蓋的原則符合一般人的良知與常識，但是為了要確認這些原則，並加以發揮來解除內心深處的困惑，我們必須改變想法，轉移思維，提升自我到一個「由內而外」的新境界。

當我們認真了解這些原則，並將之融入生活，我相信詩人艾略特（T. S. Eliot）這句名言就會不斷湧現真意：

我們必不可停止探索，而一切探索的盡頭，就是重回起點，並且對起點有初次認識般的了解。

人的品德基本上是由習慣所組成，俗話說：「思想決定行動，行動決定習慣，習慣決定品德，品德決定命運。」

習慣對我們的生活有絕大的影響，因為它是一貫的，在不知不覺中，經年累月影響著我們的品德，暴露出我們的本性，左右著我們的成敗。

名教育家曼恩（Horacd Mann）曾說：「習慣就彷彿一條纜繩，我們每日為它纏上一股新索，不需多久就會變得牢不可破。」這句話的後半段我不敢苟同，我相信習慣可以養成，也可以打破，只是絕非一蹴可幾，而是需要長期的努力和無比的毅力。

習慣的引力

太空人搭乘「阿波羅十一號」太空船，首次登陸月球的剎那，的確令人嘆為觀止。但太空人得先擺脫地球強大的引力才能飛往月球，因此在剛發射的幾分鐘，也就是整個任務一開始的幾公里之內，是最艱難的時刻，所費力量往往超越往後的幾十萬公里。

習慣也是一樣，它具有極大的引力，只是許多人不加注意或不肯承認罷了。想要革除因循苟且、缺乏耐心、吹毛求疵或自私自利等不良習性，若是缺乏意志力，不能大刀闊斧改革，便難以竟全功。

起飛，需要極大的努力，然而一旦脫離重力的牽絆，我們便可享受前所未有的自由。

習慣的引力就如同自然界所有的力量一般，可以為我們所用，也可能危害我們，端視如何運用。不過，習慣或許一時有礙於達成目標，卻也有積極的一面——宇宙萬物各循軌道運行，彼此保持一定的秩序，全都是拜引力之賜。所以，只要我們善於應用習慣的龐大引力，就能使生活有重心、有秩序、有效率。

告別舊思維

本書將習慣定義為「知識」、「技巧」與「意願」三者的混合體。

知識，是理論性的觀念，指點我們「做什麼」以及「為何做」；技巧，是指「如何做」；意願，則是「想做」，表示我們有付諸行動的企圖心。要培養一種習慣，這三項要素缺一不可。

假設我與同事、配偶或女兒相處得並不融洽，因為我總是只顧表達自己的意見，從不肯傾聽，除非我有心改善人際關係，設法了解正確的待人接物之道，否則我可能根本不「知道」自己必須聆聽；即使知道了，也不見得明瞭該「如何」去傾聽。

不過，知道應該聆聽、懂得傾聽的技巧，僅僅這樣還不夠，因為除非我有聆聽的意願，否則依然無法養成習慣，習慣的培養需要這三者的配合。

要提升自我，必須先從思維著手；思維一旦改變，對外界的看法自然不同，就會回過頭來影響自我，形成一種良性循環。所以，我們應該從知識、技巧與意願三方面努力，突

圖5　養成習慣的三大要素

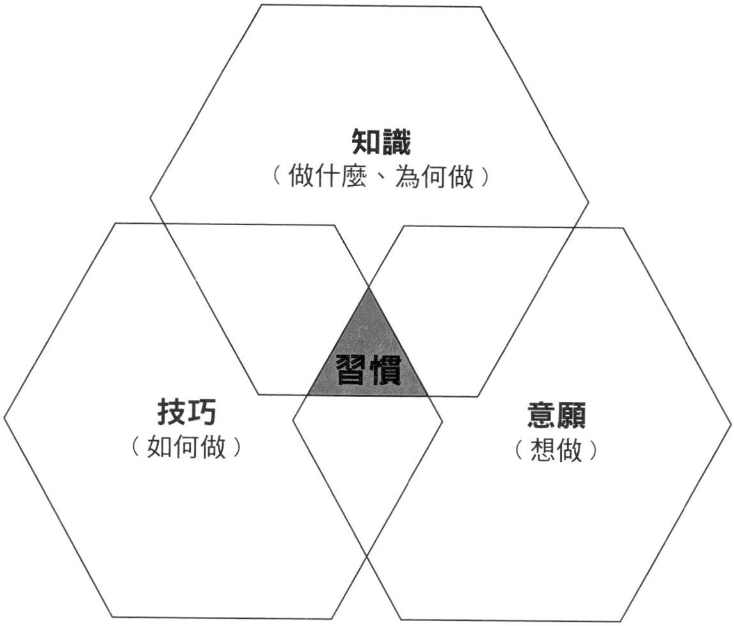

破舊有思維的束縛，使個人與人際關係都能更上一層樓。

改變習慣的過程可能很不好受，畢竟習以為常的事物比較能讓人有安全感，但為追求一生的幸福與成功，暫時犧牲眼前的安適與近利也是值得的。經過一番努力與犧牲所換來的果實，將更為甜美。

循序漸進培養七大習慣

本書所提出的七大習慣是相輔相成、一氣呵成的。藉著培養這些習慣，我們可以循序漸進，由依賴而獨立，再由獨立進而互賴。

人類在幼年時期必須完全仰賴他人，經由長輩的引導與養育而成長。但隨著光陰的流逝，我們日漸獨立，舉凡生理、心理、情感與經濟能力各方面都不斷成長，直到有一天終於能夠完全自立，但這並不表示成長就到此為止，在不斷提升自我的同時，我們可以體會到宇宙萬物唇齒相依的關係。

包含人類社會在內，整個大自然共享一個生態體系，個人無法離群索居，大凡人類較高層次的心智活動都與人際關係有關，就是明證。

由嬰兒以至於成人，是人生必經的歷程，只不過成長涵蓋許多層面，例如：生理上發育完全，並不意味心理或是感情同樣成熟。同理可證，生理上有缺陷，也不代表心理必然不成熟。

成長的三個層次

所謂成長的三個層次，分別為依賴期、獨立期、互賴期。

- **依賴期**　圍繞著「你」這個觀念，你照顧我，你為我的成敗得失負責，事情若有差錯，我便怪罪於你。
- **獨立期**　著眼於「我」的觀念，我可以自理、我為自己負責、我可以自由選擇。
- **互賴期**　從「我們」的觀念出發，可以自主、合作、統合綜效，共創偉大前程。

依賴心重的人，靠別人來完成願望；獨立自主的人，自己打天下；互賴的人，群策群力以達成功。如果生理上無法自立，例如：身體有殘缺，便需要別人幫助；假使情感不能獨立，價值觀與安全感建立在他人的評價上，一旦無法取悅他人，個人便失去價值；若是知識上無法獨立，就得依賴旁人代為思考，解決生活中的大小問題。

相反的，生理上獨立者可以暢所欲為；心智上獨立者可以有自己的思想，兼具抽象思考、創造、分析、組織與表達能力；情感上獨立者能夠肯定自我，不在乎外界的毀譽。

由此可見，獨立比依賴成熟得多，不過獨立並非個人成長的極致，可惜當前的社會價值觀將之奉為圭臬，大多數勵志修身的書籍與文章都過分強調，彷彿溝通、團隊精神並不重要。其實，這主要是對依賴觀念的反動，擔心被他人控制、定義、利用甚至操縱。

至於互賴的觀念，更經常受到誤解，很多人把它跟依賴混為一談，難怪我們往往見到有人假借獨立名義，拋妻棄子、不負責任，但追究背後的初衷，都是出於個人自私的理由。

有些人雖然宣稱要「擺脫桎梏」、「追求解放」，其實這種行徑正暴露出若干擺脫不掉的依賴心理——因為有依賴心理，這些人情願讓他人的缺失左右自己的情緒，或是總把自己的遭遇怪罪於外界的不公平。

當然，我們所處的環境的確有值得改進之處，但依賴心態是個人成熟與否的問題，與環境無關。即使客觀條件再好，也有人是永遠扶不起的阿斗。

懂得共享才是真正的成熟

擁有真正獨立人格的人，能夠事事主動積極，而非受制於人。這種境界的確值得追求，但並非圓滿生活的終極目標。

只重獨立並不適合人我息息相關的現代生活，一個人若缺乏互賴觀念，難以與人相處共事，充其量只能獨善其身，永遠無法成為出色的領袖或團隊的一分子，也不會有美滿的家庭、婚姻與團體生活。由此可知，個人無法離群索居，想要獨自追求圓滿人生，無異緣木求魚。

互賴，是一種相當成熟進步的觀念。

生理上互賴的人，可以自給自足，但也了解互助合作能發揮更大的作用；情感上互賴的人，完全肯定自己的價值，但也承認需要愛、關懷以及付出；知識上互賴的人，截人之長、補己之短……

一個互賴的人，能夠與人分享內心真正的感受，做有意義的交流，也能夠共享別人的心得。

但在此必須強調，唯有獨立的人才能達到互賴的境界，依賴的人還不具備足夠的條件。因此，以下數章討論的習慣，是七個習慣中的前三個，其目標著重在如何修養自己，由依賴進而獨立。

這些習慣屬於「個人成功」的範疇，是培養品格的基礎，而個人的成功一定先於公眾的成功，就如同播種、耕耘與收成，次序無法顛倒。就個人而言，則是先內省而後外顯。

第二部

個人的成功

從依賴到獨立

進入社群時代

在柯維的觀念裡，
高效能人士應該要擴大自己的影響圈；
而若要成為領導者，
更必須有能力綜觀全局，
掌握問題的癥結、找出正確的方向。

4

由內而外建立七大習慣

年輕時對習慣不加節制，等到年老結算，就是導致我們破產的債務。

詩人泰戈爾（Tagore）

真正的獨立，是培養良好互賴關係的基礎；在這個基礎上，我們可以致力於第四、五、六個習慣所涵蓋的團隊精神、合作與溝通，追求「公眾的成功」。

不過，本書如此安排並不表示前三個習慣與後三個各自獨立，互不連屬；反之，它們其實是兼容並蓄，如此排列只是為了幫助讀者了解與實踐。至於第七個習慣，則涵蓋了其他六大習慣，賦予其新生命，督促我們日新又新，永無止境。

一〇九頁圖6標示了這七大習慣與三個成長階段的關係，而七大習慣相互激盪，又將發揮更大效果。

產出與產能必須平衡

本書介紹的七大習慣最合乎效能原則，且效果最為持久，能夠幫助你更有效的解決問題、把握機會以及吸收最多的正確觀念。

不過，我對「效能」的定義，不是只看「量」，而是產出與產能必須平衡。《伊索寓言》中有則鵝生金蛋的故事，正足以說明這個常遭人忽視的原則。

這則故事是說，一個農夫無意間發現一隻會生金蛋的鵝，不久便成了富翁，可是財富卻使他變得更貪婪、更急躁，每天一顆金蛋已無法滿足他；於是，農夫異想天開的將鵝宰殺，企圖將鵝肚子裡的金蛋全部取出來。誰知，打開鵝肚子一看，裡面並沒有金蛋，鵝卻死了，再也生不出金蛋。

這則寓言是效能觀念一個很好的例證。一般人往往由金蛋的角度來衡量效率，也就是產品愈多、效能愈高，但〈鵝生金蛋〉的故事卻告訴我們，效能包括兩個要素：一是產出（金蛋），也就是你希望獲得的結果；一是產能（鵝），也就是你藉以達到目標的資產或本領。

僅重視金蛋、無視於鵝的人，結果會連產金蛋的資產本身都保不住；反之，「重鵝輕蛋」的人，最後可能養不活自己，更不用說鵝了。因此，效能來自於平衡，產出與產能必須平衡，才能達到真正的高效能。

個人資產需要用心涵養

人類所擁有的資產，基本上可分為人力、物力以及財力三大類。

幾年前，我曾經買過一項物質資產——電動割草機。我經常使用，卻從不保養；前兩季還沒有問題，到第三季就故障了，這時我才著手維修，可是已經太遲，引擎只剩下不到一半的馬力，可以說成了一堆廢鐵。

如果我及早開始保養這項資產，那麼現在還能享受它的產出——修剪平整的草皮，

圖6　七大習慣不是單一觀念，
而是連續的成長，持續的成熟

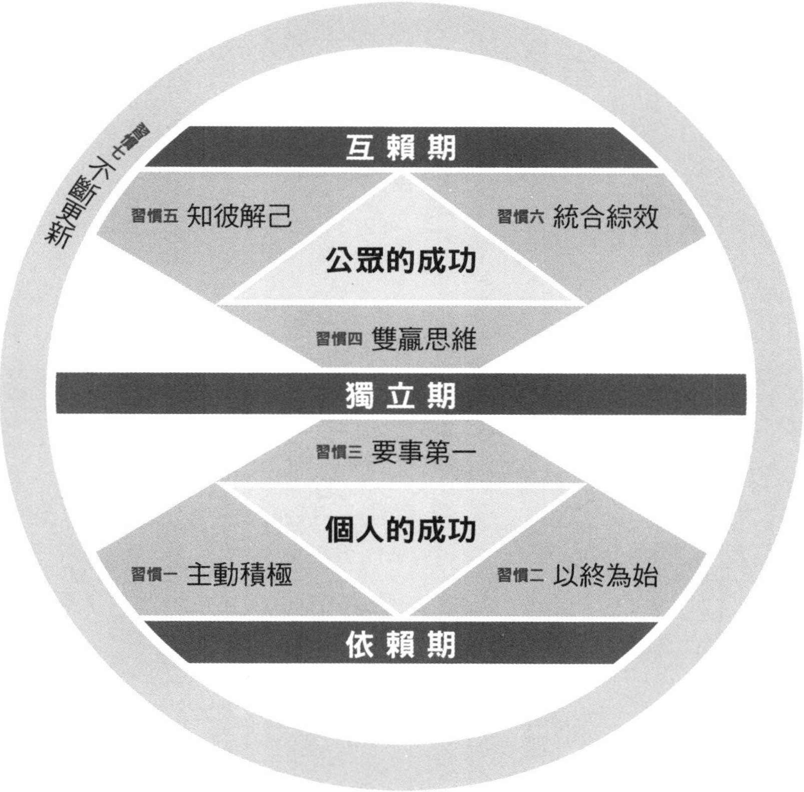

但如今我必須花費更多時間與金錢來更換一部新機器，顯然不符效能原則。

由此可見，急功近利反而會破壞珍貴的資產，或許是一輛汽車、一部電腦，也可能是自己的身體或自然環境。

同樣的情形也適用於金融資產，本金與利息相當於產能與產出，如果為了改善生活而動用本金，利息收入就會減少，財產總值隨之縮水，最後連起碼的生活都無法維持。

我們最寶貴的金融資產就是賺錢的本領，如果不能持續投資、增進自己的生產能力，發展的機會便會受到限制；只能停滯在現有職位，終日忙著揣摩上司的心意。

對人力資產而言，產出與產能之間的平衡尤為重要。因為物質與金融資產可為人所控制，人力資產則否。

比方說，夫妻雙方都汲汲營營於獲得金蛋，亦即享受婚姻的好處，卻忽略了維護彼此的感情，最後就會變得冷淡而疏遠，因為夫妻如果只著重耍弄手段、操縱對方以滿足自己的需要，或是忙著為自己辯護、挑剔對方的缺點，相愛的感覺和親密的關係自然會衰退，就好比鵝的病情一天比一天惡化。

親子關係是否也會演變到這種地步呢？子女年幼時，必須完全依賴父母，缺乏自主能力。這時候父母很容易忘卻教養、溝通、傾聽與情感交流這些親子關係的重要性，而以年齡、地位等優勢來操縱子女，以滿足自身的願望；或者，另一個極端是父母往往因過於重視產出而縱容、討好子女，使得在這類環境中長大的兒童，多半不懂規矩、缺乏責任感。

別讓你的意志蒙蔽你的心

不論威權式或縱容式的管教，基本心態都是偏重金蛋——父母只在乎孩子是否照著自己的意志行事，或能不能討好子女；至於鵝，也就是孩子未來的責任感、紀律感以及自信心，似乎就無關緊要了。等到子女進入關鍵性的青春期，產生認同危機之後，過去與父母相處的經驗，如：父母是否不帶批判的傾聽、是否真心關懷等，將決定父母能否與子女關係親近、相互溝通，甚或影響子女的行為。

舉例來說，你要求女兒保持房間整潔，這是你希望得到的產出（金蛋），而你的女兒就是產能（鵝），如果她覺得你的要求並不過分，便會心甘情願的整理房間，毋須旁人催促，因為她知道許下承諾就不應食言。這時，她是一項可貴的資產，一隻會生金蛋的鵝。但是，如果你只問房間是否整潔，毫不顧慮她的感受，那麼即使頻頻嘮叨，甚至以威脅、吼叫逼她就範，也是徒勞無功，因為你忽略了鵝的需要與福祉，牠自然不會生金蛋了。

我與女兒的互動，就是個很好的產出與產能平衡的例子。

有一回，我們計劃來一場私下約會——我很喜歡定期與每個孩子另約時間單獨相處，我們都很期待這個約會，也很喜歡共處的時光。

那天，我去找女兒，問道：

「寶貝，今晚是你的時間，你想做些什麼？」

「噢，爹地，沒關係啦！」她回答。

「講真的，我想跟你一起，做什麼都可以，」我很誠懇的說。

「我想看《星際大戰》，」她答，「可是我知道你沒興趣，上次整部片你都在睡，科幻片不是你的菜，沒關係啦！爹地。」

「不行。寶貝，如果你想看，我也想看。」

「爹地，無所謂的，我們也不一定要遵守這個安排，」她頓了一下，又說，「你知道為什麼你對《星際大戰》沒興趣嗎？因為你不了解絕地武士的訓練與養成哲學。」

「什麼？」

「你記得你教的那些東西嗎？跟絕地武士的訓練是一樣的。」

「真的嗎？我們去看《星際大戰》吧！」

我們真的去看了，我坐在女兒身旁，經歷一場思維轉變，我成了她的學生，向她學習，真是奇妙無比的經驗。我從絕地武士的基本哲學與訓練中，看到新的思維，顯化在許多實際的狀況。

這並非計劃中的產出經驗，而是偶然的產能投資，卻得到美好的果實，我與女兒更親近，對這次相聚也很滿足。因為金鵝（關係的品質）得到充分滋養，我們也得到了金蛋。

近利不等於成功

正確原則最可貴之處，就在能適用於各種不同的狀況。本書所提到的每個原則，不僅適用於個人，也適用於團體（包括家庭）。

產出與產能平衡的原則，在團體生活中如何應用呢？假使組織成員運用物質資產時，不尊重平衡的原則，便會降低效能，而且往往遺禍繼任者。

譬如，某人負責管理一部機器，為了討好上司，他設法把產能發揮到極致，卻從不維修，任由機器日夜運轉。結果，產量提高、成本大幅降低、利潤因而激增，由於公司正值迅速擴張階段，升遷機會多，不久後他就獲得晉升，得到了金蛋。

然而，對接替他職位的人來說，卻是接到一隻病鵝，必須加倍維修、讓機器有喘息的機會，結果就是成本飛漲、利潤大幅滑落。這些損失，會算到誰的帳上呢？當然是接手的那個人，前人「殺雞取卵」、破壞資產，會計帳簿上卻只列出產量、成本與利潤。

再談到人力資源，產出與產能平衡的原則，對一個團體的人力資產——顧客與員工——的運用更為重要。

我認識一家以蛤蜊濃湯聞名的餐廳，每天中午都高朋滿座，可是後來餐廳轉手，新老闆認為利潤重於一切，在濃湯中摻水。第一個月，他的確大發利市，因為成本降低，顧客卻依舊捧場，但是漸漸的，顧客不再上當。失去了顧客的信任，這家餐廳最後終於門可羅雀。即使此時老闆想重新回頭，可惜已失去了寶貴的資產——顧客的信任，會生金蛋的鵝已經不在。

員工和顧客一樣重要

員工也是公司的重要資產。有些公司強調顧客至上，卻完全忽略為顧客服務的員工。我的建議是：「你希望員工如何接待客人，你就如何對待員工。」

你可以收買一個人的雙手，卻買不到他的心，而心才是忠誠與熱忱的根源；你也可以收買一個人的形體，卻買不到他的頭腦，而頭腦才是創造力與才華智慧的大本營。

重視人力資產的主管，應該把員工和顧客當作自願工作者一般好好對待，因為他們確實是心甘情願的奉獻寶貴的心智與忠誠。

在一場討論會上，有人問：「對懶散與表現欠佳的職員，該如何整頓？」一位仁兄回答：「投幾顆手榴彈！」有些人頗附和這種強勢管理的主張——不爭氣就淘汰。

可是，接著又出現下面的問答：

「誰來收拾殘局呢？」

「不會有殘局。」

「那你何不用同樣的方式對待顧客：『如果不想買就滾蛋吧！』」

「怎可如此對待顧客？」

「那為什麼可以如此對待員工？」

「因為他們是我雇來的。」

「原來如此。請問你的員工是否忠心耿耿、勤奮工作？流動率大不大？」

「別開玩笑了，現在根本找不到好幫手。人人都想請假、兼差、跳槽，對公司毫不在乎。」

像這種只重金蛋的態度，實在難以激發員工的潛能。眼前的盈餘固然重要，但卻不應凌駕一切之上。

過分重視產出，會破壞健康、耗損機器、降低銀行存款及危害人際關係；但太過維護產能，就如同一個人每天長跑三、四小時，滿以為可以因此多活十年，但不知其實正在透支生命。又好像有些人，不斷念書卻不事生產，只知坐享別人的金蛋，永遠不敢面對現實世界。唯有產出與產能取得平衡，才能達到真正的效能。雖然你常會因此面臨困難的抉擇，但這的確是效能原則的精髓所在。

日常生活中，足以印證這個道理的例子俯拾即是，譬如，你是否曾因想多做點事情，熬夜不眠，結果卻弄得筋疲力竭，甚至身體不適？反之，若是好好睡一覺，則第二天精力充沛，適足以做更多的事，並準備迎接一天的挑戰？

或者，有時別人雖然屈服在你的壓力下，你的內心卻仍感到空虛，這時候倒不如開誠布公，努力經營人際關係，反而能贏得信任與合作。

產出與產能平衡是效能的關鍵，適用生活的各個層面，我們可以遵循此道或反其道而行，但產出、產能平衡就像一座燈塔，定義了效能的思維，也是本書七個習慣的基礎。

理解並分享七個習慣

開始探討成功人士的七個習慣前，我想先提出兩種思維移轉，這能大大增加你對本書的理解。

首先，我建議讀者不要把這些觀念看成是一本「書」，讀完了就收回書架上。你可以先從頭到尾讀一次，理解全貌，但全書的觀念是為了促成持續性的改變與成長。每個習慣之後都有建議與執行的要點，幫助你專注在個別習慣的養成。等到你進入了更深度的理解與實行，可以再回頭閱讀每個習慣內涵的原則，擴展你的理解、技巧與期望。

其次，我建議讀者閱讀時，將學習者的思維與角色，轉換為老師的角色與思維。在讀完後的四十八小時內，採取一個由內而外的方式，把自己從書中學習到的感想，再分享出去，與他人討論。

譬如，如果你得在四十八小時內將產出、產能的平衡教給另一個人，這會如何影響你的閱讀過程？在你閱讀本章最後一段的同時，請試試這個方法，想像你明天就要把讀到的觀點教給伴侶、孩子、工作夥伴或是朋友。請觀察你的心智與情緒有什麼不一樣。

打開改變之門

如果你能敞開心胸，誠懇分享你學到的，他人對你的認知或負面標籤很可能就此消散，這是十分驚人的轉變。

要是別人認為你不停轉變與成長，就會更願意幫助你、支持你，甚至與你共事，你們甚至能將七個習慣整合到各自的生活中。

佛格森（Marilyn Ferguson）提到：「誰都不可能說服另一個人改變，每個人的改變之門，只能從內在打開。我們不可能幫別人開門，不論是透過爭執或訴諸情感，都不可能。」

自我成長是最值得的投資

如果你決定打開自己的「改變之門」，學習並實踐這七個習慣，我敢保證，你會經歷很多正面的成果。首先，你的成長會循序漸進，但效應卻是革命性的，光是產出與產能平衡的原則，就能改變大多數的個人和組織。

主動積極、以終為始、要事第一，這三個習慣涉及的是個人成功，以此打開「改變之門」，可以大大提升自信——你會更了解自己，看到自己的本性、價值、自我認知、自制與內在的方向，這能帶給你內在的平靜。你從內在定義自己，不再受他人評價左右，也不再與人比較。

諷刺的是，你會發現，當你不再介意他人對你的看法，你會更關心別人看待自己和他們的世界的方式，包含他們與你的關係，而你的情緒也不再因為他人的缺失而波動。你會發現，改變更容易了，而且也更樂於改變某些深層且幾乎原本無法改變的內在狀態。

雙贏思維、知彼解己、統合綜效，這三個習慣則關係到公眾的成功，你會找到並釋出內在的想望與資源，著手重建並療癒已經惡化甚至破裂的重要關係。本來就十分良好的關係會更深入、更扎實、更有創造性與冒險性。

最後，第七個習慣，如果深深內化，將會延續前六個習慣，幫助你達到真正的獨立，並與周圍互信互賴。透過這個互賴的關係，你的身心都將獲得飽滿與充分的能量。

無論你現在的狀況如何，我可以保證，你的習慣不能代表你。你可以放下老舊而挫敗的模式，換上新效能、新習慣，得到快樂的新生活與互信的關係。

當你能夠付出真正的關懷，請進一步打開「改變之門」，並帶著這些習慣持續成長。過程中，請保持耐心，因為再沒有比自我成長更值得投資的了。

這絕非一蹴可幾的事情，但我能保證，你會受益無窮，並且立刻深受鼓舞。美國獨立運動推手之一，潘恩（Thomas Paine）說：

愈容易到手的，愈不會看重，只有付出所有而追求到的，才會萬分珍惜。天堂深知如何幫其物品標上適當的價值。

新見解──高度無效能人士的七個習慣

西恩．柯維

我兒納森（Nathan）小時候有社交焦慮的困擾，所以小學低年級時經常缺課。記得一年級時有一天早上，我努力想把他弄下車。我必須把他的手指一根一根從車內座位上掰下來，並且親自把他交給校長。校長特別走出校門，到停車場和我會面，他一把抱起納森，走進學校，納森一直捶打他的背。我回到車內，哭了起來。

二年級時我說服納森去打棒球。第一次練習時我們到了球場，他看到其他球員和教練，害怕得不得了，就趴在地上「裝死」，那是我們一起讀過的，被熊攻擊時如何保命。我試著把他拖離草地，但他不肯動。教練想說服他，他默不作聲。整個練習過程他都裝死。

又有一次去看美式足球比賽，納森大喊大叫，還一直踢前排的座椅。我注意到有人在瞪他。迫不得已我捏納森的手臂，厲聲對他說：「不可以這樣！」

那一刻我對自己的反應感到慚愧。我對自己的怒氣和語氣覺得很窘，因為我在嚴厲評判這個天真的小男孩。我的良心彷彿在對我說：「你怎敢那樣評判納森。你知道他是誰嗎？他是個很棒的孩子，有無限的潛能。你沒有權利非難他，對他不以為然。你等著看他會變成什麼樣的人。」

這個領悟來得很突然，很深刻，一連影響我好幾天。

後來我告訴妻子這次經驗，以及我對納森做了一次完全的思維轉換。在所有那些焦慮的背後，是個很特別的孩子。我們只要耐心對待他，相信他，讓他照自己的步調去發展。

慢慢的納森開始改變。

四年級時發生重大突破，學校要他在某個活動上演講習慣五。他回家後說：「請打電話給學校，跟他們說我不要演講。我知道他們只是因為你教七個習慣，才要我上去講。」有一刻我心想，或許應該打給學校，因為他上台演講時可能會裝死。不過我繼而衡量一下，又想：「不。納森可以辦得到。」

兩週後，納森站在兩百人面前，用他自己寫的講稿，做了一次很成功的演講。當時他差一點昏倒，可是鼓足勇氣講完。

那一天使他信心大增，他開始找其他上台演講的機會。信不信由你，到納森上高中時，他是你看過最外向、最愛說話、最有信心的孩子之一。他的弱點變成強項，也因為小時候經歷過太多挑戰，他現在會特別努力，用愛與熱情去幫助其他在掙扎中的孩子。一旦妻子與我「看出」納森的潛能，我們就用不同的方式對待他，這改變了一切。思維轉換的威力由此可見。

觀—為—得

父親曾說：「你不懂這個，沒有人懂。思維代表一切。我們談思維談得不夠多。如果只想要一點改進，改變行為就好。可是如果想要有長足的進步，必須改變思維。」

在富蘭克林柯維公司，訓練過幾千個組織的好幾百萬人後，我們發現父親的話是多麼真切。我們經常以下面的圖7來說明，「觀」會決定「為」，「為」會決定「得」。我們發現，當人、團隊或組織全部的心力，只集中在「為」，也就是行為，絕對得不到期望的結果。為達成很好的結果，你必須先從「觀」，就是思維著手。除非有不同的認知，否則

圖7 「觀—為—得」關係圖

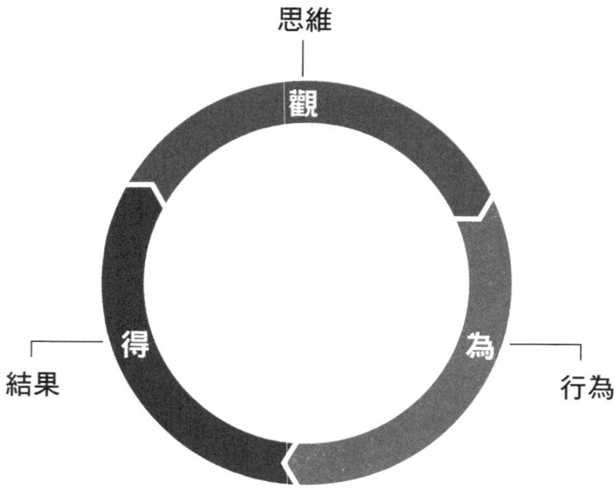

新的行為無法持久。

父親重視原則不下於重視思維。他曾向我們保證，要是生活中遵守原則，定能長久過得順遂成功。七大習慣每一個都是根據一些關鍵原則和思維而來，在各個習慣之後我會特別加以說明。不過在此之前，我想讓各位玩個遊戲。

下頁圖8是1到54的數字圖。請各位從1開始，然後2、3，依序找出每個數字，直到54。看看你在六十秒內能找到多少個。圖中不缺任何數字，也未耍任何花樣。請拿出筆，預備，開始。

你找到第幾個？大多數人可以找到二十幾。（我跟孩子們玩這遊戲時，每次經常有幾個可以一路找到54，這說明我們大人有多常在不知不覺中「扼殺」孩子的天分。）現在我請讀者再試一次，這次我會告訴各位一個有系統的辦法，幫助你找到數字。請翻到一三〇頁，那裡有詳盡的說明。

歡迎再回來。這次你找到第幾個數字？幾乎人人都能一直找到54。差別在哪裡？差別在於有方法，有某種有條理的模式協助你前進。儘管這是個簡單的小遊戲，其意義卻很深遠。人生很像這一頁的數字。向前行並不容易。有太多選擇和挑戰。很容易迷失方向或效能不彰。

圖8　數字遊戲圖

1
19
38
20
3
48
37
46
47
30
21
28
29
11
2
39
12
10
4
41
50
6
33
31
49
23
5
51
15
13
40
22
14
32
24
42
34
16
44
26
9
36
43
8
17
27
54
25
7
52
35
53
45
18

在此七大習慣就能派上用場。提供有條理的模式或思考方式，協助你達到目標，讓你更好更快的解決問題。那是到20和到54的差別。一旦腦海中有了這個模式，從此你會脫胎換骨。它提供模型，協助你創造有意義有貢獻的人生。

請研讀下頁圖9。它不同於本書全書所用的持續成熟圖（參見一〇九頁圖6）。我喜歡用這棵樹，因為它顯示個人成功的習慣在地面下，強調那屬於個人，別人看不見。公眾成功的習慣在地面上，要展現給他人看。習慣七：不斷更新接近太陽和雨，代表我們需要不斷的滋養。

這七個習慣的次序很重要。三十多年前，父親快寫完本書初稿時，跟助理說全得重寫（這令他們很氣餒）。父親發現他低估了這些習慣的次序多麼重要，所以必須照次序重寫。

七大習慣的方式是先內後外。我們得先贏得個人成功（習慣一、二、三），然後才能贏得公眾成功（習慣四、五、六）。比方假定你與上司的關係不好，先不必考慮雙贏，你要先檢視自己，找出自己可能做錯的地方。也許你動機欠佳或別有用心。每當我有人際關係上的問題時，根據經驗，五次有四次的癥結在我，不在對方，解決問題的關鍵在於我自己要先做對。這是由內而外。個人成功永遠在公眾成功之前。

除去了解次序的重要性，另一個學習七大習慣很棒的方式，是懂得什麼不符合這些習慣，我稱之為「高度無效能人士的七個習慣」。

圖9　七個習慣樹

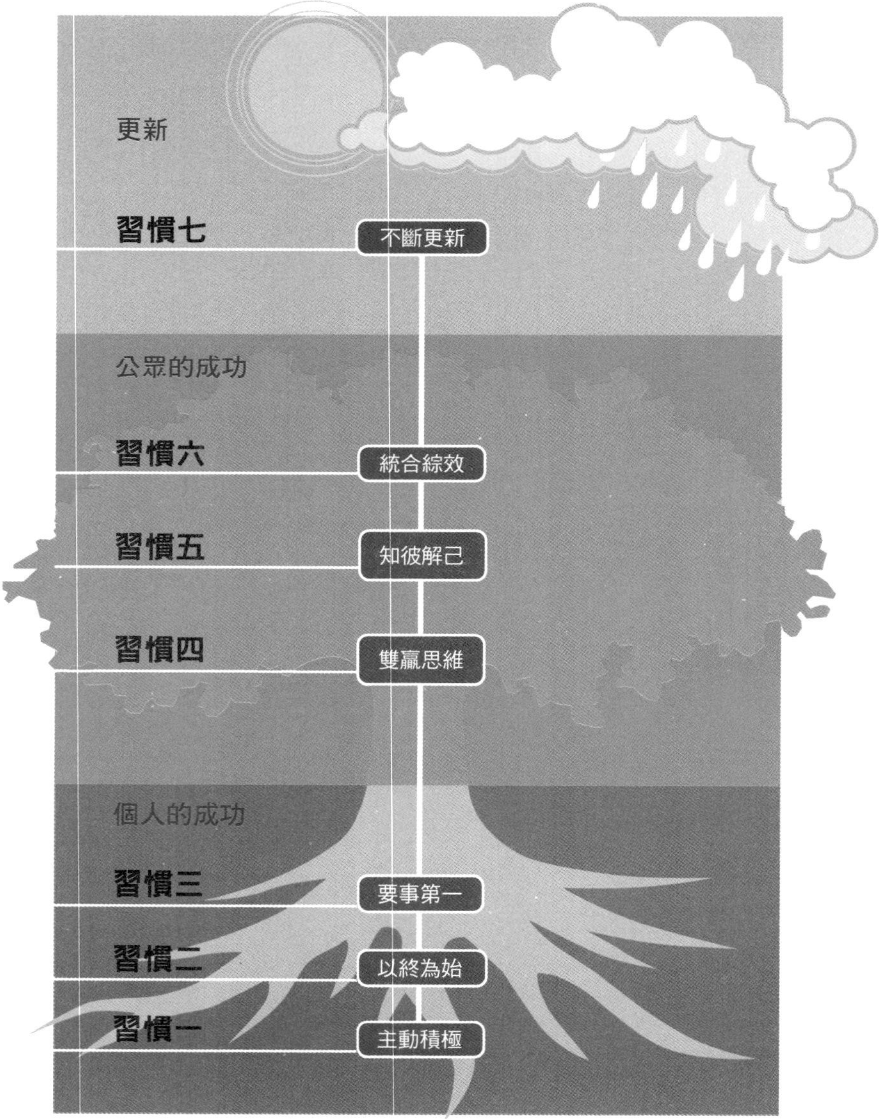
更新
習慣七
不斷更新
公眾的成功
習慣六
統合綜效
習慣五
知彼解己
習慣四
雙贏思維
個人的成功
習慣三
要事第一
習慣二
以終為始
習慣一
主動積極

高度無效能人士的七個習慣

習慣一：消極回應

把個人問題全都歸咎於差勁的上司、父母、基因、配偶、同事、前任、經濟、政府等等。以受害者自居。不為自己的人生負責。餓了就吃。生氣就吼。有人對你出言不遜就罵回去。只等著回應。

習慣二：得過且過

不事先計劃。不設定目標。不擔心自己行動的後果。隨波逐流。及時行樂，哥們，因為你可能活不到明天。

習慣三：要事最後

能拖就拖。先處理急事，像是每當聽到手機響、嗶嗶聲、看到閃光就去看。等一下再處理要事。

別擔心人際關係有待加強；關係永遠在不會跑。又幹嘛要運動？你自會保有健康。別忘記每天一定空出足夠時間看 YouTube。

習慣四：不贏就輸

把人生看成激烈的競爭。人人都想對你不利，所以你最好先下手為強。別讓他人成功，因為切記如果他們贏，你就會輸。要是看情形你贏不了，務必把對方也拖下水。

習慣五：先講為快

你天生有張嘴，要好好運用。多說話。務必先讓別人了解你的看法；然後逼不得已的話，再用「噢，哦」假裝在聽對方講話，一面做著午餐要吃什麼的白日夢。要是你真想聽別人的意見，就猛烈攻擊對方。

習慣六：孤芳自賞

老實說，別人很古怪，因為跟你不一樣，那何必試圖與他們好好相處？團隊合作被高估。合作反而礙手礙腳，不如自己來。既然每次最好的主意都出自你，還是單打獨鬥比較好。就做一隻孤鳥。

習慣七：累壞自己

忙著開車，連去加油的時間都沒有。忙著為生活打拚，連充電和復原的時間都沒有。

不學新東西。避開運動，像避瘟疫一般。拜託，遠離好書、大自然、藝術、音樂，或其他可能啟發你的事物。拚命，寶貝，拚命。

顯然這些習慣並非我們所想要的。可是我們（包括我在內）常因為這是阻力最小的路，就會這麼做。

總之我希望七大習慣，可以給各位一個不易忘記的架構，協助你走在人生道路上，在家中和工作上成為更有效能的人。盼望各位記得，個人成功先於公眾成功。我也期待各位挑戰並更新你的一些思維。

經常有人問父親：「哪個習慣最重要？」

根據我們兄弟姊妹所見，他時不時就會說，每個習慣都是最重要的。他會煞有介事的說：「習慣二最重要，因為人生如果沒有願景，等於一無所有。」或「習慣六是終極習慣，因為只要實踐所有其他習慣，就會達到統合綜效。」或「所有習慣裡，最最要緊的就是習慣一，因為除非你決定自己作主，否則無法實行其他習慣。」我們幾個小孩每次聽到這些，都覺得很好玩。

依我所見，我會說最重要的習慣就是，你實際去做覺得最困難的那個。

祝各位好運！

數字遊戲的詳細說明

下頁的圖11與你在一二四頁看到的數字圖相同，不過我將其分成九個區塊，你只要照著圖10這個九宮格的順序，就可以依序找到數字。1在區塊1，2在區塊2，3在區塊3，4在區塊4，依序類推直到區塊9。然後再回到區塊1，以相同順序繼續尋找接下來的數字。

圖10　九宮格順序

1	2	3
4	5	6
7	8	9

計時六十秒，看你能找到幾個數字。完成後回到一二四頁。準備好了嗎？請拿出筆，預備，開始！

圖11　進階數字遊戲圖

1
19
37
46
28
10
38
20
47
29
11
2
3
48
30
21
39
12
4
31
49
13
40
22
41
50
23
5
14
32
6
33
51
15
24
42
34
16
43
25
7
52
44
26
8
17
35
53
9
36
27
54
45
18

5

習慣一

主動積極 1

專注做好你能控制的事

最令人鼓舞的事實，莫過於人類確實能主動努力以提升生命價值。

美國文學家及哲學家梭羅

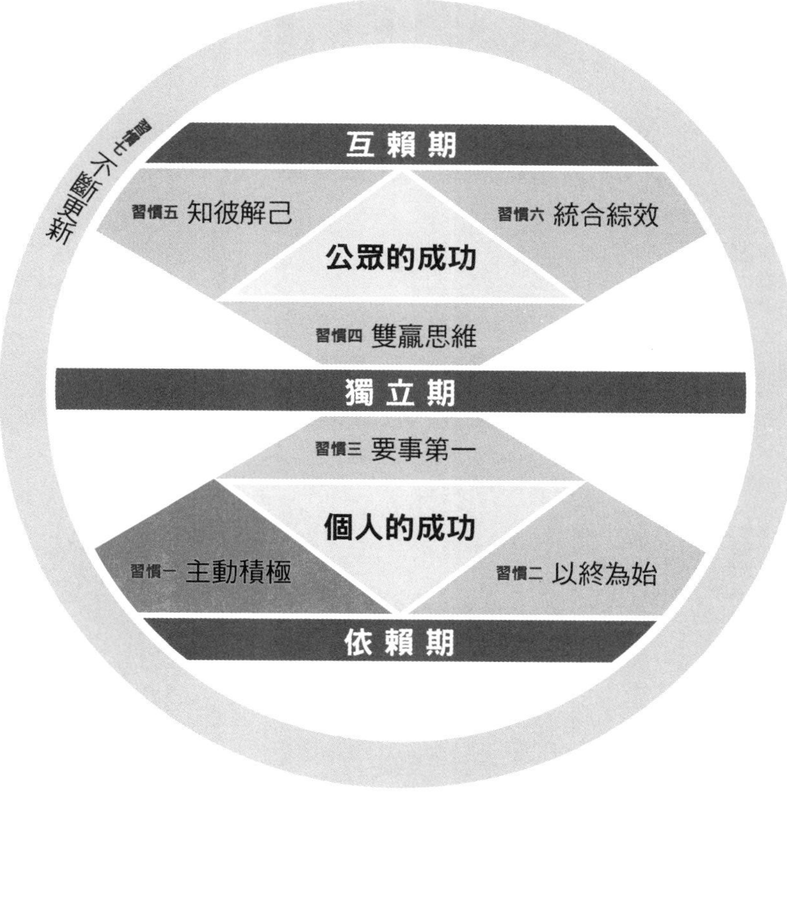
習慣七 不斷更新
互賴期
習慣五 知彼解己
習慣六 統合綜效
公眾的成功
習慣四 雙贏思維
獨立期
習慣三 要事第一
個人的成功
習慣一 主動積極
習慣二 以終為始
依賴期

現在，請嘗試跳出自我，把意識轉移到室內屋頂的某個角落，然後以客觀的角度，觀察你閱讀本書的情況。你能夠把自己當作一個不相干的人來觀察嗎？

再換個方式，想一想現在的心情如何，你能夠用言語形容嗎？

接下來，請檢討心智是否反應靈敏？是否正在為這個實驗的目的而納悶？

以上這些，都是人類特有的精神活動，而動物則缺乏這種自覺（Self-awareness），也就是自我覺察的能力。

將自己與情緒感受分離

自我覺察是人之所以為萬物之靈，以及能夠不斷進步的關鍵所在，同時也是我們能自經驗中汲取教訓，並且改善習性的根本緣由。

我們的感受不能代表我們，我們的情緒也不代表我們，甚至，我們不等同於我們的思考。能夠將自己與這些事物分開，正是人類與其他動物的差異。藉著自覺意識，我們可以客觀檢討我們是如何「看待」自己——也就是我們的「自我思維模式」（Self-paradigm）。

所有正確有益的觀念，都必須以這種「自我思維」為基礎，它影響我們的行為態度，以及如何看待別人，可說是一張屬於個人的人性本質地圖。有了這種認識，將心比心，我們也就不難體會他人的想法，否則難免會以己之心度彼之意，以致表錯情、會錯意，因為人類獨有的自我意識，使我們能夠檢討自己的自我思維究竟確實發自內在？還是來自社會的制約與環境的影響？

自由？或是不自由？

如果我們完全從社會的角度，依照時下一般的價值觀，以及四周人群的看法來衡量自己，所看到的景象，就彷彿是從哈哈鏡裡反射出來的自己。

「你從不守時。」

「你為什麼不能保持整潔？」

「這麼簡單的事，你都弄不懂。」

「你一定是個藝術家！」

「你吃得像牛一樣多！」

「真沒想到你會贏！」

然而，這類的評語不見得代表真正的你，充其量只不過反映說話者本身的想法與缺點而已。

圖12　受制於人

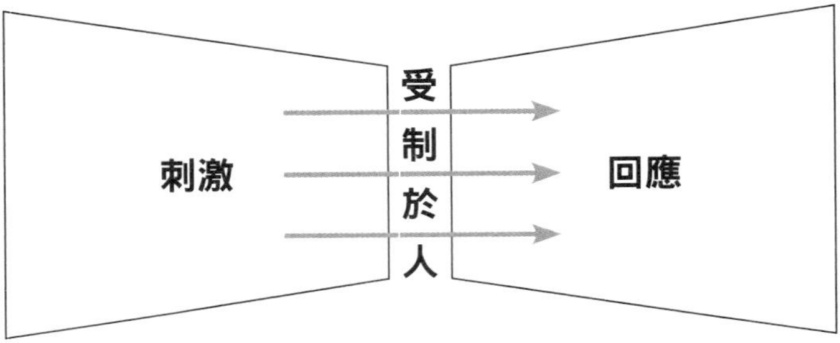

在我書寫的當下，一般人都認為，人性是環境與制約作用的產物。的確，制約作用對人的影響極大，前面我們也提到這點。但若認為人的意志無法克服社會制約，未免錯得離譜。

不過，這類「決定論」相當盛行，其中說法可分為三大類：

一、基因決定論（Genetic Determinism）認為人的本性是祖先遺傳而來。你的脾氣不好，那是因為祖父母就是如此，藉著基因承襲到你身上。

二、心理決定論（Psychic Determinism）強調你的個性是父母種下的因。父母的教養方式與童年的經驗，造就了今日的你，例如：你從不敢強出頭，因為從小爸媽就告誡不可如此；你每次犯錯都內疚不已，因為你忘不了小時候表現欠佳所受到的排斥與心理傷害，以及被拿來與別人比較的感受。

三、環境決定論（Environmental Determinism）主張環境決定人的本性。周遭的人與事，例如：老闆、配偶、子女，或者經濟狀況、國家政策，都可能是影響因素。

這幾種理論是根據心理學家巴夫洛夫（Ivan Petrovich Pavlov）以狗為實驗，所得出的「刺激－回應」理論，也就是我們對某一刺激的回應，受制約作用所左右。這些理論是否正確、能否自圓其說，有待商榷。

受制於人也能意識獨立

要回答前述疑問，請先看法蘭柯（Victor Frankl）的感人事蹟。

他是一位受過佛洛伊德（Sigmund Freud）心理學派洗禮的決定論者，這個學派認為，一個人的本性在幼年時即已定型，而且會左右一生，日後改變的可能性微乎其微。

法蘭柯由於身為猶太裔心理學家，二次大戰期間被關進納粹死亡集中營，遭遇極其悲慘，令人不忍重述；他的父母、妻子與兄弟都死於納粹魔掌，只剩下妹妹唯一一個親人。他受盡拷打折磨，從來不知道下一刻是要走進毒氣室，還是能僥倖保命，但卻得收拾同胞的遺體與骨灰。

有一天，他裸身獨處於囚室，忽然之間意識到一種全新的感受，日後他將此感受名為「人類終極的自由」（The Last of the Human Freedoms），當時他只知曉這種自由是納粹軍人永遠無法剝奪的。

在客觀環境上，他完全受制於人，但自我意識卻是獨立的，超脫於肉體束縛之外，**他可以自行決定外界的刺激對自身的影響程度**。換句話說，在刺激與回應之間，他發現自己還有選擇如何回應的自由與能力。

他在腦海中設想各式各樣的狀況，譬如說，獲釋後將如何站在講台上，把從這一段痛苦折磨學得的寶貴教訓傳授給學生。

憑著心智、情感、道德，他運用想像與記憶來鍛鍊自己的意志，直到心靈的自由終於能超越了納粹的禁錮。這種超越也感召了其他的囚犯，甚至獄卒。他協助獄友在苦難中找到意義，尋回自尊。

他人或環境都無法為你的人生負責

處在最惡劣的環境中，法蘭柯運用難得的自我意識天賦，發掘人性最可貴的一面——**人能夠超越刺激與回應，享有「選擇的自由」**（The Freedom to Choose）。這種自由來自人類特有的四種「良知」（Conscience），能明辨是非善惡，更有「獨立意志」（Independent Will），能夠不受外力影響，自行其是。

其他動物智慧再高，也不具有這樣的稟賦。以電腦來做比喻，動物的程式是由本能與訓練設定，而且已定型無法更動，但人類卻可自創程式，完全不受本能與訓練所約束。

因此，動物的能力有限，人類卻永無止境。但是生而為人，如果也像動物一樣，只聽命於本能及後天環境的影響，發展自然極其有限。

決定論所依據的觀念，主要來自對動物的研究，雖然在學理上有其價值，但人類歷史以及自我意識都證實了，這類的人性地圖根本不確實。

主動積極是基本法則

法蘭柯在獄中發現，人性的基本法則，正是追求圓滿人生的首要準則——主動積極（Proactivity）。

有一段時間，這個英文字經常出現在管理方面的著作，但大部分字典都查不到。它的涵義不僅止於採取主動，還代表人必須為自己負責。個人行為取決於本身，而非外在環境：理智可以戰勝感情，人有能力也有責任創造有利的外在環境。

圖13　主動積極

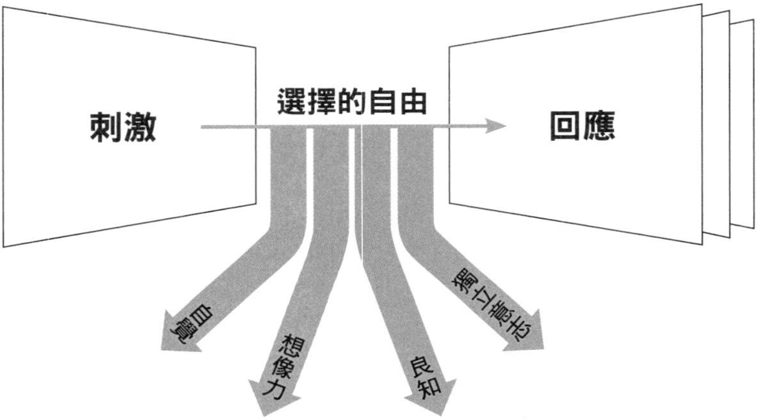

責任感是很重要的觀念，能夠主動積極的人深諳其理，不會把自己的行為歸咎於環境或他人；他們待人接物是根據本身原則或價值觀，做有意識的抉擇，而非全憑對外界環境的感覺行事。

主動積極是人類的天性，如若不然，那就表示一個人在有意無意間選擇受制於人（Reactive）。

受制於人者易為自然環境所左右，在秋高氣爽的時節便興高采烈，在陰霾晦暗的日子就變得無精打采。主動積極的人，心中自有一片天地，天氣變化不會產生太大的作用，本身的原則、價值觀才是關鍵。如果心中已經認定工作品質第一，即使天氣再壞，依然不改敬業精神。

社會「天氣」的陰晴圓缺，也會影響受制於人者——如果受到禮遇就愉快積極，反之則退縮逃避。這樣的人，是把心情好壞建立在他人的行為上，讓別人不成熟的人格成為控制自己的利器。

理智重於情感的人，則會透過審慎思考，選定自己的原則、價值觀，做為行為的原動力。這一點，就和感情用事、陷溺於環境而無法自拔的人截然不同。

不過，這並不表示主動積極者對外來的刺激無動於衷，他們對外界的物質、精神與社會刺激仍會有所回應，只是如何回應完全從自己的價值出發。

想改變他人必先改變自己

小羅斯福總統夫人愛蓮娜・羅斯福（Eleanor Roosevelt）曾說：「除非你同意，任何人都不能傷害你。」以聖雄甘地（Gandhi）的話來說，就是：「若非拱手讓人，任何人都無法剝奪我們的自尊。」因此，令人受害最深的不是悲慘的遭遇，而是「默許」那些遭遇發生在自己的身上。這個觀念一時的確難以接受，對習於怨天尤人者尤其如此，但唯有真心接納「昨日之我選擇了今日之我」的觀念，否則「選擇的自由」便成空談。

有一回我在沙加緬度演講，主題正是「主動積極」。講到一半時，聽眾裡有位女士突然站起來大聲喧譁，引起不少人側目。她自覺不好意思，才勉強坐回座位，卻仍舊按捺不住，又向周圍的人大發議論，神情看來相當愉快。

我不禁想聽聽她的高見，等不及講到一個段落就暫時打住，改請她上台，與大家分享心得。

終於有機會一吐為快，她說：

你們絕對想像不到我的心路歷程！我是一個護理師，曾經負責照護一個可能是世上最挑剔、最難對待的病人；他從來沒有一句感激的話，反而處處找碴、處處作對，使我每天都過得很痛苦，然後又不由自主把痛苦發洩在家人身上。其他護理師也有同感，我們簡直就希望他早點死。

而你居然站在台上大談主動積極，說什麼未得我同意，誰也不能把我怎麼樣。難道我的痛苦都是自找的？這觀念委實令人難以接受。

可是，我仍然不斷玩味這番話，一直探索到內心最深處。我自問：我真有能力選擇自己的回應嗎？

終於我發現自己的確有這個能耐，在硬生生吞下這帖苦澀的良藥，並承認痛苦是自己選擇的之後，我體認到人可以選擇不要痛苦。

那一刻我站了起來，只覺得自己像個重生的犯人，想向全世界宣言：「我自由了！我擺脫了牢籠！不再受制於別人給我的待遇。」

由此可見，不幸的遭遇固然會使人身心受傷，但是基本人格可以不受影響。愈是艱難痛苦的經驗，反而愈能砥礪志節、堅強意志，提升個人面對未來考驗的勇氣，甚至還能感召他人。前面提到的法蘭柯就是一個好例子。這類在逆境中堅忍不拔的事例不勝枚舉，或許是罹患重病，或許是嚴重身心障礙，卻因精神力量而受人欽佩、予人啟示。這種超越痛苦、超越環境、發揮人性光輝的經歷，的確發人深省。

臨終者的光輝

我與珊德拉就擁有過這麼一位朋友卡蘿，她是我們結婚時的伴娘，與珊德拉相交二十五年以上，交情匪淺。可惜，卡蘿得了癌症，不久於人世。

然而即使如此，她依舊異常堅強，盡量不吃止痛藥，以便能完全控制自己的心智與情緒。為了替子女未來的每個成長階段留下一些感言，儘管十分虛弱，她還是設法對著錄音機，或直接向珊德拉口述她的一生。珊德拉每每為這份勇氣與苦心感動不已。

卡蘿的不畏艱難、勇往直前及愛心，使許多人都受到感召與啟發。我永遠忘不了，她過世的前一天，我在她眼中所發現的人性光輝。

多年來，我常在許多場合做小規模的調查，看看有多少人曾自臨終者身上體會到類似的經驗，通常有此經驗者約占四分之一；若再追問，這段歷程是否令人永難忘懷，以致會暫時產生「有為者亦若是」的衝動，這四分之一的人於此時均有同感。

法蘭柯曾指出，人生有三種重要的價值：一是經驗價值（The Experiential Value），來自平生遭遇；二是創造價值（The Creative Value），出自個人獨創；三是態度價值（The Attitudinal Value），亦即面臨困境，如：罹患絕症時的反應。其中，境界最高的是態度價值。依我多年的經驗證明，此言果然不虛。

逆境往往能激發思維的轉移，讓人以全新的觀點去看人與事，進而審視自己與生命的意義，並由此獲得難能可貴的見地，令人感動不已。

好工作都是靠自己爭取的

人性本質是主動而非被動的，不僅能消極選擇反應，更能主動創造有利環境。

採取主動並不表示要強求、惹人厭或具侵略性，只是不逃避為自己開創前途的責任。我經常勸導有意更上一層樓的人，加倍積極進取，甚至不妨做性向測驗，研究適合從事的行業。最好能設法打聽試圖加入的機構正面臨何種難題，然後以有效的表達方式，向對方證明自己能夠協助他們解決問題。這叫作「解答推銷術」（Solution Selling），是事業成功的主要訣竅之一。

通常前來諮商的人都不否認，這麼做的確十分有助於求職、晉升，只是一般人都找出各種藉口，不肯採取必要的步驟，主動開創機會。

「怎麼打聽某行業或某家公司的困境呢？誰肯幫我？」

「我不知道該到哪去做性向測驗？」

「我想不出來該如何表現自己？」

太多人只是坐等命運的安排或貴人相助，但事實上，好工作都是靠自己爭取而來的。在我家，任何人都別想推卸責任，讓別人替他設法或收拾殘局；即使孩子年紀還小，我照樣要求他們：「自己想辦法！」而家人也已習慣這種作風。

要求責任感並非貶抑，反倒是一種肯定。

主動是人的天性，尊重這種天性，至少可提供對方一面鏡子，以便清晰且未扭曲的反映自我。由於個人的成熟度不同，對尚處於情緒依賴階段的人，不必期望太高，但至少可創造有利的氣氛，逐漸培養他的責任感。

主動積極與受制於人有如南轅北轍，若再加上個人聰明才智不同，兩者所產生的結果就更是天壤之別。

學習自己選擇

要追求生命的產能與產出平衡，進而實現圓滿人生，主動精神必不可少。因此，本書其餘六大習慣，均是以主動積極的精神為後盾，而每個習慣都仰賴你的主動積極，如果你消極等待、受制於人，成長與機會便不會降臨。

我曾經參加過某個行業的每季業績檢討會，記得當時正值景氣落入谷底，那一行所受的打擊尤大，因此會議一開始，各廠商的士氣都很低落。

第一天的會議主題是該行業的現況。許多業者表示，不得不裁掉熟識的員工，以維持企業的生存。結果會後，每個人都比會前還要灰心。

第二天討論該行業的未來，主題圍繞著日後左右其發展的因素。議程結束時，沮喪的氣氛又深一層，人人都認為景氣還會更加惡化。

到了第三天，大家決定換個角度，著重主動積極的做法——我們將如何應對？有何策略與計畫？如何主動出擊？於是，早上商討加強管理與降低成本，下午則籌劃如何開拓市場。以腦力激盪方式，找出若干實際可行的途徑，再認真討論。

結果，為期三天的會議結束時，人人都士氣高昂，信心十足。而那場會議的結論是：

一、這個行業目前的情況並不好，未來的趨勢顯示，短期內還會惡化。
二、但我們採取正確的對策，改進管理、降低成本，並提高市場占有率。
三、因此，這個行業的景氣會比過去都好。

為自己的人生負責

主動積極與積極思考不同。主動積極不僅承認現實，也肯定人有權選擇對現實環境做出積極回應。任何團體，包括：公司行號、社團及家庭，都可以匯集各個成員的聰明才智，對環境主動出擊，以達成群體的共同目標，建立主動積極的企業文化。

我們可以利用自我意識檢討本身的觀念，以言語為例，它頗能真切反映一個人對環境的態度。

習慣受制於人者，言語中就會流露出推卸責任的個性，例如：

「我就是這樣。」彷彿是說：這輩子注定改不了。

「他使我怒不可遏！」意味著：責任不在我，是外力控制了我的情緒。

「辦不到，我根本沒時間。」代表又是外力控制了我。

「要是某人的脾氣好一點……」意思是：別人的行為會影響我的效率。

「我不得不如此。」表示你受迫於環境或他人。

言語態度對照表

被動消極	主動積極
● 我已無能為力	● 試試看有沒有其他可能性
● 我就是這樣的一個人	● 我可以選擇不同的作風
● 他使我怒不可遏	● 我可以控制自己的情緒
● 他們不會接受的	● 我可以想出有效的表達方式
● 我被迫……	● 我能選擇恰當的回應
● 我不能	● 我選擇
● 我必須	● 我情願
● 如果……	● 我打算……

有一次，某位學生向我請假，因為他想隨網球隊到外地比賽。

我問他：「你是自願，還是不得不去？」

「我真的沒辦法不去。」

「不去會有什麼樣的後果？」

「他們會把我從校隊中剔除。」

「你希望有這種結果嗎？」

「不希望。」

「換句話說，你為了想待在校隊所以要請假，可是缺了我的課，後果又如何呢？」

「我不知道。」

「仔細想一想，缺課的自然後果是什麼？」

「你不會當掉我吧？」

「那是社會後果，是人為的。反之，不能加入網球隊，就不能打球，那是自然後果。缺課會有什麼自然後果？」

「我想大概是失去學習的機會。」

「對，所以你必須兩相權衡，做個決定。我知道，換了我，我也會選網球隊，但請絕對不要說你是被迫這麼做的。」

最後這個學生當然還是參加比賽，但卻是出於自己的選擇。

行動勝過「感覺」

推諉責任的話語往往會強化宿命論。說者一遍遍被自己洗腦，變得更加自怨自艾，怪罪別人的不是、環境惡劣，甚至與星座也有關係。

我曾碰過這麼一位男士，他說：

「你說得很有道理，可是每個人的狀況不同。你看我的婚姻，我和太太已經失去了往日那種感覺，我真的很擔心，或許我們已不再相愛，這該怎麼辦？」

「已經不再有愛的感覺了？」

「是的，可是我們有三個孩子，真叫人放心不下，你可有什麼好建議？」

「去愛她。」我說。

「可是我告訴過你，我已經沒有那種感覺了。」

「去愛她。」

「可是你不了解，沒有了感覺如何愛？」

「正因為如此，你才要去愛她。」

「可是我辦不到。」

「老兄，愛是一個動詞，愛的感覺是行動所帶來的成果。所以請你愛她、關心她、照顧她……你願意這麼做嗎？」

在所有進步的社會中，愛都是代表動作，但被動消極的人卻把愛當作一種感覺。好萊塢式的電影就常灌輸這種不必為愛負責的觀念——因為愛只是感覺；沒有感覺，便沒有愛。事實上，任由感覺左右行為是不負責任的做法。

主動積極的人則以實際行動來表現愛。就像母親忍受痛苦，把新生命帶至人世，愛是犧牲奉獻，不求回報；又好像父母愛護子女，無微不至……。愛必須透過行動來實現，愛的感覺由此而生。

6

習慣一

主動積極 2

造成影響，不要被影響

人生的價值，並不是用時間，而是用深度去衡量的。

俄國小說家托爾斯泰（Leo Nikolayevich Tolstoy）

習慣七 不斷更新
互賴期
習慣五 知彼解己
習慣六 統合綜效
公眾的成功
習慣四 雙贏思維
獨立期
習慣三 要事第一
個人的成功
習慣一 主動積極
習慣二 以終為始
依賴期

從一個人對周遭事物關注圈的大小，以及發揮影響力的意志強弱，也能判斷他的態度是否積極。

每個人都有一些自己關注的問題，包括：健康、子女、事業、經濟狀況或世界局勢，這些可歸入「關注圈」；其中，有些是個人可以掌握的，有些則無能為力。把個人可以控制的事圈起來，就形成「影響圈」。

擴大影響圈

主動積極的人著重於「影響圈」，他們腳踏實地，不好高騖遠，把心力投注於自己能有所作為的事情，所獲得的成就將使他們的影響圈逐步擴大。

反之，受制於人者全神貫注在「關注圈」，時刻不忘環境的種種限制、他人的種種缺失，徒為無法改變的狀況擔憂，結果就是怨天尤人、畏畏縮縮，受迫害的感覺一天比一天更強烈。

由於著力方向錯誤，以及由此而生的副作用，他們的影響圈便會縮小。

前面曾提到小兒在學校適應不良，我與珊德拉都很擔心他如不加入，受人輕視，這些都屬關注圈之內。起先我們把全部心力投注其上，完全處於被動，反而增添憂慮無助，孩

圖 14　影響圈的形成

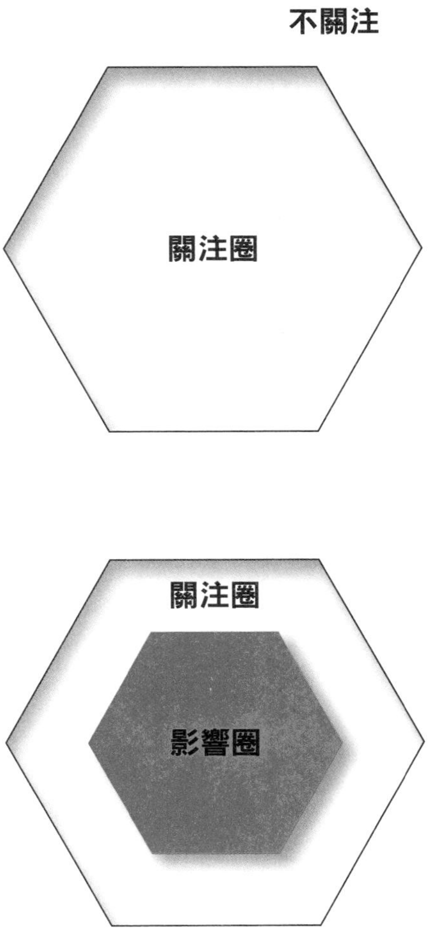

圖15　主動積極者與受制於人者影響圈的差異

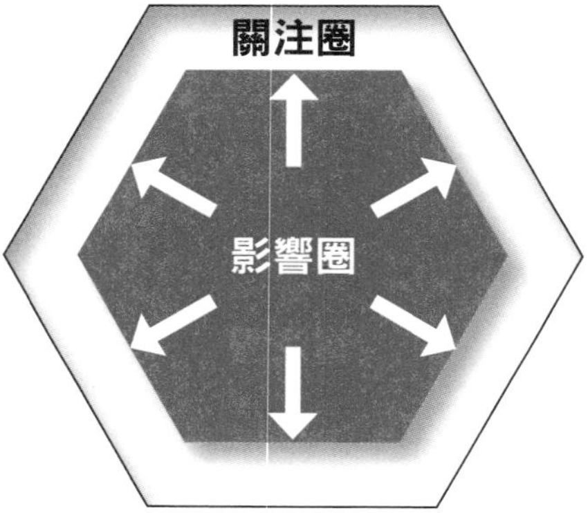

主動積極者的焦點
（正向能量使得影響圈擴大）

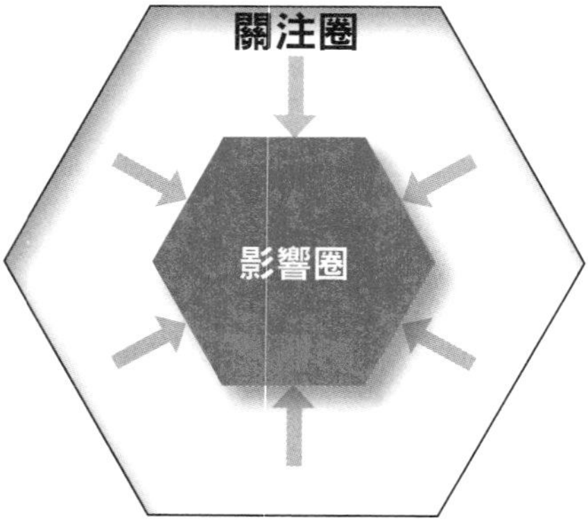

受制於人者的焦點
（負向能量導致影響圈縮小）

子的依賴心也更重。

後來我們轉移目標到影響圈，產生了積極效果，不但改變了我們，最後也影響到孩子。因此我們不必擔憂外在條件，只要反求諸己，就足以化阻力為助力。

由於每個人的地位、財富、角色以及人際關係不同，在某些情況下，影響圈可能大於關注圈。這種情況，代表的是此人自私淺薄，也是另一種形式的受制於人。

影響力的發揮固然有其輕重緩急，無法完全脫離關注的目標，但主動積極的人，關注圈應與影響圈不相上下，如此影響力始能做最有效的發揮。

做出對的回應

根據自主程度高低，人生的問題可分為三類：個人可直接控制（與本身行為有關）、個人可間接控制（與他人行為有關），以及個人無法控制（已成過去或客觀環境使然）。主動積極的人對影響圈中的這三類問題，都有應對之道。

一、可直接控制的問題　解決之道在於改變習慣，這是我們絕對做得到的。我所提出的習慣一、二、三，就屬於這一類。

二、可間接控制的問題　有賴改進發揮影響力的方法來解決，這在我提出的習慣四、

五、六中就會有所討論。我個人即曾發覺過三十餘種截然不同的方法，足以影響他人，通常一般人頂多知曉個三、四招，且不外乎是動之以情、說之以理，不成功便三十六計走為上策，或唇槍舌戰、拳腳相向……。若能揚棄傳統壓制對方的觀念，學習有效的新方式，你可以施展得更為游刃有餘。

三、無法控制的問題　我們的責任就是改變嘴角的線條，以微笑、真誠平和的態度，接納這些問題。縱使有再多不滿，也要學習處之泰然，如此才不至於讓問題制服了我們。

一旦化學方程式有某一部分改變，整個化學變化便會改觀。同樣的，只要我們開始對環境做選擇性的回應，影響力也會大增。

獨裁作風難得人心

我曾經與一家公司合作過，該公司總裁精力旺盛，而且對流行趨勢反應極其敏銳。他才華洋溢，精明幹練，眾所周知，但是管理風格卻十分獨裁，對部屬總是頤指氣使，從不給他們獨當一面的機會，人人都只是奉命行事的小角色，連主管也不例外。

這種作風幾乎使所有主管離心離德，大夥一有機會便聚集在走廊上大發牢騷。乍聽之下，不但言之成理而且用心良苦，彷彿全心全意為公司著想，只可惜他們光說不練，以上司的缺失當作自己坐而言卻不起而行的藉口。

舉例來看，一位主管說：「你絕對不會相信。那天我把所有事情都安排好了，他卻突然跑來指示一番。就憑一句話，把我這幾個月來的努力一筆勾銷，我真不知道該如何再做下去。他還要多久才退休？」

有人答道：「他才五十九歲，你想你能再熬六年嗎？」「不知道，反正公司大概也不會讓他這種人退休。」

用心擴大影響力

然而，有一位主管卻不願意向環境低頭。

他並非不了解頂頭上司的缺點，但他的回應不是批評，而是設法彌補這些缺失——上司頤指氣使，他就加以緩衝，減輕屬下的壓力；同時，他還會設法配合上司的長處，把努力的重點放在能夠著力的範圍內。

受差遣時，他總是盡量多做一步，設身處地體會上司的需要與心意；假定奉命提供資料，他就附上資料分析，並根據分析結果提出建議。

有一天，我以顧問的身分與該公司總裁交談，他大為誇讚這位主管。以後再開會時，其他主管依然接到各種指示，唯有那位主動積極的主管，受到總裁徵詢意見，他的影響圈因此而擴大。

這在辦公室造成不小的震撼，那些只知抱怨的人又找到了新的攻擊目標。對他們而言，唯有推卸責任才能立於不敗之地，因為肯負責就得不怕失敗，為了免於為自己的錯誤負責，有人乾脆把責任推得一乾二淨。這種人以盡量挑剔別人的錯誤為能事，藉此證明「錯不在我」。

幸好這位主管對同事的批評不以為意，仍以平常心待之。久而久之，他對同僚的影響力也增加了，後來公司的任何重大決策，必經他的參與及認可，總裁也對他極為倚重，並未因他的表現自覺受到威脅，因為他們兩人正可截長補短，相輔相成，產生相乘的效果。

選擇對了，影響力就大了

這位主管並非依恃客觀條件而成功，是正確的抉擇造就了他。有許多人與他處境相同，但未必人人都會注重擴大個人的影響圈。

有人誤以為「主動積極」就是強出頭、富侵略性或無視於他人的反應，其實不然。主動積極的人只是反應更為敏銳、更為理智，能夠切乎實際並掌握問題的癥結所在。

印度聖雄甘地就曾受到印度議員的抨擊，因為他不肯跟他們唱高調，譴責大英帝國奴役人民；相反的，他親自下鄉，在田間與農民同甘共苦，一點一滴努力經營，踏實地建立影響力，最後終於贏得全國人民的支持。

他沒有任何高官厚祿，以一介平民，憑著熱忱、勇氣、絕食以及道德說服的力量，終於使英國人投降，三億人民因而脫離殖民統治。

成功之路盡其在我

想了解一個人所關注與所能影響的範圍，從言談中就可看出端倪。描述關注圈的語句多半帶有假設性質：

「要是我的房屋貸款付清了，我就了無牽掛。」

「如果我的老闆不這麼獨裁……」

「如果我的丈夫脾氣好一點……孩子肯聽話……」

「如果我能有更多屬於自己的時間……」

「如果我學歷更高……」

至於反映影響圈的語句則多半強調本身的修養，例如：

「我可以更有耐心、更明智、更體貼……」

「外在環境是造成問題的癥結所在」，這種想法不但錯誤，而且正是問題的根源。假使不能反求諸己，一味希望外在環境改變來達成個人的願望，何異於任憑他人擺布。正確的做法應該是，先變化個人氣質，做個更充實、更勤奮、更具創意、更能合作的人，然後再去影響環境。

我最欣賞《舊約．聖經》裡約瑟的故事，約瑟便是一個盡其在我的人——年方十七歲，他就被親手足賣至埃及，任何人處在同樣的境遇下都難免自怨自艾，並對出賣及奴役他的人憤憤不平。但約瑟不作此想，他專注修養自己，不久便成了主人家的總管，掌理所有的產業，備受倚重。

後來，他遭到誣陷，冤枉坐牢十三年，但他依然不改其志，化怨憤為上進的動力。沒過多久，整座監獄便在他的管理之下，最後更掌理了整個埃及，成為法老以下、萬人之上的大人物。

這種修為的確非一般人所能企及，可是每個人均可為一己的生命負責，為自己開創有利的環境，而不是坐等好運或厄運降臨。

舉例來說，如果某人婚姻出了問題，卻只顧揭發對方的罪狀，這種做法只是強調錯不在我，不僅於事無補，充其量只不過證明了你是個無能的受害者，並不能挽回婚姻。

不斷指責不但無法使人改過遷善，反而會令人惱羞成怒。

真正有效的策略應從本身能控制的方面著手，也就是先改進自己的缺失，努力成為標準妻子或丈夫，給予對方無條件的愛與支持。我們當然也盼望對方能感受到這份苦心，進而改善自己的行為，然而對方的反應如何，並非重點所在。

除了好丈夫、好妻子，我們何妨試著做個好學生或好職員。

如果遇到實在無能為力的狀況，保持樂觀進取的心情仍是上上策，不管快樂或不快樂，同樣主動積極。有些事物非人力所能控制，比方說天氣，但我們仍可保持內心或外在環境的愉悅氣氛，對力有未逮之事處之泰然，對能夠掌握之事則全力以赴。

不怕錯，只怕不改過

在我們把生命重心由關注圈轉移至影響圈之前，有兩件事值得考慮，那就是自由選擇的後果與錯誤。

每個人固然可以選擇自己的行為與反應，但後果仍由自然法則來決定，非人力所能左右。比方站立於高速行駛的火車正前方，可以出自個人的選擇，但後果卻在影響圈之外，非人所能控制。

又比方，有人喜歡玩弄欺詐手段，在被揭發之前，雖然不會受到社會的懲罰，但是人格上的汙點卻無論如何難以抹滅。

因此，我們固然享有選擇的自由，可是也需承擔隨之而來的後果。人的一生中，選擇錯誤的機率頗大，無怪乎常會有悔不當初的遺憾，但木已成舟，這些都需列入個人無法控制的關注圈。

對於已難挽回的錯誤，主動積極的做法不是悔恨不已，而是承認、改正並從中汲取教訓，這樣才能真正反敗為勝。IBM創辦人華特生（T. J. Watson）曾說：

成功就在失敗的另一端。

犯了錯卻不肯承認，等於錯上加錯，自欺欺人。為已造成的錯誤編織各種理由加以辯解，則形同掩耳盜鈴、愈描愈黑，受害的還是自己，因為對我們傷害最深的，不是別人的所作所為，也不是我們本身的損失，而在於不能正視這些缺失。

這彷彿被毒蛇咬了，卻追上前想去抓蛇，反使毒性散得更快，還不如盡快設法吸出毒汁。因此，切勿文過飾非，以免一錯再錯。

信守諾言

讓我們再回到影響圈上，這個範圍所環繞的核心，就是許諾與實踐諾言。對自己、對別人有所承諾，並且從不食言，是主動積極精神最崇高的表現，同時也是個人成長的真義。憑藉人類天賦的自我意識與良知，我們可以檢討自己，找出猶待改進之處及尚可發揮的潛能。然後，運用想像力和獨立意志，立定志向，許下承諾，矢志達成。這就是人類成長的過程。

許諾與立志，可以使我們掌握人生；有勇氣許下諾言，即使是小事一樁，也能激發自尊，因為這表示我們有自制力，並有足夠的勇氣與實力來承擔更多責任。經由不斷許諾與實踐諾言，終有一天榮譽感會凌駕情緒反應之上。所以，對自己信守諾言的力量，正是圓滿人生不可或缺的基本條件之一。

我們雖然沒有法蘭柯在集中營的經歷，但日常生活中的種種瑣事已足以使我們培養主動積極的精神，來應付人生無比龐大的壓力，無論是面對交通阻塞或顧客的無理要求，都需要這種修養，具體表現在我們如何集中心力、如何看待問題，以及如何遣詞用句上。

我建議各位，利用三十天時間，身體力行主動積極的精神。在這三十天內，全力專注於影響圈的事物，許下承諾並予以兌現，做照亮他人的蠟燭，而非論斷對錯的法官；以身作則，不要只顧批評；解決問題，勿製造問題。

在婚姻、家庭、工作中，均可試行這個原則。不必怪罪別人或文過飾非，不怨天、不尤人，但求盡其在我。

對他人的缺失要心存憐憫，別人如何待我並不重要，要緊的是何以待人。

別活在父母、同僚或社會的驅使之下，請善用天賦的獨立意志，為自己的作為與福祉負責，如此才能享受最大的自由與幸福。

英國詞典編纂家兼作家約翰生（Samuel Johnson）曾說：

> 滿意之泉必須源自內心。若不了解人性，而企求不改變自我即可尋得幸福者，終其一生必虛擲於無意義的追求之中，且徒增其企圖擺脫的痛苦。

習慣一　立即行動檢核表

一、以一整天時間，傾聽自己以及四周人們的用語，注意是否常常有「但願」、「我辦不到」或「我不得不」等字眼出現。

二、依據過去經驗，設想近期內是否會遭遇一些令人退縮逃避的情況？此種情況在影響圈之內嗎？你該如何本著主動積極的原則加以應對？請在腦海中一一模擬。提醒自己，刺激與回應之間還有餘地，並把握自由選擇的精神。

三、自工作或日常生活中，找出一個令你備感挫折的問題，判斷它屬於直接、間接或無法控制的問題，然後在影響圈內尋覓解決的第一步驟，並付諸行動。

四、試行主動積極原則三十天，觀察影響圈是否有任何變化？

新見解——做正面行動者，創造命運

西恩・柯維

在我家長大往往很痛苦，因為父親會要我們為自己所有的事負責。我要是下課回家，說了這樣一件事：「我女朋友讓我好生氣！」爸爸會回答：「西恩，除非你讓別人惹怒你，不然沒有人能讓你生氣。那是你的選擇。」如果我埋怨：「我受不了數學老師。我會因為他，代數不及格！」爸爸會把我帶到一旁，輕聲說：「西恩，注意你說的話。如果你代數不及格，那是你不對，不是老師的錯。與其在這裡抱怨，不如直接跟他談怎麼改進上課的事。」我心想：「爸，你真的這麼想？你不懂啦。」然後我會去找媽媽，她肯讓我把問題怪罪到別人頭上。那是很好的平衡：爸爸總是忠於原則，媽媽總是忠於孩子。

我們喜歡扮演受害者。除非很小心，否則受害者心態就會上身，你就開始責怪外力：你的問題是父母、配偶、上司、天氣、政府、環境、「某某人」害的，不管那是誰。其實我們不是受害者。我們是主動行為者。是自己人生的創造力來源，也有選擇的自由。不過我們必須時時被提醒這一點。

多年前父親曾問我，工作做得怎麼樣。我一開口就抱怨連連：「要同時兼顧那麼多好難。」「辦公室政治好可怕。」「我實在筋疲力盡。」「長途通勤快把我累死了。」等等。我希望得到一點同情。父親卻很失望的看著我，說：「喔，西恩。那實在不像你會說的話。你怎麼這麼委屈？好好分配你的時間，就不會那麼忙。別理會辦公室政治。如果不喜歡長途通勤就搬家。」說完他逕自走開。我很訝異，不過我突然領悟到：「他百分之百正確。我變成受害者，怎麼會這樣？現在馬上停止！」那是很好的當頭棒喝。是的，我可以自由選擇我的態度、忙碌的程度、通勤上班、對所有發生在我身上的事要如何反應！我十分感恩父親的提醒。

數據說了什麼？

我們現在有許多實證的數據，可以支持父親在一九八九年，對主動積極這項習慣所寫的所有內容。史丹佛大學教授杜維克（Carol Dweck）經過二十年研究發現，大多數人對自己的學習力抱持的心態或思維，是以下二者之一：「定型」心態或「成長」心態。持定型心態的人認為，智力和天分是注定的，個人能著力的地方不多。這是消極回應式世界觀。「我數學不好」或「我向來不善與人相處，幹嘛去嘗試？」

反之，持成長心態的人相信，自己的基本能力可以透過認真投入和努力，獲得開發增進，也就是相信自己坐在駕駛座上，因此可以進步和改變。這種操之在我的世界觀，會導致主動積極的思考和言語。「我需要改善我的數學能力」或「我可以多替夥伴著想」。

賓州大學正向心理學中心（Positive Psychology Center）著名的主任塞利格曼博士（Martin Seligman），同樣長期研究著重於個人影響圈的好處。他在所著《真實的快樂》（*Authentic Happiness*）一書中的結論是，快樂取決於一、遺傳；二、環境；三、個人可控制的事物。不過他的研究發現，遺傳和環境與快樂的關聯，不及第三項：個人可控制的事物來得多。所以塞利格曼建議，想要快樂，就把重心放在自己能控制的部分。

再來是達克沃斯（Angela Duckworth），她也是賓州大學心理學教授。她贊同智慧和主動性（Resourceful and Initiative，R&I）是成功的兩個關鍵預測指標。多年來她研究身處挑戰大的環境中的兒童和成人，包括西點軍校學員、全國兒童拼字比賽參賽者、艱困學校的新手教師。她的研究小組在每項研究中，都會問一個問題：「這裡有誰是成功者，成功的原因是什麼？」在不勝枚舉的各種情境下，出現一個共同特質，那是成功的重要預測指標：堅毅。達克沃斯在所著《恆毅力》（*Grit*）中，檢視堅毅這種特質，如何讓人能夠努力工作並保持專注，不止幾週或幾個月，而是好幾年。

我百分之百贊同她。我當高階主管，雇用過不下數百人。以往我會考慮應徵者的平均成績點數（GPA）、就讀的學校、履歷表上的資訊。如今我看重兩件事：應徵者與他人相處的情況，還有「R&I」的表現如何，即達克沃斯所稱的堅毅。如果「R&I」的得分很高，又表現出堅毅和成長心態，我就有信心這個應徵者會成功。事實上我們現在的招募資料表格上，「堅毅」是正式的特質之一。

主動積極的團隊與組織

主動積極不只適用於個人，也適用於團隊和組織。不論企業、政府、教育或非營利部門的各種組織，都會面臨挫折、市場變化、競爭、循環、破壞等。組織除非主動出擊，去學習適應和克服障礙，否則難以生存。我們在東南亞有個客戶，是世界級高科技製造商，也是這方面絕佳的例子。他們衷心接受七大習慣，從執行長到第一線人員，個個都接受相關訓練。他們對那些原則深信不疑，之後考驗來了。

當時這家工廠的總部遭遇五十年來最嚴重的雨季。滔滔洪水造成一千三百萬人無家可歸，八百多人喪命。據報導這是全球史上第四慘重的天災。我們的客戶受創特別嚴重，龐大的製造設備泡在近六呎（約一．八公尺）深的水裡，需要無塵環境的作業全毀。專家估計，即使只恢復部分工廠作業，也需要十億美元和至少七個月的清理，若替換高端設備，有很多需要數年時間。市場報導甚至預言，這家公司將難以為繼，近三萬五千人會失業。

其效應是直接而全球性的，各地的高科技製造業，因缺少某些關鍵零組件紛紛停擺。

這個客戶的領導團隊拒絕接受需要好幾年才能恢復正常，他們不願枯等救援。他們受過七大習慣的訓練，也曾努力把那些原則當做本身的「核心作業系統」。於是他們憑藉多年的實務，把習慣一：主動積極，付諸終極考驗。

領導團隊馬上傳達不會裁員的訊息：員工就像家人，大家會團結一致。員工安全是第一要事：他們組成小隊，去協助受創最嚴重的員工。其次他們雇請當地海軍，搶救無法替代的設備，運到乾燥的地方進行整修。

當工業園區其他大公司的工廠在泥濘中腐鏽，工人遭到資遣，我們客戶的運作卻未中斷。當然不裁員的影響很大，可是大家團結重建公司，對這些了不起的員工卻是自然而然。有數萬人到場幫助工廠復工，其中許多人還得因應家裡的危機。有些人每天從遠處的避難中心過來，經常是乘小舟或騎水牛，要花費好幾小時，但是他們決心要幫助公司。

許多人發現，做的是以前從未做過的事：在泥濘中做苦力。公司領導人也捲起衣袖，與第一線工人一起做工。有些從未謀面的人組成小組，當場解決各種問題。

結果在洪水退去後僅僅十五天，工廠就重新開工。一年內它就重新取得市場龍頭的地位。觀察家十分詫異，它沒有花數十億美元和好幾年時間就復原。只需要一個超級團隊，願意為彼此在泥地裡跋涉？這就是主動積極文化的力量。

做轉型人

每個人都有遭遇困難的時候，要是你從未經歷過逆境，請相信我，你遲早會碰到。我們能夠把過去拋在腦後，從中學習教訓，並繼續向前邁進，這是表現主動積極的上上策之一。主動積極的精髓可以在轉型人（Transition Person）的概念中體會：這種人會制止自己這一代的負面傾向、習性和過往的模式（如凌虐、有害的成癮、輕忽蔑視），反而傳達給家人、朋友、同事更正面的習慣、模式、傾向。我們可以利用人類的四個天賦：自覺（能夠跳脫自我，去觀察自身好惡）、良知（能夠分辨是非對錯）、想像力（能夠預見新的可能性）、獨立意志（能夠摒除所有其他影響力去行事），以阻止那些跨世代的破壞性模式，繼續傳承下去。

最近我跟一位朋友聊天，他每個週末會從亞利桑那州飛到賓州，去看兒子打大學美式足球賽。我說：「我不敢相信，你每個週末都去看兒子打球。你真是好爸爸！」

他謝謝我並解釋：「我小時候很怕聽到繼父回家的聲音，因為他總是要打我。」

「不好意思提起這個。你是怎麼超脫這個陰影？」

「我不知道確切的時間，不過我記得年輕時想過：我一定不要像他。我要向我的孩子表達愛。後來我一直努力當個好爸爸。」

更不可思議的是，朋友對繼父不懷有任何負面感受。他告訴我：「我不知道是怎麼回事，但我能夠原諒他，向前看。我也能原諒我的生父，不去計較，我只見過他一面，只有一小時。當我回顧童年，我可以退後一步，找出角落裡那個黑點，它就不會再影響我。」

我佩服這位朋友，佩服他如何重建自己的人生，成為家中的轉型人。他終止自己這一代的家暴，把愛與支持的傳統傳遞給妻子兒女。上面四個人類天賦在此表露無遺。朋友小時候就知道，家暴是不對的，也想像自己會變成不一樣的父親。他能夠跳脫出來，做出有意識的抉擇，原諒繼父和生父，放下兒時的痛苦。

自覺是另外三種天賦的催化劑。當你能夠走出心房去檢視它，去想想自己的思維、感受、心情，繼而打下一個以全新方式運用想像力、良知和獨立意志的基礎。你等於已經超脫。你超越了自己的背景、歷史、精神包袱，就像我朋友所做到的。

另一個朋友也有類似的過去，他也能夠扭轉成長過程受到的虐待，把健康的模式傳給子女。可是在個人層面，他無法克服父親教養造成的心理包袱。他說：「我爸真的把我弄得很慘。他也讓我媽和姊妹們過得很慘，她們都傷痕累累。內心深處我也是一樣，一直克服不了他留下的陰影。」

我沒有立場評斷他，因為我永遠無法完全了解，他究竟經歷了什麼。不過我真心相信，他要是充分發揮人類四項天賦，他也會找到比想像中更平靜的心境。沒錯，基因、教養、困境會影響我們，可是我不相信那會決定你我的人生。

請記得，主動積極擺在第一個習慣是有原因的。除非你決定你的人生把握在自己手裡，否則無法實踐其他的習慣。

你我每天都要做幾百個「被動反應」還是「主動出擊」的決定。任何一天，若天氣不好，你收到惡劣的簡訊，上司貶低你，收到停車罰單，朋友在背後說你壞話，升職未升到你，房屋稅提高。那你打算如何應對？

被動回應的人憑衝動做選擇。他像一罐汽水，當生活搖動他，罐內壓力升高，他會突然爆炸。主動積極的人根據價值觀做決定。行動前會思考。他明白他控制不了所有發生在自己身上的事，但是他可以控制自己如何應對。被動的人充滿碳酸氣泡，主動的人不一樣，他像水。隨便你怎麼搖晃，他還是保持鎮定、冷靜、節制。

畢竟有人這麼說過和寫過，主動積極歸根結柢有兩點。一是為自己的人生負責；二是主動出擊。就是那麼簡單。做正面行動者，不要做受害者。不要等待命運降臨；要去創造命運。做自我人生的駕駛員，不要只做乘客。從想像力出發，不要抓著過去不放。

7

習慣二

以終為始 1

從開始就清楚知道自己的目標

身外之物和內在力量相比，便顯得微不足道。

前美國最高法院大法官小奧利佛・溫德爾・何姆斯（Oliver Wendell Holmes）

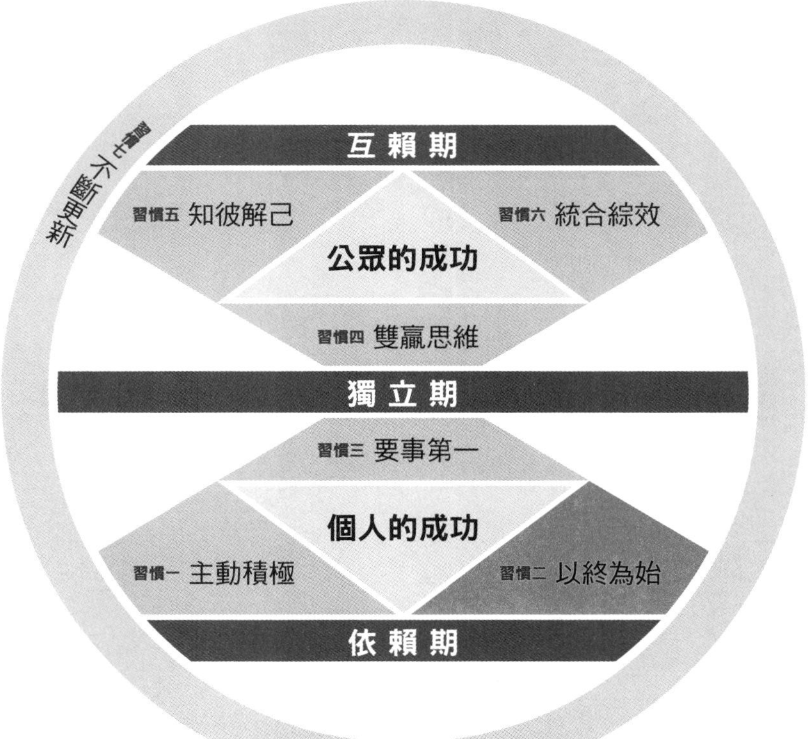
習慣七 不斷更新
互賴期
習慣五 知彼解己
習慣六 統合綜效
公眾的成功
習慣四 雙贏思維
獨立期
習慣三 要事第一
個人的成功
習慣一 主動積極
習慣二 以終為始
依賴期

閱讀本章時，請找個安靜不受干擾的角落，拋開一切雜念，敞開心扉，放下你的行程表、你的事業工作，也放下你的家人與朋友，跟著我展開一段心靈之旅。

假設你正在前往殯儀館的路上，要去參加一位至親的喪禮。抵達之後，居然發現親朋好友集聚一堂，是為了向你告別。也許這是三、五年，甚至許久之後的事，但姑且假定這時親族代表、友人、同事或社團夥伴，即將上台追述你的生平。

第一位，是你的家人，可能是孩子、兄弟、姊妹、姪女、阿姨、叔舅、表親與祖父母，他們不遠千里而來，出席你的喪禮。第二位是你的朋友，對你有某種程度的了解。第三位是你的同事，第四位是你在教會或其他社團認識的人。

時刻謹記人生使命

請認真的想一想，你希望聽到什麼樣的評語？你這一生有任何成就、貢獻或值得懷念的事嗎？你是個稱職的丈夫、妻子、父母、子女或親友嗎？你是個令人懷念的同事或夥伴嗎？

你希望他們怎麼描述你？失去了你，對關心你的人會有什麼影響？請好好看著你周圍的人，你希望自己能給他們帶來什麼影響？

請大致記下你的感受，這有助於了解本章，也就是習慣二——以終為始。如果你認真在腦中想像這些景象，就等於是短暫的觸及了你深層而基本的價值，並與你影響圈的內在信仰架構進行了初步的接觸。

想想美國作家艾迪生（Joseph Addison）之言：

當我駐足偉人墓前，嫉妒全然消融；當我細讀美女的墓誌銘，狂放欲念盡皆遠去；當我在墳前遇見哀傷的父母，我與他們同感共悲；當我看到為人父母者的墓碑，我體悟到悲傷的徒然，因我也即將隨他們逝去。

當我看到眾君王躺在廢黜他們的人身旁，當我想到智者們生前較勁相爭、死後比鄰而臥，再看看爭鬥不休而使世界分裂的聖賢，我對人類那些微不足道的黨同伐異，感到哀傷與震驚。

我細看了幾個墓碑的年月，發現有人死於昨日，有人死於六百年前。我想著，等到「那一日」來臨，我們都將成為同時代的「忘年之交」，一起接受後世的檢驗。

以終為始的習慣可適用於生活的各個層面，而最基本的目的還是人生的最終期許。藉由我請各位做的實驗，可以發掘人們心底最根深柢固的價值觀，間接觸及影響圈的核心部分。從此時此刻起，一舉一動，一切價值標準，都必須以人生的最終願景為依歸，也就是由個人最重視的期許或價值來決定一切。

我們應該時時刻刻把人生使命謹記在心，每一天都要朝此邁進，不敢須臾違背。

蓋棺論定時的評價

確認使命也意味著手進行任何一件事情之前，先認清方向，如此不但可對目前所處的狀況了解得更透澈，也不致在追求目標的過程中誤入歧途，白費工夫。

人生旅途的岔路很多，一不小心就會走冤枉路；許多人拚命埋頭苦幹，卻不知所為何來。到頭來，縱然發現追求成功的階梯搭錯了邊，卻為時已晚。因此，人們也許很忙碌，卻不見得有意義。

太多人成功之後，反而感到空虛；得到名利之後，卻發現犧牲了更可貴的事物。

上自達官顯貴、富豪巨賈，下至升斗小民、凡夫俗子，無人不在追求更多的財富或更高的專業地位與聲譽，可是，名利往往蒙蔽良知，成功每每必須付出昂貴的代價，因此我們務必掌握真正重要的願景，然後勇往直前、堅持到底，使生命充滿意義。

蓋棺論定時，你希望獲得的評價，才是你心目中真正渴望的目標。從這個角度看，名利、成就等等，不免顯得微不足道。

有這麼一則小故事：喪禮上有人問死者的朋友：「他留下多少遺產？」對方答：「他什麼也沒帶走。」

謀定而後動

「以終為始」的立論基礎在於，每件事都是經由兩次創造過程，我們做任何事都是先在心中構思，然後付諸實現。正因如此，認定使命才顯得如此重要。

以蓋房子為例，在拿起工具敲下第一根釘子之前，必須先有詳盡的設計圖；而繪出設計圖之前，必須先在腦海中構思每一個細節；有了設計圖，然後有施工計畫，如此按部就班，才能完成建築。假使設計稍有缺失，彌補起來可能就所費不貲。

設計藍圖代表願景，整個建築過程均以它為準繩，因此寧可事先追求盡善盡美，以免事後亡羊補牢。

創辦企業也是同樣的道理，要想經營成功，必須先確定產品或服務可達到的營運目標，然後綜合資金、研究發展、生產作業、行銷、人事、廠房設備等各方面資源，朝願景努力前進。

許多企業都敗在事前規劃不周，以致資金不足，或對市場認識不清。

構思與行動同樣重要

先構思而後行動的原則，適用範圍極廣，像是教養子女，也應該要有使命。想調教出既懂事又有責任感的子女，日常與子女相處時，就得謹守這個使命，不可做出相違背的舉動。

又譬如，出門旅行，要先決定目的地與路線；上台演講應先預備講稿。明白這個道理後，就會把訂定使命的構思過程看得與行動本身同樣重要，影響圈也隨之日漸擴大；反之，若是沒有協調好構思與行動，或是不好好構思，那就會減損影響圈。

原則上，所有事物都有兩次創造的過程。不過，第一次創造，也就是「構思使命」，不見得都是有意識的產物。

有些人自我意識薄弱，只知遵循家庭、社會或環境所賦予的使命前進。這類使命多半出於個人主觀好惡，不符合客觀原則，而它之所以被接受，是由於有些人依賴心過重，深怕不順從別人的要求便會失去愛，必須靠別人來肯定自我價值。

不論我們是否覺察或是否願意掌控，生活中充滿了需要構思的時刻，而我們最終只能選擇——要主動積極開創局面，然後展開行動？還是要順從他人的安排，或甚至是任由環境、老舊習慣驅使行動？

人類特殊的自我覺察、想像力、良知，讓我們可以檢驗自己的構思，並且讓構思得以執行、實現，寫出自己的人生腳本。換言之，習慣一告訴我們：「你是創造者」；習慣二則是開始構思。

目標明確，才能領導自己與他人前進

習慣二是根據個人的領導原則而來，至於確認使命則是與領導有關。領導不同於管理，管理是第二次創造，其層次低於領導，這部分我們將在下一章討論。

領導與管理的差異就有如思想與行為，管理是有效的把事情做好，領導則是確定所做的事是否正確；管理是在成功的階梯上努力攀爬，領導則是指出所爬的階梯是否靠在正確的牆上。

兩者的差異其實很容易明白，你只要想像，一群第一線工作者，倘若把他們丟到叢林裡，他們會怎麼用開山刀斲砍出一條路來？想通之後，你就能懂了。

這些人是生產者、是在現場解決問題的人，他們披荊斬棘、開創道路。

至於管理者的任務，則是在這些生產者後面，幫忙磨利刀鋒。管理者要制定方針、設計工作守則、安排時程表，他們必須確保第一線人員有夠用的氣力與夠精良的工具技術，必要時還要調整計畫，幫助生產者施展手上的大刀。

然而，領導者要做的是，攀上最高的樹，綜觀全局，然後告知大家：「找錯路啦！」但是通常忙於投入工作的生產者給管理者的回應是：「閉嘴！我們正在忙。」

無論是個人、團體或商業組織，向來都只忙於手邊工作，根本看不見自己走錯路。因此，在這個日新月異的世界中，有效的領導比以往更形重要。我們需要方針、需要指引，面對紛擾不已的世局，未來的發展難以預料，這時唯有依恃自己的判斷行事，而使命便是心中的羅盤，能幫助你做出正確的判斷。

領導重於管理

成功，甚至可說是求生存的關鍵，並不完全取決於流了多少血汗，而在於努力是否得法。因此對各行各業而言，領導都重於管理。

記得在西雅圖，我曾為一家石油公司主持為期一年的主管進修課程，在最後一堂課上，這家公司總裁跟我談到他個人的上課心得：

史蒂芬，我在你第二個月指出領導與管理的不同之後，立即檢討了自己的角色。結果發現，我根本不曾領導，每天光忙著應付管理問題，就已令我焦頭爛額。於是，我決定退出管理工作，留給別人去負責，我希望好好為公司確定大方向。

這實在不容易啊！要放手不管眼前急迫的公務、犧牲唾手可得的成就，令我十分痛苦。苦思如何領導公司、如何建立企業文化、如何掌握先機，以及如何深入分析一些問題，更讓我頭痛不已。手下的管理人員也適應不良，他們無法再把難題推給我解決，日子比以前難過許多。

不過，我決心堅持到底，因為我認定自己必須當個領導者。現在，我已確實做到，整個公司也彷彿脫胎換骨。如今，我們更能因應環境的變化，公司營業額加倍，利潤也成長了三倍。我真正發揮了領導力。

在家庭中，為人父母者難免也會落入類似的管理陷阱，只重規矩、效率與控制，忽略了管教的目的、方向與親情。至於個人的生活，可能就更缺乏主導了，終日汲汲營營，卻像無頭蒼蠅般漫無目標。

8

習慣二

以終為始 2
改寫人生腳本

我有個原則：想到要做一件事，就一定要做到，而且要做得徹底。

英國小說家狄更斯（Charles John Huffam Dickens）

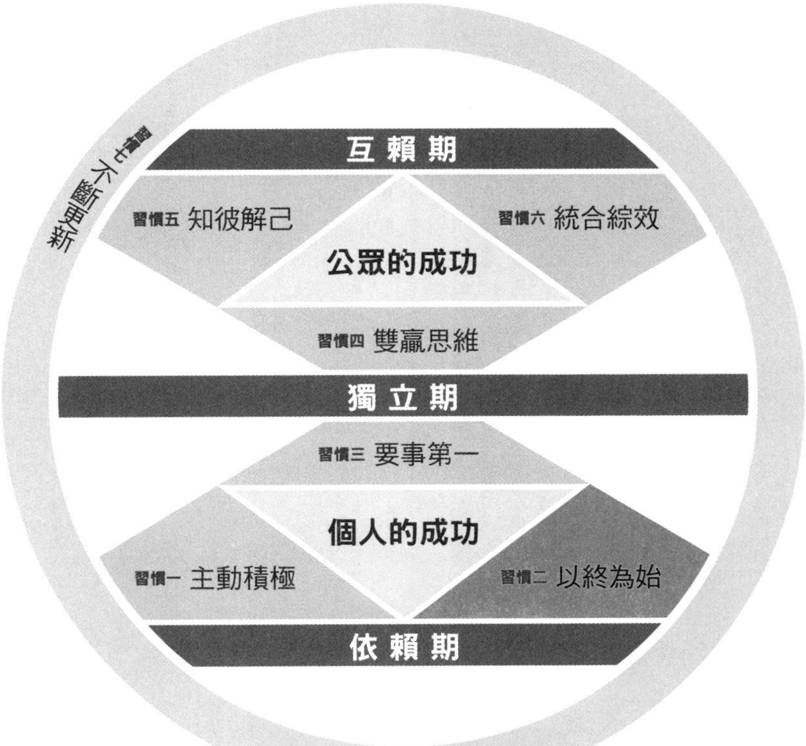
習慣七 不斷更新
互賴期
習慣五 知彼解己
習慣六 統合綜效
公眾的成功
習慣四 雙贏思維
獨立期
習慣三 要事第一
個人的成功
習慣一 主動積極
習慣二 以終為始
依賴期

每個人在成長過程都承襲了許多來自他人的「人生腳本」，也就是價值觀與其他制約。要掌握自己的人生，就得改寫這些腳本，或者改變既有的成見。

假設我是一位嚴厲的父親，每當子女做出令我反感的行為，立刻會火冒三丈，把教訓子女的真正目的拋諸腦後，只端出做父親的權威，迫使子女屈服。

在眼前的衝突中，我固然得勝，親子關係卻出現裂痕，孩子表面順從，但口服心不服，受到壓抑的情緒，日後會以更糟的形式表現出來。

排除不合宜的價值感與制約

讓我們再回到前面提到的實驗——在我的喪禮上，子女齊集一堂，表達孝思。我期望他們個個都很有教養，滿懷對父親的愛，而不是只記得與父親起衝突的創痛；我但願他們心中充滿往日美好的回憶，記得老爸曾與他們同甘共苦過。

我之所以有這些期望，是因為我重視子女、愛護子女，以當他們的父親為榮。但在實際生活中，我卻不一定時時牢記這些，表面上對孩子的態度並不能真正反映我心底的情感，因為繁雜的事務擾亂了我的方向。

好在這個缺點並非無法克服。我可以排除外來不合宜的價值觀與其他制約，藉由建立自己的價值觀與方向，和對生命的負責，來改寫人生腳本，讓自己的人生真正符合己意。

於是乎，日常生活一旦出現困難或挑戰，我就可以根據個人價值觀決定因應之道。

寫下你的生命憲法

確立人生願景最有效的方法，就是認定自己的人生哲學或基本信念，然後寫一份人生使命宣言。宣言中應包括自我期許與基本價值觀，至於內容往往因人而異。舉例來說，我有一位朋友的人生信條如下：

- 家庭第一。
- 借重宗教的力量。
- 絕不放棄誠信原則。
- 未聽取正反雙方意見，不驟下斷語。
- 誠懇但立場堅定。
- 有備無患。
- 態度積極，保持幽默。

- 別怕犯錯——怕的是不能記取教訓。
- 協助屬下成功。
- 多請教別人。
- 珍惜現在。

若是一位希望兼顧家庭與事業的婦女，她的使命感便不盡相同：

- 我要兼顧事業與家庭，因為兩者對我都很重要。
- 家庭就是平安、祥和與幸福之地，我要以智慧來創造整潔溫馨的環境，並教導子女有愛心、進取與充滿歡愉，培養他們發揮長才。
- 珍惜民主社會的權利與自由，善盡社會一分子的責任。
- 主動積極追求人生目標。
- 避免養成惡習，不斷改進自己。
- 金錢是人的奴隸而非主人。我要追求經濟獨立，量入為出，並定期儲蓄或投資一部分收入。
- 我願貢獻金錢與才智，改善他人的生活。

人生使命宣言是行為處事的根本大法，好比一國的憲法。不管世事如何多變、環境多麼艱困，它依然不為所動。

心中秉持恆久不變真理的人，才能屹立於動盪的環境中，因為一個人的應變能力取決於他對自我、目標以及價值觀的不變信念。

確立人生使命之後，我們就不必借助成見或偏見來面對變局，如此一來，便能保持安全感。

世界變動太快，許多人難以適應，因而選擇了退縮與放棄，其實人生不必如此消極。

後來，他提倡一種「標記療法」（Logotherapy），基本理論便是：許多心理與情緒疾病，事實上只是失落感、空虛感在作祟。標記療法可以協助病人尋回生命的意義與使命，以祛除內心的空虛。

法蘭柯在納粹集中營裡不僅覺悟到主動積極的真諦，還體會到生命意義的重要。

直搗核心

欲確立人生使命，最重要的是掌握影響圈的核心，因為這是一切思想觀念的根本，也是安全感、人生方向、智慧與力量的泉源。

圖16　影響圈的核心，是一切思想觀念的根源

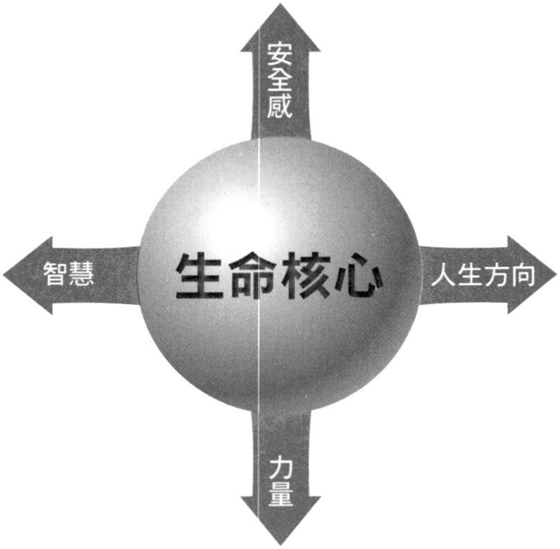

一、安全感　代表價值觀、認同、自尊自重與歸屬感。

二、人生方向　是生命的追求方向，和決斷所依據的原則。

三、智慧　是對事物的認知、理解與判斷能力。

四、力量　指採取行動、達成目標的能耐。

這四者相輔相成，安全感與明確的方向可以帶來智慧，智慧則能激發行動。若這四方面十分健全且均衡發展，便能產生高尚的人格、平和的個性，以及完美正直的個體。

這四方面的成熟度，同樣可以用依賴—獨立—互賴三階段

來衡量。

處於最底層依賴階段的人，極度缺乏安全感，他們憑藉社會價值訂定方向，對外界認識不清，缺乏行動的勇氣，或受人擺布；若是位在最高的互賴層次，則能肯定自我，處世泰然，並且確知自己的努力方向，深諳待人接物的藝術，主動積極，不假外求。

釐清生活重心

人人都有生活重心，就算不一定意識得到，它也依舊存在。一般而言，生活重心可以分為以下數種（參見一九六頁表1）：

一、以配偶為重心　婚姻可說是最親密持久、最美好可貴的人際關係，因此以丈夫或妻子為生活中心，再自然不過了。

但根據我多年來擔任婚姻顧問的經驗，以配偶為重心的婚姻關係，多半發生情感過度依賴的問題。太過於重視婚姻，會使人的情感異常脆弱，禁不起些許打擊，甚至無法面對如新生兒降臨或經濟窘迫等變化。

婚姻會帶來更多責任與壓力，一般人通常根據以往所受的教養來應付，然而兩個背景不同的人，思想必定有差異，關乎理財、教養子女、婆家或岳家等問題，都會引起爭執。若再加上其中一方情感難以獨立，婚姻便岌岌可危。

如果我們一方面在情感上依賴對方，一方面又與對方有所衝突，就極易陷入愛恨交織、進退失據的矛盾中。然後，為了保護自己，變得更加退縮、排斥對方，冷嘲熱諷代替了真實的感受。感情用事的結果，就是失去了方向、智慧與力量，縱使表面似乎保住了安全感，實則不然。

二、以家庭為重心　以家庭為重的現象也十分普遍，而且似乎理所當然。家的確帶來愛與被愛、同甘共苦以及歸屬的感覺，但過分重視家庭，反而有害家庭生活。

太仰賴家庭提供安全感及價值感，或是太重視家族傳統與名譽，通常無法接受任何可能影響這些傳統與聲譽的改變。以家庭為重的父母，無法為子女的真正幸福著想，他們的愛往往是有條件的，結果若非導致子女更為依賴，就是變得叛逆。

三、以金錢為重心　誰也無法否認金錢的重要，經濟上的安全感也是人類最基本的需求之一，因此追求財富無可厚非；但若唯利是圖，往往得不償失。

如果一個人的安全感與價值觀完全建立在金錢的多寡上，勢必寢食難安，因為影響財富的變數太多，任何一個閃失都令人承受不起。然而金錢卻不能帶來智慧或指引生命的方向，只能提供有限的力量與安全感。

有人為了逐利，不惜將家庭及其他重要事務擺在一邊，並且以為別人都認同這種做法。但我也認識一位可敬的父親，準備帶子女出遊時，忽然接到公司要求加班的電話，不過他回絕了，因為：「工作還會再來，童年卻只有一次。」這一幕深深映在子女腦海裡，永誌不忘。

四、以工作為重心　只知埋頭苦幹的「工作狂」，即使犧牲健康、家庭與人際關係也在所不惜。他的生命價值只在於他是個醫生、作家或演員⋯⋯一旦無法工作，便失去所有的生活意義。

五、以名利為重心　占有欲極強的人，想據為己有的不僅是有形物質，如：汽車、洋房、華服等，連無形的名譽、榮耀與社會地位，也絕不放過。

我們都知道名利不可恃，因為它們隨時可以毀於一旦。一個人若必須靠名利與物質來肯定自我，必定時時處於惶惶不安的狀態中，深恐身外之物轉眼成空。當他們面對條件比自己更好的人，便相形見絀；見到略遜一籌的人，又趾高氣揚。如此一來，自我價值起伏不定，永無寧日。難怪有人在股票大跌或政壇失意後，選擇自戕一途。

六、以享樂為重心　在當前崇尚速成的世界裡，享樂之風盛行，絲毫不足為奇。電視與電影餵大了觀眾的胃口，然而銀幕上的浮華生活，骨子裡並不如表面上看起來那般美好光鮮。真正的快樂可使人身心舒暢，短暫的刺激卻絲毫不能予人持久的快樂與滿足。貪圖

表1　各種重心類別的特徵

重心類別	安全感	人生方向	智慧	力量
以配偶為重心	•安全感建立在配偶的態度上 •極易受配偶情緒影響 •因與配偶意見不合或對方不符期望而極度失望，以致退縮或是起衝突 •凡可能不利於婚姻關係的，均被視為威脅	•依個人與配偶需求決定人生方向 •取捨一切事務的標準僅止於是否對婚姻或配偶有利，或以配偶的偏好與意見為主	•以對配偶或婚姻關係可能產生有利（或不利）影響之事，決定個人人生觀	•行動力量因個人或配偶的弱點而受到限制
以家庭為重心	•安全感建立在家人的接納以及實現家庭的期望上 •個人安全感隨著家庭而起伏 •家庭聲望決定自我的價值	•行為與態度的是非觀念來自家庭的灌輸 •基於家族利益或家人的需要做決定	•完全以家庭的角度看待一切，以致眼界狹窄且過分依戀家庭	•行動範圍不出家族模式與傳統
以金錢為重心	•個人的價值由手中的財富決定 •對任何可能危及經濟安全之事充滿戒心	•「利」是一切決定依循的準則	•「人生以賺錢為目的」，以這樣的想法面對人生，無法做正確判斷	•只重視金錢所能發揮的力量，視野狹隘
以工作為重心	•根據職業上的角色，認定自我的價值 •只有工作時感覺自在	•以工作需要與成就為衡量一切的準繩	•只扮演與工作有關的角色 •把工作視為生命	•以成功的榜樣、就業機會、組織壓力、老闆的想法及對個人工作能力的疑慮來決定行動
以名利為重心	•安全感來自於個人名聲、社會地位或所擁有的實物 •好與他人一較長短	•以是否能保障、增加或彰顯自己的財產來衡量一切	•以經濟能力與社會地位來看待外界	•個人行動局限於購買能力或社會地位

重心類別	安全感	人生方向	智慧	力量
以享樂為重心	• 唯有樂到「最高點」才能產生安全感 • 安全感稍縱即逝，使人感覺麻木，完全為環境所左右	•「追求最高的享樂」是一切決定的依據	• 但問世界能帶給個人何許歡樂	• 幾乎沒有行動的力量
以朋友為重心	• 安全感建立在社會評價之上 • 極其仰賴他人的意見	•「別人怎麼想」是做決定的第一考慮 • 容易受窘	• 以社交的眼光來看待外在世界	• 只能在有限的社交圈中行動 • 為逢迎他人而變得隨波逐流
以敵人為重心	• 安全感起伏不定，依敵人的行動而變化 • 時時刻刻以敵人為念 • 向臭味相投之人尋求認同	• 受敵人的行動左右，缺乏自主 • 一心想打倒敵人	• 見地狹隘，判斷失真 • 保護自己、反應過度、偏執狂	• 有限的力量來自於憤怒、妒忌、厭惡與報復心理，只有破壞沒有建設
以宗教為重心	• 安全感來自教會活動和教會領袖的評價	• 行為標準決定於教義與教友的評價	• 世人只有信徒與非信徒之分	• 行動力量來自在教會的地位或扮演的角色
以自我為重心	• 安全感無法持續穩定	• 依個人需求、欲望、感覺與利益決定一切	• 只重視外在事件、環境或所做決定對個人的影響	• 行動力量全靠自己，無法與人互助合作

享樂的人很快便會對既有的刺激感到乏味，然後就得追求更刺激的「快感」。

放太長的假，看太多電影、電視，打太多電玩，長久無所事事，都只是浪費生命，無益於增長智慧、激發潛能、增進安全感或指引人生，只不過製造更多空虛而已。

七、以敵人或朋友為重心　青少年尤其容易陷於以朋友為重的情節中，他們可以不計代價，只求被同儕團體接納；對團體的所有價值觀也照單全收，因而極為依賴團體。

以朋友為重心，可能只針對一個人而言，情況類似以配偶為中心。也就是完全為對方而活，導致的不良後果則大同小異。

以敵人為重心，似乎少有所聞，其實這種現象相當普遍，只是不易被察覺罷了。當某人覺得遭到重要人物（如：主管）的不公平待遇後，很容易耿耿於懷，所作所為都為了要反抗待他不公的人，這就是以敵人為生活重心。

我有一位朋友在大學教書，由於和行政主管交惡，便終日以對方為假想敵，幾乎到了走火入魔的地步，家庭生活與工作都因此大受影響，最後逼得他不得不求去。

於是我問他：「如果不是那位仁兄，你寧願繼續留下來，對不對？」

他回答：「是的，可是只要他在一天，我便永遠不得安寧，只好另謀高就。」

「你為什麼讓他成了你生活的重心？」

朋友被這個問題震住了，矢口否認。但我分析道理，說明他咎由自取。朋友起先只承認行政主管的確對他影響很大，但認為錯在對方，最後經過我不斷開導，他才承認自己也應付一部分責任。

有些離婚的人，仍念念不忘對前夫、前妻的深仇大恨；有些已成年的子女，仍為父母當年的忽視、偏心或責罵而憤憤不平，這也都是以敵人為重心。

不論是敵是友，這類人寧願被自己的好惡牽著鼻子走。

八、以宗教為重心　有人對宗教活動極為熱中，以致把俗世間更迫切的問題拋諸腦後，恰與其信仰背道而馳；反之，有人雖然不如此熱中，甚或沒有宗教信仰，言行卻更合乎宗教勸人向善的宗旨。

九、以自我為重心　時下最常見的，恐怕就是以自我為中心的人，他們最明顯的特徵就是自私自利。然而，市面上盛行的個人成功術，無一不以個人為中心，標榜只取不予，殊不知狹隘的自我中心觀會使人缺乏安全感、人生方向，也不會有智慧及行動力量。唯有為造福人群、無私奉獻而追求自我成長，才能在這四方面有所長進。

一般而言，我們都是以上某幾種型態的混合體，隨外在情勢的不同而有所調整。此一時可能以朋友為重，彼一時或許又變為以配偶為重心。

生活重心如此搖擺不定，情緒上難免起起落落，一會兒意氣風發，一會兒頹唐沮喪；一會兒鬥志昂揚，一會兒又落魄消沉。

圖17　以原則為生活重心

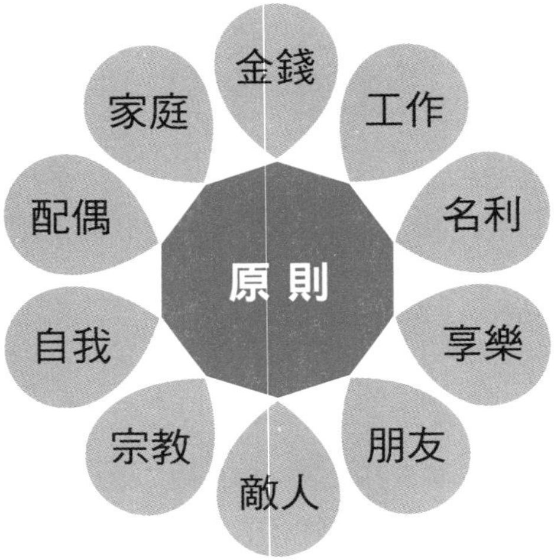

所以，最理想的狀況，還是建立明確、固定的生活重心，使人生更平順、更和諧。

所謂正確的生活重心，應該是以原則為依歸。

原則是恆久不變、歷久彌新的，不像其他重心依恃的是善變的人或物，所以原則值得信賴，更可以增加安全感。同時，它是理智而非感情用事的，能帶給你「雖千萬人，吾往矣」的信心。

配偶也許會與你離婚，再親密的朋友也可能離你而去，但是原則助人披荊斬棘、克服人生，也教人處順境而不迷失方向。原則使人冷靜發揮智慧，正確判斷，讓我們不為外力所動，勇往直前。

堅定不移，就能看見該走的路

以原則為生活重心，可說是統合了其他重心而自成一格（如上頁圖17）。我們且舉實例來說明，生活重心不同，產生的觀念便互異（參見下頁表2）。

現在假定你已買好票，準備晚上與妻子（或丈夫）一同去欣賞音樂會，對方興奮不已，充滿期待，可是突然老闆要你晚上加班，因為第二天有一個重要會議。

- 對以家庭或配偶為重的人而言，當然是優先考慮配偶的感受。那麼你很可能委婉拒絕老闆，以免令配偶大失所望；即使為了保住工作而勉強留下來加班，心裡也一定十分不情願，一方面還得設法平息配偶的失望與不滿。
- 至於金錢至上的人，則重視加班費，或考慮到加班能使老闆在調薪時另眼相看，因此會理直氣壯的告訴配偶自己要加班，也會理所當然的認為對方應該諒解，因為經濟的需求遠超過一切。
- 對工作狂來說，加班正中下懷，因為既可增加經驗，又有更多表現的機會，有利於晉升，於是無論需要與否，仍然自動延長加班時間，且自以為配偶一定以此為榮，

表2　生活重心面面觀

重心類別	以配偶為重心	以家庭為重心	以金錢為重心	以工作為重心	以名利為重心	以享樂為重心	以朋友為重心
配偶	•滿足個人需要的主要來源	•家庭的一部分	•賺取金錢的資產或負擔	•工作的助力，或是阻力	•主要財產 •賺取財富的幫手	•追求享樂的同好或阻力	•可能是朋友或競爭對手 •社會地位象徵
家庭	•維持即可 •次要 •夫妻共同目標	•第一優先	•促使財源保持只進不出	•協助或打斷工作 •應教導家人敬業精神	•可供支配掌握的財產 •可藉以炫耀財富	•可利用的工具或受到干預的原因	•家人是朋友交往或阻礙友誼發展的障礙 •社會地位象徵
金錢	•照顧配偶所必要的項目	•家庭經濟支柱	•安全感與成就感的來源	•次要 •辛勤工作的證據	•增加財產所不可或缺 •可控制的財產	•可提供更多享樂	•經濟與社會地位的來源
工作	•為賺錢養活配偶而必須工作	•達到目的的手段	•為賺錢必須工作	•成就感與滿足感的主要來源 •第一要事	•提供取得權勢、地位、受人肯定的機會	•達到目的的手段 •有趣的工作可以接受	•社交機會
名利	•使配偶幸福，討好或操縱配偶的手段	•帶給家庭舒適與機會	•財力雄厚的明證	•提高工作效能的工具 •工作成果的代表	•地位象徵	•享樂的對象以及手段	•換取友誼的媒介娛樂與社交工具
享樂	•增進感情的共同活動，或不值得重視	•全家集體行動，否則不值得重視	•浪費金錢或經濟窘迫的表徵	•浪費時間 •影響工作	•逛街、購物、加入社團	•人生首要目標 •獲得滿足感的主要來源	•與朋友在一起樂在其中 •以社交活動為主

重心類別	朋友	敵人	宗教	自我	原則
以配偶為重心	•配偶是最好或唯一的朋友	•配偶與我一致對外，維繫婚姻不墜	•共同樂於參與的活動 •重要性次於婚姻關係	•自我價值觀係決定於配偶 •極易受配偶行為態度影響	•建立與維繫婚姻關係的觀念
以家庭為重心	•必須是全家的朋友，否則會引起爭執 •家庭生活的一大威脅	•由家人認定 •家庭能團結壯大的原因 •可能威脅整個家庭	•求援的對象	•重要，但是地位次於家庭	•維繫家庭團結壯大的規範 •受家庭所左右
以金錢為重心	•有選擇性，因經濟地位或影響力而定	•經濟上的競爭對手 •對經濟安全的威脅	•省稅途徑 •財富分享者	•自我價值觀由財產淨值決定	•賺錢與理財的原則
以工作為重心	•因工作環境或同好而結交 •基本上並非必要	•是影響工作成效的障礙	•有益於樹立企業形象 •占用個人時間 •建立職業關係的機會	•由工作角色決定	•促使事業成功的觀念 •應配合工作環境需求
以名利為重心	•個人所有物 •有利用價值	•掠奪者、盜賊 •財富、名氣超過自己的人	•地位象徵 •可能遭惡意攻訐，也可能對個人有好處	•視個人所擁有的財富而定	•能使人獲得或增加財富的主張
以享樂為重心	•追求享樂的同伴	•對生命太認真 •帶來罪惡感、破壞好事的人	•妨礙享樂 •令人有罪惡感	•取樂的工具	•應予以滿足的本能及自然衝動
以朋友為重心	•對個人幸福極為重要 •有歸屬感、被接納、受人歡迎，都很重要	•社交範圍外的人 •共同的敵人可鞏固或形成友誼	•社交聚會的場所	•由社會決定 •恐懼尷尬或被排斥	•有助於與他人相處的基本法則

（續）表2　生活重心面面觀

重心類別	以敵人為重心	以宗教為重心	以自我為重心	以原則為重心
配偶	•同情我的人或代罪羔羊	•替教會服務的同伴或助力，也可能是信仰的考驗	•個人財產可以取悅以及滿足自己	•在互利互賴關係之中，屬於地位平等的夥伴
家庭	•慰藉（精神支柱）或代罪羔羊	•信仰虔誠的模範，或是信仰的考驗	•個人財產 •可滿足個人需要	•朋友 •奉獻服務與成就自我的場所 •修正與傳遞正確觀念的場所
金錢	•對抗敵人的憑藉或是高人一等的證明	•養家與捐助教會的憑藉 •重要性若超過教會就是罪惡	•滿足個人需要的來源	•有助於達成重要目標與完成要事的資源
工作	•發洩情緒的寄託或機會	•維持世俗的生活所必需	•自行其是的機會	•提供有意義的運用聰明才智的機會 •得以累積經濟能力的機會 •投入的時間應恰到好處，不違背人生目標與價值
名利	•作戰工具 •用以爭取盟友的工具 •慰藉、避難所	•身外之物，毫不重要 •名譽以及形象極為可貴	•可肯定、保護與強化自我	•可運用之背景 •應小心維護 •榮譽是人的第二生命
享樂	•戰鬥前的休息與放鬆	•與教友相聚的正當娛樂 •其他娛樂則不正當或浪費時間，必須禁止	•個人應獲得的感官滿足 •個人的權利以及需要	•具有重心的生活中，幾乎一切活動都能帶來喜樂 •真正的再創造，多采多姿且均衡的生活方式所不可或缺

重心類別	朋友	敵人	宗教	自我	原則
以敵人為重心	•情緒支柱與同情者 •可能因共同敵人而彼此結合	•憎恨的對象 •個人問題之根源 •促使個人求自保與自圓其說	•自圓其說的藉口	•受迫害 •受制於敵人	•指控敵人的藉口 •挑剔對方的依據
以宗教為重心	•教會中的成員	•教外之人，不接受或明顯違反教義之人	•人生方向的最高指引	•個人價值是由教會活動、對教會的奉獻，以及實踐教義的程度而定	•教條 •一般原則從屬於教會之下
以自我為重心	•支持、資助自己的人	•自我肯定、自圓其說的依據	•滿足私利的工具	•聰明過人、高人一等，永遠沒有錯 •所有的資源均應滿足個人	•自圓其說的依據 •最能滿足私欲及符合本身需要的觀念
以原則為重心	•互賴生活中的同伴 •分享喜怒哀樂、互賴互助的知己	•心中無真正的敵人，只是觀念不同，應加以了解、關注	•真正原則的來源 •提供奉獻服務的機會	•獨一無二、才華橫溢的獨立個體，與其他的獨立個體相互合作，可創造不凡成就	•亙古不變的自然法則，違者將自食惡果 •尊重原則，個人尊嚴才得以維護，並獲得成長與幸福

對爽約不會小題大作。

- 貪嗜名利的人，則為加班費所增加的購買力而興奮，或認為加班對個人形象頗有助益，可藉此贏得為工作而犧牲奉獻的美譽。
- 重視享樂的人，即使配偶並不介意加班，仍會放下工作前往音樂會，因為他覺得該慰勞自己一下。
- 看重朋友的人，則根據是否有朋友同行，或其他工作夥伴是否也加班而做決定。
- 以敵人為念的人，會樂於留下來，因為這可能是打擊對手的良機，在對方悠哉悠哉的時候拚命工作，正足以證明你對公司的貢獻更勝一籌。
- 熱中宗教的人則會衡量，共同加班的人是否信仰同一宗教，或音樂會演奏的是否為宗教音樂等因素，來決定取捨。
- 自我中心的人只關心，加班或赴音樂會，何者對個人的好處較大。
- 注重原則的人會保持冷靜客觀的態度，不受情緒或其他因素干擾，然後從整體角度通盤考量，包括：工作需要、家庭需要、其他相關因素，以及不同的決定可能造成的結果，經過深思熟慮，才做出正確的抉擇。

不論最後選擇赴音樂會或是加班，都不足為奇，因為擁有其他生活重心的人也是兩者擇一，只不過基本上，擁有原則的人所做的抉擇會有以下幾個特點：

一、這是主動而非被動的決定。

二、這是經過通盤考慮所得的結論，不是一時衝動。

三、根據原則所做的決定，能提高自我的價值；為了報復他人而決定加班，與真心為企業福祉著想而加班，結果雖然相同，意義卻大相逕庭。

此外，若平日已與老闆及妻子建立良好的互賴關係，此時不難向他們解釋如此決定的緣由，並且也會獲得體諒，使你可以心安理得、無所牽掛。

總而言之，以原則為生活重心的人，見解不同凡響，思想行為也自成一格。由於擁有堅實的內在，其所獲得的高度安全感、人生方向、智慧與力量，將可讓這樣的人能夠享有主動積極而充實的一生。

9

習慣二

以終為始 3

改變觀察世界的視角

沒有激情，任何偉大的事業都不能完成。

德國哲學家黑格爾（Georg Wilhelm Friedrich Hegel）

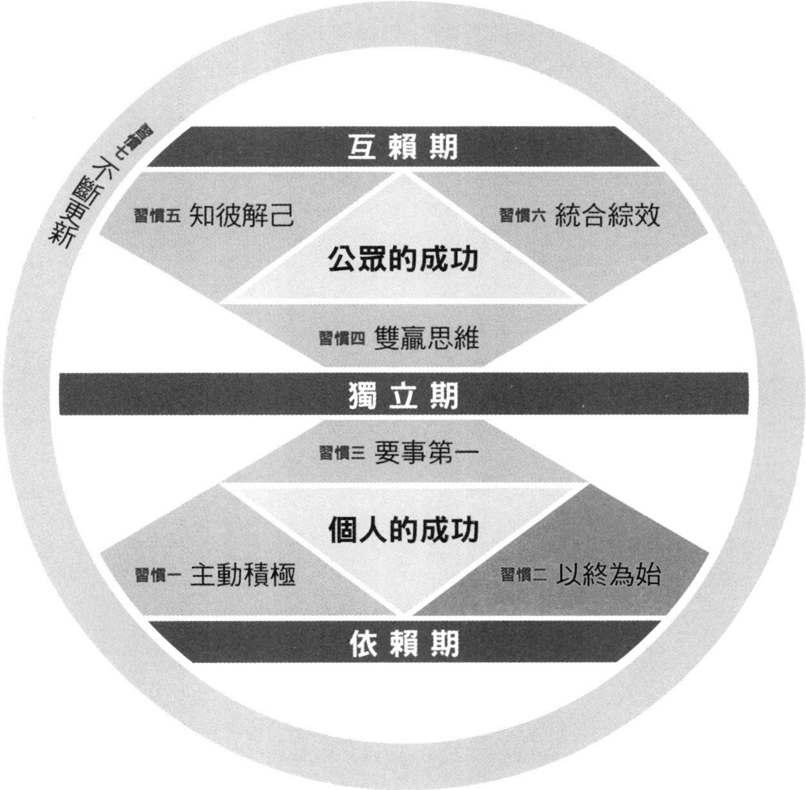

習慣七 不斷更新
互賴期
習慣五 知彼解己
習慣六 統合綜效
公眾的成功
習慣四 雙贏思維
獨立期
習慣三 要事第一
個人的成功
習慣一 主動積極
習慣二 以終為始
依賴期

當我們深入自己的內在，理解並調整自己的基本思維，以正確的原則取得平衡，就等於是創造出堅實有效的核心，以及觀看世界的清楚視角。接下來，就能以這個視角來與世界產生連結。

我們是發現而不是發明自己的人生使命。

法蘭柯的這句話，說得再恰當也不過。但凡是人，都具備良知與理智，足以體認個人獨具的長才和使命。

每個人都有特殊的職志或使命，他人無法越俎代庖；生命只有一次，所以實現人生目標的機會也僅有一次。

法蘭柯說得好！我們若想以言語表達這種獨特性，就得再次回到主動積極這個基本原則，並專注在自己的「影響圈」；若是在「關注圈」以外追尋生活抽象意義，等於是放棄了主動積極的責任，將自己交給環境與他人掌控。

自我的意義來自於內在，依照法蘭柯的說法，便是：

終究，人不該追問生命的意義，而是應該認知到，我們都被生命詰問。也就是說，每個人都要碰上生命的提問，而且唯有用自己的生命才能回答此問題；面對生命的挑戰，人只能藉著「負起責任」來回應。

個人的責任感，或說主動積極性，是第一重創造的基礎。再以電腦做比喻。討論第一個習慣時曾提到，你是自己的人生程式設計師，第二個習慣則要求你寫出屬於個人的程式，意即人生使命宣言。

寫下你的個人憲章

做為一個積極主動的人，我們可以提出自己想要成為什麼、想要在此生做些什麼，我們可以寫下個人使命宣言或個人憲章。

這件工作並非一蹴可幾，必須經過深思熟慮，幾經刪改才能定案。過程中，可能耗費幾週甚至幾個月；即使定案，仍需不時修正，因為隨著物換星移，人的想法也會改變。

使命宣言是個人的基本大法、基本人生觀，也是衡量一切利弊得失的基準。

我最近才重新檢討了我的使命宣言，這是我定期會做的事——坐在沙灘上、獨處時、騎完單車後，我會拿出記事本，一字字寫下來。這件事，可能花上我幾個小時的時間，但我的思緒會逐漸變得清明有條理，一股躍躍欲試的熱情與自由歡欣在心底升起。

撰寫使命宣言的過程，重要性不亞於最後的結論。

為了形諸文字，你勢必要從自身的行動與信仰切入，徹底檢討自己真正的理想——什麼是你最珍貴的人生目標？隨著思想日益清明，你將不再是受環境驅使操弄的人，內心使命成了推動你積極向前的驅力。

開發你的右腦力

自我覺察會促使我們檢視自己的思緒，這對思考使命宣言很有幫助。想像力與良知這兩個人類獨有的能力，對於實踐第二個習慣特別有幫助。這兩樣能力歸在右腦，學習發揮右腦的力量會有很大的幫助。

根據研究，人的大腦可分為左、右兩部分，左腦主司邏輯思考與語言能力，右腦職掌創造力與直覺；左腦處理文字，右腦擅長圖像；左腦重局部與分析，右腦重整體與整合。

最理想的狀況是左、右腦均衡發展，但實際上，每個人或多或少都是某半邊大腦較發達，面對外界刺激時，也傾向於用較發達的一邊做反應；而且，人往往喜歡留在「舒適圈」，以慣用的那半邊腦力來處理所有狀況。

馬斯洛說過：「慣用鍾子的人，看什麼都像是釘子。」這也是前文「少女／老婦」認知差異的成因。慣用左腦與慣用右腦的人就是會以不同角度看世界。

基本上，在我寫這段文字時，世界還是崇尚左腦，語言文字、邏輯推演等被奉為重要才能，感官直覺、藝術創造總是居於從屬地位，無怪乎一般人多不習於發揮右腦的功能。

當然，這個說法比較簡化，未來還會出現腦功能相關的新研究。重點是，我們原本可以利用腦部各種不同的功能，但卻浪費了這個潛能；如果我們能更覺察這些能力，就能更有效運用心智，因應各種需求。

激發你的想像力

依據這個理論，當我們要落實「以終為始」這個習慣時，必須經歷構思與實行兩個階段，前者需借重右腦的創造力，以跨越時空障礙，做全盤考量與規劃。

有時，人會因突發事件，在一瞬間由左腦為主的思考型態轉變成以右腦為主。

比方說，一個人在突然失去親人、罹患重病、經濟陷入窘境時，就會捫心自問：「到底什麼才是真正重要的事？我究竟在追求什麼？」但主動積極的人，不待外界刺激，他就能設法主動轉變思考模式。

就像我曾請大家做的試驗——想像參加自己的喪禮，就是一種扭轉思維模式的方法。現在，請試著寫下理想的一生，愈詳細愈好。你不妨和配偶在腦海裡描繪出結婚二十週年、五十週年的情景，兩人共同計劃未來，討論理想的婚姻關係為何？你也可以設想退休後的情形，希望有怎樣的成就與貢獻？退休後又有什麼計畫？

盡量敞開心靈去想，掌握每個細節，並且投入所有的情感與感覺。

用心追根究柢

我曾經在大學課堂上做過類似實驗，要求學生假設自己只剩一學期的生命，該如何把握這最後的學習機會？經過一番省思，學生有不少新發現，於是我又要求他們以一週時間，從這個角度來檢討自己，並逐日記下心得。

結果，有人開始寫信給父母以表達對雙親的愛、有人則與感情不睦的手足和好……這些反應與行動在在發人深省。

運用想像力來挖掘內心深處真正的感覺，是人人會變的戲法，只是巧妙不同。凡是肯用心去追根究柢的人，必然對生命充滿虔敬，對人生諸事都能從大處、遠處著眼。

他們的所作所為，都圍繞著內在原則——愛。人生苦短，因此他們不會浪費在惡意攻訐、貶低指責等行為，而是堅持自己的原則與價值。

有很多運用想像力的技巧，可以幫助你觸及自我價值，但每種方法的效益都一樣。只有當你用力思索生命中真正重要的部分、真正想做的事、真正想成為的樣貌，你才會自尊自重，也才能以更宏觀的角度看待當下與未來。

善用視覺化與肯定句

個人領導不能只靠單一經驗，不是只要寫寫個人使命宣言就足夠；這是個持續不輟的過程，是讓你的願景與價值持續在前引導你，讓你生活的重心和你最看重的事物維持在同一軌道上。

透過這些努力，你大有能力的右腦可以好好發揮，幫助你每日生活、工作都不偏離個人使命，而這也是某種以終為始原則的應用。

在此先回到之前提過的例子。假設我是非常愛孩子的爸爸，這也是我個人使命的基本價值之一，但我在日常實行時碰到問題，因為我過度反應了。

我可以利用右腦的視覺化能力，寫下「肯定句」，在日常實踐中更貼近內在價值。

好的肯定句有五個基本元素：個人化、正向、針對當下、可視覺化、充滿情感。所以我可能會這樣寫：「我（**個人化**）感到非常滿足（**充滿情感**），因為我（**個人化**）今天（**針對當下**）採取帶有智慧、愛、堅定與自制（**正向**）的態度來處理孩子的淘氣行為。」

接著，我可以將這段話視覺化，每天花幾分鐘坐下，完全放鬆身體與腦袋，想想孩子可能做出哪些頑皮的事——這個想像可以盡量豐富細節。

再來，我可以盡量感受身下所坐椅墊的質料，以及腳下踩的地板、身上穿的毛衣，想像女兒身上的洋裝、她臉上的表情。我腦海中的意象愈清楚豐富，就愈能深度經驗整件事，否則我就會像個旁觀者。

之後，我可以看到女兒做了某件惹毛我的事，讓我心跳升高，怒不可遏，但接下來腦海浮現的不是我慣常生氣的反應，而是看著自己帶著愛與自制，就像肯定句所寫的，處理這個情況。我可以重寫程式、自創劇本，跟著自己的價值與個人使命宣言而行動。

如果持續下去，我的行為會慢慢轉變，不再依循父母、社會、性別框架或外在環境的劇本而生活，我能夠照著內在價值結構，活出自己的劇本。

這個方法我曾應用在小兒西恩身上。他在高中時是美式足球隊的四分衛，當時我開始教他如何放鬆自己，運用想像力來加強臨場應戰能力。有一次，他抱怨常常會莫名其妙的緊張。細談之下，我發現他腦海中浮現的總是千鈞一髮的時刻，無怪乎精神緊張。於是，我教他利用視覺化，在壓力最大時保持心平氣和。

多加演練，熟而無畏

醫師加菲爾（Dr. Charles Garfield）的研究顯示，世上有許多頂尖人物，包含一流運動家，都長於這種心理準備工夫。他研究美國太空總署的訓練，看著太空人在地球上的虛擬環境中演練太空中發生的一切，一再反覆，於是他在得到數學博士後，決定攻讀心理學博士，研究頂尖人士到底有什麼特質。

結果他發現，幾乎各行各業的一流人士都很擅長視覺化，他們可以看到、感受並經歷實際會發生的狀況，自己仔細演練之後才正式上場——這些人深知以終為始之道。

所以，在參與重要談判、上台表演或面對困難、衝突之前，不妨參照以上範例多加演練，直到胸有成竹，產生兵來將擋、水來土掩的勇氣。

專司創意以及視覺化的右腦是你的重要資產，幫助你創造個人使命宣言，並整合到日常生活中。

關於視覺化與肯定句的用法，已經有很多書籍與影像資源可供讀者查詢。這個領域的最新發現包括：潛意識訊息、神經語言規劃，以及放鬆與自我對話過程，而這些都牽涉到解釋、闡述基本原則的基礎創造。

儘管其中有些書的內容有些誇大，欠缺科學佐證，但我認為，多數的參考資源都有所本，而且很多都是來自不同作者對《聖經》的研究體認。

談到有效能的個人領導，視覺化與肯定句技巧是以深思熟慮的目標與原則為基礎，內化到個人生活的核心。這對重寫人生劇本與人生程式帶來很大的力量，許多歷史悠久的宗教也都採用同樣的方式，只是使用言語不同，像是靜坐、祈禱、各種祭典、研讀教義、同理、慈悲、獻禮等等，都訴諸良知與想像力。

肯定句與視覺化是程式設計的形式，我們必須注意這些程式要符合正確的原則，而不光是為了賺錢與私利。

視覺化的威力無窮，但必須以品德及原則為基礎，否則就會誤用或濫用；若是用於追逐功利，視覺化雖然可助人達到目的，卻無法帶來內心的安寧。

當然，主司邏輯／語言的左腦，可以幫助你具體化你的使命宣言、條列任務，重要性不下於管理圖像／感覺的右腦。就像呼吸練習有助於整合的身體和心靈，寫作也是一種心理和神經肌肉的活動，有助於連結和整合意識與潛意識。寫作，能蒸餾、結晶並淨化，而且能化繁為簡。

選取角色，撰寫劇本

人生在世，扮演著各式各樣的角色：為人父母、妻子、丈夫、主管、職員、親友，同時也擔負不同的責任。因此，在追求圓滿人生的過程中，如何兼顧全局，就成了最大的考驗。顧此失彼在所難免，因小失大更是司空見慣。

有鑑於此，在撰寫使命宣言時，不妨分開不同的角色領域，一一訂立目標。

在事業上，你可能扮演業務員、管理人員或產品開發人員的角色；在生活中，你或許是妻子、母親、丈夫、鄰居、朋友。其餘政治、信仰方面的種種角色，也都各有不同的期待與價值標準。

以下是一位企業主管的人生目標：

我的使命是正正當當的生活，並且對社會有所貢獻。

為達成這一使命：

我有慈悲心——擁抱人群，不分貴賤，熱愛每一個人。

我願犧牲——為人生使命奉獻時間、精力、金錢以及才華。

我以身作則——以身教教導人為萬物之靈，可以克服一切困難。

我有影響力——所作所為會使他人的生活改善。

以下是達成人生使命過程中，各種角色的扮演狀況：

丈夫——伴侶是我這一生中最重要的人，我們同甘共苦，攜手前行。
父親——我要幫助子女體驗樂趣無窮的人生。
兒子與兄弟——我不忘父母、手足的親情，隨時對他們伸出援手。
基督徒——我信守對上帝的誓言，並為祂的子民服務。
鄰居——我要發揮基督之愛來對待他人。
鼓舞人心者——我是激發群體優異表現的媒介。
學者——我每日求取新知。

寫下你的使命宣言，它在你生活中有何重要作用、如何提供平衡與和諧；使命宣言也能讓你清楚看到自己的各種角色，而你也可以經常審視這些角色，以免過度偏重其中某一個。你不會只扮演單一角色，其他人也是如此。

一旦確定主要的人生角色，你就能清楚的掌握全局。

我們再次進入右腦，利用想像力、創造力、良知和靈感。如果這些目標來自正確的原則與使命宣言，絕對與一般設定的目標極為不同；這些目標會吻合正確的原則與自然法則，給你更大的力量來實現；這些目標不是接收自他人，而是你自己的目標，反映了你最深層的價值觀、獨特的天賦，以及使命感。

它們擴大了你在生活中選擇的角色，接著，還要訂定每個角色的長程目標，這些目標必須反映你真正的價值觀、獨特的才幹與使命感。

確認位置與狀態

一個有效的目標主要側重於結果，而不是活動。它標定出你想要的，並在前進過程中，幫助你確認此刻所在的位置與狀態；它會給你如何到達那裡的重要訊息，並讓你知道是否已經到達；它會統合你的努力和精力，針對你的行為賦予意義和目的。

當它最終得以轉化成日常活動的內涵，讓你能夠主動積極實踐出來，你就算是能掌握自己的生活，而你每一天發生的各樣事情也就在實現你的個人使命宣言。

角色與目標能賦予人生完整的架構與方向，假定你還缺少這麼一份個人使命宣言，現在正是開始撰寫的最佳時機，你可以思索並定義自己的各個生活領域，找出兩、三項你覺得應該達成並能讓你突破現狀的目標，這能給你一個方向感，以便更全面關照生活現況。

進入第三個習慣「要事第一」後，我們會深入探討短期目標，而此時最重要的是確定你的角色和長期目標，因為這牽涉到你的個人使命宣言。以這些角色和目標為基礎，我們才能進入第三個習慣的每日時間管理，有效設定並達成目標。

共同釐定，定期修正

除了個人以外，家庭也可藉著共同的目標來促進和諧。

有不少家庭缺乏處理人際關係的原則，全憑一時興起與個人好惡，缺乏長久之計。因此，每當壓力升高，家人便亂了方寸，出現冷言相向、冷嘲熱諷或沉默抗議等不良反應。在這種環境下長大的孩子，必然以為解決問題的方法只有衝突或逃避。

其實，每個家庭都有共同的價值觀及理念做為生活的重心，撰寫家庭使命宣言正可凸顯這個生活重心。

家庭使命宣言同樣有如憲法，可當作衡量一切利弊得失的標準，以及重大決定的依據，並使全家人團結在共同目標下。撰寫家庭使命宣言，同樣也是過程與成果並重。由全家共同討論、擬定及定期修正，更能促進溝通、強化向心力、堅定付諸實現的決心；面臨危機或困難時，家庭使命宣言可幫助一家人認清方向，共度難關。

我家牆上便貼有這麼一份使命宣言，記載著全家共同訂下的原則，包括：互助合作、維持整潔、用言語表達感情、培養專長與欣賞家人的才華等等。每年六月與九月，即學年結束與開始之際，我們都會修訂，讓它更符合實際情況。

如水滲透，無所不在

使命宣言是成功組織的基本要素。企業顧問主要任務之一，就是協助企業訂立可行的長程目標。這類目標必須由所有成員共同釐定，不能取決於少數高高在上的決策者。

每次到ＩＢＭ參觀員工訓練，我都感觸良多。這家公司的主管，總不忘向員工耳提面命公司的三大原則：個人尊嚴、卓越與服務。無論世事如何變化，ＩＢＭ始終信守這三大原則，而且從上到下，人人奉行不渝，就彷彿水的滲透，無所不在。

記得有一次在紐約訓練一批ＩＢＭ員工，班上人數不多，約二十人左右，期間不幸有位來自加州的學員生病，需要特殊治療。主辦訓練的ＩＢＭ人員原想安排他就近住院治療，但為體諒他妻子的心情，決定送他回家，由家庭醫師診治。為了爭取時間，無法等待普通班機，公司居然租直升機送他到機場，還包專機，千里迢迢送回加州。

雖然確實的金額不詳，但這筆開支肯定不下數千美元！但是，為了秉持保障個人尊嚴的原則，ＩＢＭ寧願付出這些代價。這對在場的每個人都是最好的機會教育，我也留下了深刻印象。

參與感強化認同感

另一家連鎖旅館的服務態度，同樣令我難以忘懷——那絕非表面工夫，而是全體員工自動自發的表現。

當天我到得很晚，入住時已無客房服務的餐點可用，櫃檯人員卻主動表示，可以到廚房跑一趟，還殷勤詢問：「您要不要先看看會議廳？有沒有需要我效勞的地方？您還需要其他東西嗎？」當時並無主管在旁監督，這位櫃檯人員完全是誠心自發所為。

第二天講習開始，我發現所帶的色筆不夠，便趁空抓住一位侍者，說明困難。他瞥了我的名牌一眼，然後說：「柯維先生，我會解決這個問題。」他並未推託，叫我到哪兒去找，或是「請你問櫃檯」。他一口承擔下來，而且表現出為我服務深感榮幸的樣子。

後來我在大廳欣賞某件藝術品，這時，一位飯店服務人員走向我，問道：「柯維先生，你想看看關於我們飯店這件藝品的書嗎？」多主動！多以客人需求為上啊！

事後，我又觀察到不少員工熱心服務的實例，這引起我的好奇心——為什麼這家飯店能夠徹底奉行顧客至上的原則？

我訪問了各階層的員工，發現個個士氣高昂，態度積極。然後，我又經由後門進入廚房，在那裡我看到了他們的中心德目「貫徹個人至上的服務」。

我終於忍不住，問了經理：「我的工作是幫助組織發展出有力的團隊特質、團隊文化，我很驚訝你這裡做到的成果。」

「你想知道關鍵是什麼？」他問。然後，他取出整個連鎖事業的共同使命宣言給我看。我看過後對他說：「這的確不同凡響，但很多公司都訂了崇高目標，卻不見得能實踐。」

這位經理接著又取出專屬於這家旅館的經營目標，是另一份組織宣言：「這是根據總公司的大原則，並針對我們的特殊需要而擬定的。」

「是誰訂立的呢？」

「全體員工。」

「清潔工、女侍、文書職員都包括在內？」

「是的。」

這兩份宣言代表整個旅館的中心思想，無怪乎營運成績斐然。它既有助於員工與顧客、員工與員工之間的關係，也左右了主管的領導方式，甚至影響到人員的招募、訓練與薪資福利。

後來，我住過同一連鎖網的另一家旅館，那裡的服務水準也毫不遜色。當我問侍者飲水機在何處時，他親自領我到飲水機前。

更令人印象深刻的是，我看到那裡的職員主動向主管承認錯誤。那次我們點了客房服務，但服務生在送來的路上不慎打翻了熱巧克力，必須重新更換桌布、餐具與餐點，以致飲料送到房間的時間遲了十五分鐘，但我們並無所謂。

然而，隔天早上，客房部經理打電話來為服務不周表示道歉，並招待我們享用早餐，以彌補前晚造成的不便。儘管這個錯誤沒人知道，但員工依舊對主管報告，讓房客得到更好的款待，這究竟是什麼樣的組織文化呢？

就像我告訴第一家旅館的，我知道許多公司都有令人印象深刻的使命宣言，但是真正的區別在於，得到組織裡所有成員認同而創造的使命宣言，才能達到最高的效能，遠勝於少數管理高層寫下的冠冕堂皇的宣告。

許多組織，包括家庭，都有一個最根本的問題，就是成員並不認同集體的大目標，反而常有個人目標與企業目標背道而馳的情形；另一方面，不少企業的薪資制度與其標榜的理想，兩者不相符合。

所以，在檢討企業的使命宣言時，我一定調查有多少人參與制定，又有多少人知道它的存在，並且真正認同與奉行。唯有參與，始有認同，這個原則值得強調再強調。

開誠布公，博徵廣議

幼兒或新進人員很容易接受父母或企業加諸其上的觀念，但長大成人或熟悉環境後，就會產生獨立意志，要求參與。

假使沒有全體成員參與，實在難以激發向心力與熱忱，這便是為什麼我要一再強調，組織應開誠布公，不厭其煩的廣徵意見，訂立全體共有的使命宣言。絕對不可能抄捷徑，這需要時間、誠懇、正確的原則，以及調整制度、架構與管理風格所需的勇氣與意志，才有可能形塑共同的願景與價值，而且一定是奠基於正確的原則才有可能施行。

組織的使命宣言會真實反映每個成員的共同願景與價值，創造出團結合作與全心投入的使命感，在人們的內心與思考中形成參照架構，成為一套標準或準則，當作行為依據。毋須別人指揮、控制、批評，組織成員早已把組織的本質與不變的核心價值存在心裡。

習慣二　立即行動檢核表

一、記下你做心靈實驗時的想法，將心得列表整理。

活動範圍	性質	貢獻	成就
家庭			
朋友			
工作			
教堂／社團			

二、確立重要的人生角色，並檢討你對目前扮演的角色是否滿意。

三、每天撥空撰寫個人使命宣言，並蒐集可用的資料。

四、閱讀二〇二頁表2，你的行為符合哪種類型？你是否滿意？

五、著手蒐集語錄、筆記，或是你想到的點子，做為撰寫個人使命宣言的參考。

六、設想近期內會面臨的某種情況，並寫下你希望獲得的結果與應該採取的步驟。

七、與家人或同事分享本章的精華，並建議大家一同擬定家庭或企業的共同目標。

新見解——撰寫使命宣言，釐清生命意義

西恩．柯維

我參加哈佛商學院二十週年重聚會時，專題演講人是當代最偉大的管理思想家之一克里斯汀生。他對爆滿的數千位哈佛商學院校友坦誠道來，主題是如何衡量人生。主要講的是：「不要搞砸它。」

克里斯汀生的同學裡，有很多與家人疏離，有人在坐牢，有人過得不快樂。當初他們沒有人會這麼想：「我要過孩子不跟我講話的日子」，或「我要做壞事」，或「我要一點成就都沒有」。可是他們不曾考慮周全什麼是最重要的，因而長期一再做出小小妥協的決定，最後發現自己處於完全不同於初衷的境地。

他講到畢業後第一份工作的故事。他進入一家有名的顧問公司，由於是年輕的顧問，他週一到週五每天長時間辛勤工作，對同事和客戶都盡心盡力。可是要兼顧工作和生活的要求變得很不容易。有一天某主管要他把週日空下來，以便整個團隊為週一的重要客戶會議做準備。他遲疑了一下，然後告訴主管，他無法來參加預備會議。他解釋：「很抱歉。我週日不工作。這一天我保留給信仰。」主管嘟囔著走開，但是不久後又回來。「好吧。

我把所有事情改到週六。我們那時候開預備會議。」克里斯汀生停了一下，答：「實在很抱歉，我週六不工作。我和太太很久以前就決定，週六要以家庭為優先。週六我陪家人一起過。」主管氣得走出去，第三次又回來說：「那你週五工作嗎？」

克里斯汀生說明，他怎樣做出那第一個決定。有許多這類決定，使他的人生變得更好，事業蒸蒸日上，又得以接近家庭和信仰。他覺得如果同意妥協，「只此一次」工作到很晚或週末加班，就很容易再有下一次。這些年來他學會，從頭到尾堅守原則，比九八％的時候堅守原則要容易。他說：「決定你要堅持什麼。然後始終堅持到底。」

演講結束時，講堂爆出起立鼓掌聲，我好像從未經歷過如此場面。真的沒有一個人坐下，大家不斷鼓掌。克里斯汀生以他自己的方式，挑戰所有A型個性，就是打算開創事業、改變世界的人，要他們比過去更深入的思考，什麼才是真正的成功和以終為始。

這個故事很貼切的說明，你努力攀爬成功的階梯，可是你不會想要到達最高階時，才發現梯子靠的牆不對。

我希望各位可以感受，父親有多麼重視目的和使命的力量。他的祖父史蒂芬・邁克・柯維（Stephen Mack Covey）年輕時，在懷俄明州的平原看守羊群，有一次碰上冬季暴風雪。當時氣溫是零下三十度，他心想恐怕活不了，便禱告：「上帝，如果您今晚救了我，我保證將來就在此地建一個避難所，保護其他飢寒的旅人。」

他撐過那個晚上，好多年後在懷俄明州平原上同一地點，蓋了一間旅館，名為「柯維氏小美國」（Covey's Little America）。之後又成功拓展到鹽湖城（Salt Lake City）開第二間旅館。後來其子接管旅館事業，家父年輕時也受過管理家族旅館的訓練，以便接班。

不過家父雖然就讀商學院，卻發現自己熱愛教書，決定不要經營旅館。他很怕對他的父親表白，可是最後終於鼓起勇氣說：「爸，我不想接家族事業。」意外的是我祖父說：「你猜怎麼著，我自己也從不那麼喜歡經商。你儘管去做，去當老師。」我父親果真走上教育這一行。

父親從年輕時就一直懷抱使命感。他有一小段手書的使命宣言，終其一生不時加以修訂。我想他應該不願讓我逐字逐句的分享，不過其基本概念是，開啟人類潛能，讓全世界充滿以原則為中心的領導。父親自視為先行者、開路先鋒、思維破壞者。他想像的角色是：把以原則為中心的領導推行到全世界，並且讓人類潛能得以發揮。

他也覺得每個人都有特殊的使命，或是要做出獨特的貢獻。他總是把這個訊息傳達出去。我經常無意中聽到他說這類的話：「我覺得你可以做很出色的企業領導人。」或「你是家裡的和事佬，你的功勞不小。」或「將來你會是很棒的父母。」

有一次我隨口問父親，他如何定義領導。他想了一下，說：「領導是十分清楚的向另一個人傳達他所擁有的價值和潛能，促使他自己也看出本身的價值和潛能。」他說這句話時，我眼眶充滿淚水，因為那太真實。父親總是告訴我，我的價值和潛能在哪裡，即使我自己看不出來。

如何撰寫使命宣言？

以終為始的最佳做法，是寫一則個人使命宣言，或個人哲學或信條。讀完這一章，許多人都躍躍欲試，想寫使命宣言，但生活忙碌，事情一件接一件，熱情就逐漸消散。然而不寫的代價太高，有太多利害關係牽涉其中。擁有一份書面使命宣言，好比個人憲法，具有不可思議的威力，可以引導你的人生，指引你的日常決定。完成此事的關鍵在於別想太多。記得，它不一定要完美；馬上開始寫，日後再修訂。以下提供一些撰寫方式的建議：

- **隨想隨寫**　坐著十五分鐘，筆不要停。寫下你想到的一切：你擅長什麼（自覺），你覺得自己該做的事（良知），如果不受限制你想要做什麼（想像力）。重點是不停的寫，直到滿十五分鐘。寫完後，稍做整理，成為使命宣言的粗略草稿。
- **換個環境**　抽出一天時間，到能夠激發你靈感的外地去，海邊、山上或公園都可以。好好想想什麼對你最重要。以下這類問題可以刺激一些想法，寫下你的答案。然後再綜合、整理，直到完成草稿。

- 回想曾經對你的人生有正面影響的某個人。他有哪些特質是你也想培養的？
- 描述你曾深受鼓舞的時刻。
- 假設你架設工字樑以橫越大峽谷（Grand Canyon），你願意為了什麼目的或什麼人而橫越？
- 如果你可以在很棒的圖書館待上一天，學習任何東西，你想學什麼？
- 有哪十件事你絕對、肯定的樂於去做？
- 想出一種可以代表你的東西：動物、歌曲、汽車、地點。它如何獨特的代表你？

● **延伸範圍** 借用你最喜歡的一個字詞、一段音樂、一首詩。方式很多，不會只有一種是正確的。我一直在協助青少年寫使命宣言。他們往往對語文的表達無感，可是很喜歡做拼貼圖或圖像板，那是以視覺掌握個人的使命。

● **使用範本** 如果需要更多指引，我們開闢了建立使命宣言專頁（Mission Statement Builder），網址：https://msb.franklincovey.com（這是富蘭克林柯維網站點閱率最高的網頁）。這裡會一步步教你如何完成使命宣言。回答幾個問題，再點下「列印」，就大功告成。

我首次寫使命宣言是在讀大學時，如今到人生的現階段，我很可能已寫到第二十次草稿。我的使命宣言逐漸縮短。目前只有一個句子，對我卻充滿意義。

經由使命宣言釐清生命意義，可以對你的人生產生戲劇化的影響。邁克斯（Elizabeth Marks）小時候夢想當軍人，十七歲就從軍。在駐防伊拉克時受重傷，她最大的恐懼是因傷自軍中退伍。邁克斯士官在一張紙上寫下她的使命宣言：「適合服役」，在辛苦復原期間一直帶著它。後來她成為曾打破紀錄的身心障礙游泳選手，並參加美國陸軍世界級運動員計畫（U.S. Army World Class Athlete Program），在二〇一二年獲宣告適合服役。

我記得十幾歲時，父親曾召集家庭會議。他向我們宣布：「好，孩子們！我們要寫家庭使命宣言！」接著是一陣唉聲嘆氣。他不為所動，繼續說：「這是要為我們家訂一個憲法。希望每個人都提供意見。」

輪到我時，我嘲諷的說：「我想內容應該寫：我們是酷炫家庭，天下無敵。」這句未列入最後的宣言中。不過後來我們全家又開過幾次會，推敲使命宣言。最後的文字類似這樣：「我們家是歡樂、放鬆、學習、友誼、成長、有秩序的地方，要造就我們成為對世界有貢獻的各種人。」

儘管我是個無憂無慮的青少年，但我記得寫作和張貼家庭使命的過程給我的感覺。我是家中重要的一員，我們確實活得有目的。我們要有所作為。儘管我們也像所有的家庭一樣，有很多問題和爭執，但是使命宣言協助我們建立有彈性又歡樂的家庭文化，我們一起和樂生活，大家都願意道歉和再次努力。

此後我看過許多很棒的家庭使命宣言。我有個好友，他有四個孩子，他家的使命宣言掛在牆上，像一部厚厚的憲法，內容約有兩千字，言無不盡！反之我姑媽和姑丈的三字使命宣言是：無空椅。我還有一個丹麥朋友，他家的使命宣言只有一個字，就是住家小屋的名稱。對他們而言，那屋子代表一切。

組織的使命宣言不只是牆上文字

組織的使命宣言有時遭到很多惡評，因為經常只是陳腔濫調，無人遵行，或只由幾個企業高層制訂，強行往下推動，沒有人信服。不過我們不能低估，整個團隊一起擬訂使命，而且方向正確的力量。有些組織的使命宣言貨真價實，你可以感受到由員工、產品、服務展現的企業使命。我馬上想到兩家公司：宜家（IKEA）和美國女孩（American Girl）。我買過很多宜家的家具和美國女孩的洋娃娃。它們的使命宣言完全符合我購買其產品的經驗。

宜家：為許多人創造更好的日常生活。我們的企業概念支持這個願景，提供多種設計精美、功能完備的家用家具產品，以盡可能讓最多人買得起的平價出售。

美國女孩：我們透過遊戲的歡樂和好書的奇妙，幫助女孩發現自我意識，以歷久彌新的故事和令人難忘的人物，深植重要的價值，如誠實、勇氣、仁慈、熱情。

我所看過因實行組織使命宣言轉變最顯著的例子，或許當屬北卡羅來納州拉雷市（Raleigh）的公立學校寇姆斯小學。該校學生約有一半，家境貧困或接近貧困。

二〇〇〇年桑莫絲剛被任命為校長時，這所過去辦學有特色的磁力學校（Magnet School）問題重重。就學率極低：校內可容納八百名學生，卻只有三百人註冊。校舍老舊。家長不參與。老師教學提不起勁，學生感受得到。

最後，學區督學說：「你們招生不足，不能再讓你們做磁力學校。」桑莫絲被逼急了，卻不知該怎麼辦。她問督學：「可不可以再給我一年？」督學說：「我給你一週，提出新辦法。」

桑莫絲向學校教職員提出挑戰：我們何妨走出去，跟附近鄰居談談，看看他們希望學校教孩子什麼？於是她和教職員去訪談家長和雇主。他們答：「我們希望孩子能夠自動自發。希望他們能與別人好好相處。學習怎麼設定目標，解決問題，平衡生活，作息守時，解決衝突，也要在公園嬉戲。」他們談及可稱為領導技巧，或二十一世紀生活技巧的東西。沒有人提到考試要考更高分。

在這些訪談前，桑莫絲曾到華盛頓，參加父親授課的「七大習慣工作坊」。父親上課時，她不斷想到：「為什麼必須等到長大成人，才學這些強大的概念？為什麼小孩子不能學？」

有一次下課休息時間，她鼓起勇氣走上前去問父親：「柯維博士，您覺得這些習慣也可以教給小孩子嗎？」

「多小？」

「最小的五歲。」

父親認真想了想，然後笑著說：「有何不可。如果你們要教，請告訴我結果如何。」

桑莫絲和教職員綜合所有這些經驗後，覺得「領導力」是學校最需要教的。督學贊同這個構想。於是新的使命宣言就公布在學校正中央：本校的使命是一一培養每個孩子成為領導者。其目的不是要讓學生成為未來的執行長；而是協助他們成為自我人生和就讀學校的領導者。

老師們開始把七大習慣整合到現有課程中。他們很快發現，學生的自信心顯著提升，紀律方面的問題減少。家長也注意到孩子在家的行為開始改變。

有關領導具啟發性的佳句張貼在走廊上。全校集會和其他活動也以領導為主題。在遊戲場上可以聽見七大習慣的用語。每個學生都有一本資料簿，記錄考試分數、自己設定的目標、和實現目標的結果。每個學生在校內都有領導角色。可能有人是歡迎大家到校的「領導者」，有人廣播早上的公告，接待訪客，監看遊戲場等，簡言之人人都是某種領導者。領導不再是少數幾個孩子獨占，而是人人有獎。

不出幾年，學生成績從平均八十四分上升到九十七分。士氣大增。家長也參與校務。學生人數由三百增加到八百，還有長長的候補名單。學區房價也上漲。學生有半數處於貧窮或接近貧窮狀況、總共講二十八種語言的寇姆斯小學，二〇〇五年首次，二〇一四年再度，獲選為美國排名第一的磁力學校！

目前有超過五十國的五千多所學校，採用寇姆斯小學的領導培訓模式，名為「領導力教育」，惠及兩百萬以上學生和其家庭的生活。世界各地有成千上萬的教育界人士參訪寇姆斯小學，體驗他們創造的學習環境。

當年桑莫絲與學生、教職員、家長、地方領袖齊心協力，藉著強有力的「以終為始」，加以相配合的學校使命宣言時，他們完全沒想到，會對世界產生那麼大的影響。

我在此挑戰各位讀者：讀完本章後不要空手而返，要訂一個個人使命宣言。有人長，有人短。有人是歌曲，有人是圖像。都沒有關係。只要適合你就好。個人使命宣言代表你內在最崇高、最優良的一面。

如果有家庭，家人可以聚集起來，決定要成為什麼樣的家庭。如果你工作上的職位具有影響力，請盡你所能撰寫使命宣言，或是修改現有的使命宣言。然後等著看它會發生什麼效用。

10

習慣三

要事第一1

管理重要性而非時間

重要之事絕不可受芝麻綠豆小事牽絆。

德國詩人歌德（Johann Wolfgang von Goethe）

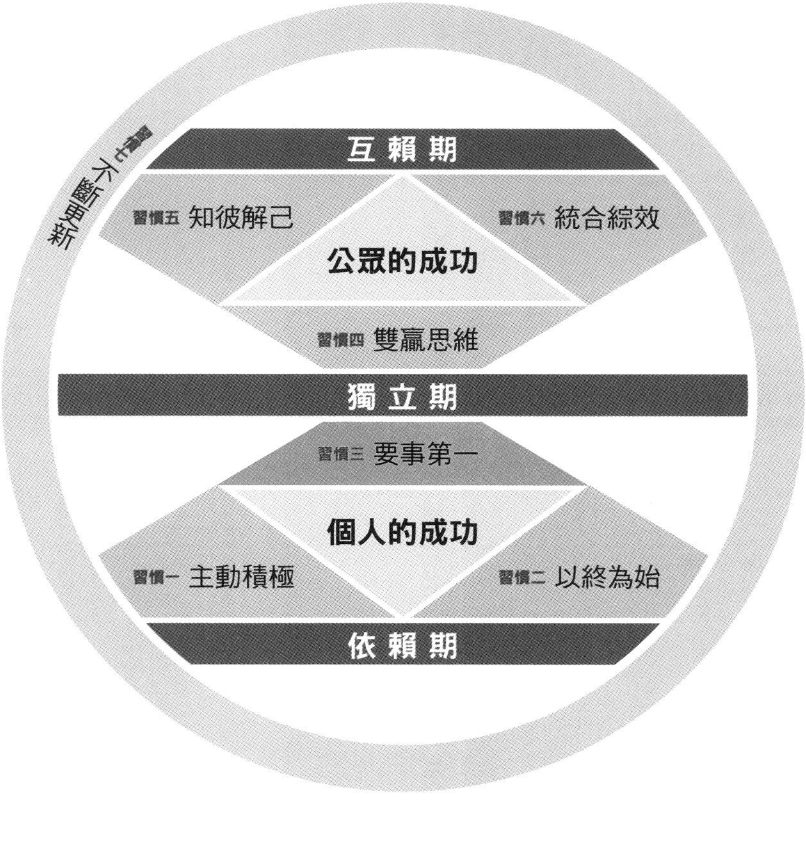
習慣七 不斷更新
互賴期
習慣五 知彼解己
習慣六 統合綜效
公眾的成功
習慣四 雙贏思維
獨立期
習慣三 要事第一
個人的成功
習慣一 主動積極
習慣二 以終為始
依賴期

請先回答以下兩個問題，你的答案對於接下來要討論的第三個習慣十分重要：

- 有哪件事，你經常做，會對個人生活產生重大的正面影響，但未行動？
- 在事業上有哪件事會產生同樣的效果？

稍後會回來討論你的答案，現在先步入正題——要事第一。這項習慣落實了前兩個習慣，在日常生活中，隨時隨地展現出主動積極與確立目標的工夫。

先做好個人管理

習慣一探討「你就是創造者，你主導一切」。這說法的基礎來自人類的四個獨有特質：想像力、良知、獨立意志以及自我覺察；習慣一帶給你力量，讓你發現「我自小得到的程式設定並不健康，我不喜歡這種毫無效能的劇本，我可以改變」。

習慣二是第一個創造，也就是心智的創造，是奠基於想像力，進而顯化願景，發現潛能，並運用心智創造出目前看不到的事物。良知能夠偵測出我們的獨特性，也是個人道德倫理的準則。習慣二與我們基本的思維與價值深深交纏，讓我們對自己產生願景。

習慣三是第二個創造，是實體的創造，是實踐並具體化習慣一與二的內涵。習慣三是透過獨立意志的發揮，建立以原則為重心的處事態度，進而達到有效的自我管理。

習慣一與習慣二是習慣三的先決條件，若是不能自覺並發展主動積極的態度，就不可能以原則為重心；若無法覺察到自我思維，明白思維轉換的可能，並漸漸走向與原則相符一致，也不可能以原則為重心；再者，要是沒有願景，就無法聚焦在你能做出的獨特貢獻，也就更不可能以原則為重心。

相對的，一旦有了這些基礎，你就能時時以原則為重心，活出第三個習慣，實踐有效能的個人管理。

前面已強調，管理不同於領導。領導是力道十足的右腦活動，有某種哲學為基礎而更近乎藝術，講究的是關於人生目標、使命等大道理。

當大方向確定之後，就要落實於日常生活，此時管理就顯得異常重要。管理是分析、推理、規劃、應用等左腦所擅長的活動。我個人對此的格言是：左腦管理，右腦領導。

有效管理的先決條件

在自我覺察、良知與想像力之外，人類的第四大天賦就是獨立意志。有了它，人類得以做各種抉擇，並依據這些抉擇行事，因此，獨立意志是有效自我管理的先決條件。

獨立意志具有不可思議的力量，屢屢創造奇蹟，海倫．凱勒（Helen Adams Keller）就是最佳的明證。不過，對一般人而言，如何在日常每個決定中發揮獨立意志，才是最重要的課題。

獨立意志的強弱，可由自制力——是否言出必行、言行一致——見出端倪，因此自制力是一項極為重要的品格。

獨立意志幫你變得堅定

有效管理是要事第一的管理，由領導力決定重點後，再靠自制力來掌握重點，以免被感覺、情緒或衝動所左右。

紀律這個字帶有「學徒」的概念，表示成為某個哲學、價值系統的學徒，信仰某個目的，或是成為代表目的的這位大師的學徒。換句話說，如果你能有效管理自己，發自內心做到自律，這都是你的獨立意志在發揮功效。也就是說，你是自己深層價值的門徒與追隨者，你有意願與誠信以這些價值來規範你的感情與衝動。

葛雷（E. M. Gray）所著〈成功的共通性〉（The Common Denominator of Success）一文，深獲我心。終其一生，葛雷都在尋找所有成功者共通的祕訣。最後他發現，勤奮、運氣或靈活的手腕雖然很重要，卻非關鍵，唯有要事第一才是成功的不二法門。他說：

成功者能為失敗者所不能為，縱使並非心甘情願，但為了理想與目標，仍可以毅力克服心理障礙。

這一切，全部需要靠習慣二帶來清楚的方向與價值，熱切追求內心創造的使命，排除不急之務的牽絆；同時，還需要獨立意志來克服怠惰與慣性，才能遵循價值，不隨衝動或欲望起舞。

改變管理的重點

習慣三觸及許多生涯管理與時間管理的問題，我研究多年的心得是：如何分辨輕重緩急與培養組織能力，是時間管理的精髓所在。這話代表了時間管理理論演變的三個階段，而發展出來的各樣研究與技巧都著重在如何善加執行時間管理。

個人管理的演進與人類其他方面的發展很類似，重要的突破進展，像是托佛勒（Alvin Toffler）所說的「波」，為每個層次的發展增添了新的重要面向。

有關時間管理的研究已有相當歷史，一如人類社會從農業革命演進到工業革命，再到資訊革命，時間管理理論也可分為四代。

第一代理論注重利用便條與備忘錄，在忙碌中調配時間與精力。

第二代理論強調行事曆與日程表，反映出時間管理已注意到規劃未來的重要。

第三代是講求優先順序的觀念，也就是依據輕重緩急設定短、中、長程目標，再逐日訂定實現目標的計畫，將有限的時間、精力加以分配，爭取最高的效率。

這種做法有其可取之處，但也有人發現，過分強調效率，把時間綁得死死的，反而會產生反效果，使人失去增進感情、滿足個人需要以及享受意外之喜的機會。於是許多人放棄這種過於死板拘束的時間管理法，回復到前兩代的做法，以維護生活品質。

後來，第四代理論出現，與以往截然不同之處在於，它根本否定「時間管理」這個名詞，主張關鍵不在於時間管理，而在於個人管理，其滿意程度來自期望被實現，而期望（與滿意度）則來自我們的影響圈。

與其注重時間與事務的安排，不如把重心放在維持產出與產能的平衡上。

別被瑣事牽著鼻子走

二四八頁的圖18是根據新一代個人管理理論，將耗費時間的事務依據急迫性與重要性分為四類。急迫性是指必須立即處理，比方一通電話，儘管你正忙得焦頭爛額，也不得不放下手邊工作去接聽。你本來可以花上幾小時準備資料，打扮整齊，前往某人的公司討論特定議題，但如果此時電話響了，很可能你得先接電話，放下本來預定的計畫行程。

如果你打電話給某人，大概沒有人會說：「稍等我十五分鐘，先別掛斷。」但很多人可能會讓你在辦公室外等上十五分鐘，只因為他們正在講電話。

急迫之事通常都顯而易見，推託不得，也可能較討好、有趣，卻不一定很重要。

找出真正重要的事

重要性與目標有關，凡有價值、有利於實現個人目標的就是要事。

如果不執行第二個習慣，也不清楚何謂重要事務、不知道該期待何種結果，很容易便隨著事情的急迫性起舞。一般人往往對燃眉之急立即反應，對當務之急卻不盡然，所以更需要自制力與主動精神，急所當急。

下頁圖18中的第一類事務，既急迫又重要，人生在世，無法避免。危機處理專家或有截稿壓力的文字工作者，更是經常與之為伍，但如果只專注於這類活動，終有被問題淹沒的一天——他們唯一的逃避之道，便是做些無關緊要的活動（第四類事務），至於急迫而不重要或重要而不緊迫的事，便被拋諸腦後。

圖18　依時間管理區分優先事項

第一類事務 **既急迫又重要** ・危機 ・急迫的問題 ・有期限壓力的計畫	第二類事務 **不急迫卻重要** ・防患未然 ・改進產能 ・建立人際關係 ・發掘新機會 ・規劃、休閒
第三類事務 **雖急迫卻不重要** ・不速之客 ・某些電話 ・某些信件與報告 ・某些會議 ・必要而不重要的問題 ・受歡迎的活動	第四類事務 **不急迫也不重要** ・繁瑣的工作 ・某些信件 ・某些電話 ・浪費時間之事 ・有趣的活動

也有人把大部分時間浪費在急迫但不重要（第三類）的事務上，誤以為愈急迫就愈重要。其實，急迫之事往往是對別人而非對自己很重要。

聚焦重要而非急迫的事

只重視第三、四類事務的人，擁有的不是有意義、負責任的人生；懂得捨棄這兩類無關緊要之事，對第一類要事也盡量節制，把更多時間投注於重要但眼前尚不急迫之事（第二類），才是個人管理之鑰。

第二類事務，包括：建立人際關係、撰寫使命宣言、規劃長程目標、防患未然等等。人人都知道這些事很重要，卻因尚未迫在眉睫，反而避重就輕。

相反的，真正有效能的人，急所當急、不輕易放過機會並防患未然，儘管也會有燃眉之急，但總設法降至最低。

現在，回到本章開頭的兩個問題，請查看自己的答案屬於以上哪一類事務？依我推測，答案多半是第二類。因為重要，才會使生活大為改觀，卻因為不夠緊迫，所以受到忽略。但是，只要我們立即著手進行，效能便會大為增進。

套用杜拉克的話，高效能人士在意的不是問題，而是機會——他們創造機會，預防問題，他們也會碰上第一類事務的危機需要解決，但數量並不多，高效能人士保持產出與產能平衡，因為他們始終聚焦在重要而非急迫的事務上。

參考圖18（二四八頁），並花一點時間考慮如何回答這一章開頭的問題——哪一類事務不特別需要處理？這些事很重要嗎？還是歸類在急迫一類？

我的猜測是，這些事可能歸類在第二類事務，性質相當重要卻並不急迫，但就因為這些事不急，你不會優先處理它們。

確定自己的第二要事

現在再看看這些問題的本質：哪件事是你在個人生活和職場進行並持續下去的話，能為你的人生帶來龐大的正面影響？第二類事務就有如此的影響，如果我們專注在這上頭，就能大幅推進我們的效能。

我曾問過一家購物中心的經理人員類似的問題，他們一致認為，與承租購物中心的各商店老闆建立良好關係，最有助於業績進展。這屬於第二類活動。

但經過調查發現，他們只有不到五%的時間用於其上。這也難怪，太多的事情使他們分身乏術——開會、寫報告、打電話等第一類公務已使人筋疲力竭。縱使難得與各店東接洽，也不外收帳、討論分攤廣告費等令對方不快的事。

至於承租商店者則各有一本難唸的經，他們希望購物中心的管理人員能幫助解決問題，而非製造問題。

於是購物中心方面決定改弦更張，在釐清經營目標與當務之急後，改以三分之一的時間，改進與各商店的關係。施行了一年半左右，不但業績提高四倍多，經理人員也成為各商店的傾聽者、訓練者與顧問，不再是監督者或警察。

因此，不論大學生、生產線上的工人、家庭主婦或企業負責人，只要能確定自己的第二類要事，而且即知即行，一樣可以事半功倍。

11

習慣三

要事第一 2

勇敢開口說不

生活就是選擇的累加。

法國哲學家卡繆（Albert Camus）

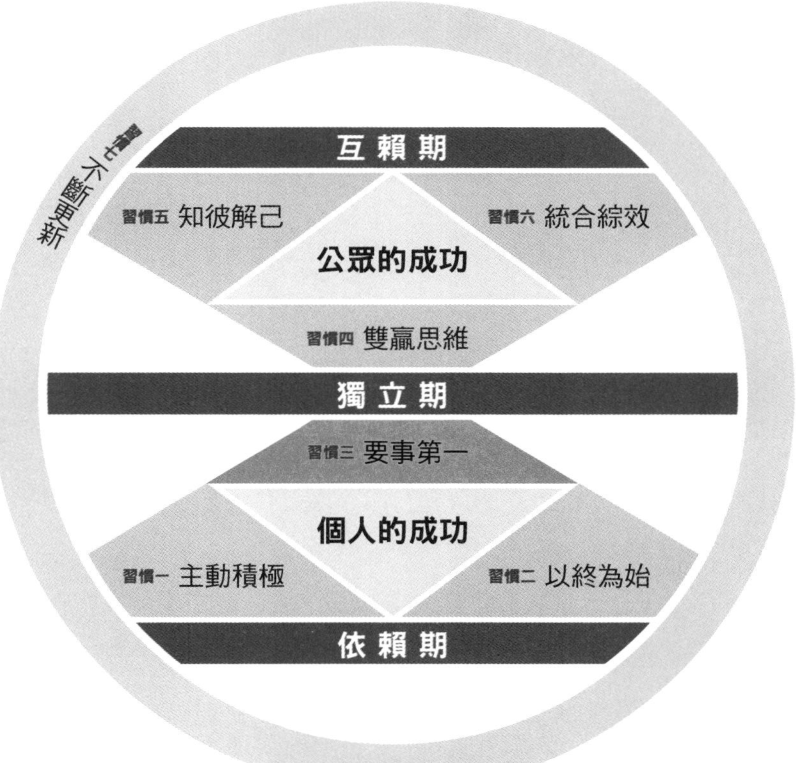
互賴期
習慣五 知彼解己
習慣六 統合綜效
公眾的成功
習慣四 雙贏思維
獨立期
習慣三 要事第一
個人的成功
習慣一 主動積極
習慣二 以終為始
依賴期
習慣七 不斷更新

若要集中精力於當前要事，就得排除次要事務的牽絆，此時需要有說「不」的勇氣。對於二四八頁圖18所提到的第二類事務，必須積極主動，因為第一及第三類事務會干擾你。所以，請將第二類事務列為優先事項，拒絕其他活動，就算是急迫事件也一樣。

內人曾被選為社區活動主席，但她既放不下許多更重要的事，又不好意思拒絕，只好勉為其難的接受；後來，她情商一位好友接下這個擔子，對方卻婉拒了。內人大失所望，回來後對我嘆道：「我早該像他一樣拒絕這件事。」

這不是說社區活動或社會服務不重要，而是人各有志，各有優先要事。必要時，應該不卑不亢的拒絕別人，在急迫與重要之間，知所取捨。

事有輕重緩急

我在大學任職時，曾聘用一位極有才華又獨立自主的撰稿員。有一天，我有件急事想拜託他。

「你要我做什麼都可以，不過先了解目前的狀況，」他指著牆上的工作計畫表，顯示超過二十個計畫正在進行，都是我倆早已談妥的。

然後他說：「這件事至少會占去幾天時間，你希望我放下或取消哪個計畫來空出時間？」

他的工作效率一流，這也是為什麼一有急事我就會找他，但我無法要求他放下手邊的工作，因為比較起來，正在進行的計畫更為重要，我只有另請高明了。

每天我們都會碰上許多事，做出許多接受或拒絕的決定。以正確原則做為中心，聚焦在個人使命，就能得到智慧，做出正確抉擇。

我的訓練課程十分強調分辨輕重緩急以及按部就班行事，我常問受訓人員，你的毛病是否在於：

一、無法辨別事情重要與否？

二、無力或不願有條不紊的行事？

三、缺乏堅持以上原則的自制力？

答案多半是缺乏自制力，我卻不以為然。我認為，那是「確立目標」的工夫還不到家使然，而且不能由衷接受「事有輕重緩急」的觀念，自然就容易半途而廢。

這種人十分普遍，他們能夠掌握重點，也有足夠的自制力，卻不是以原則為生活重心，又缺乏個人使命宣言。由於欠缺適當的指引，他們不知究竟所為何來。

第二類事務聚焦於原則為重心的思維，以配偶或金錢、朋友、享樂等為重心，容易受

圖19　偏重第一類事務的結果

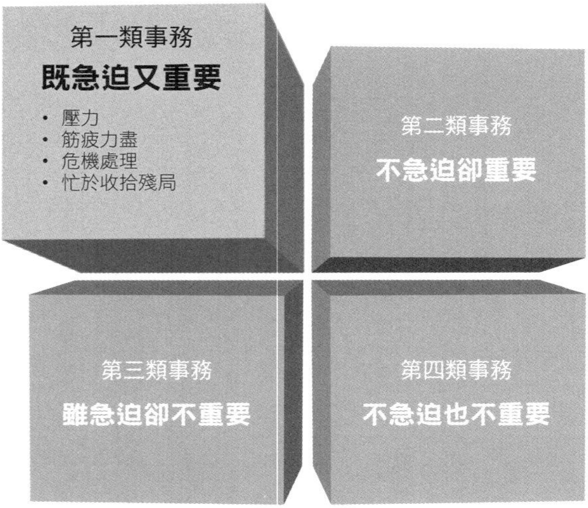

圖20　偏重第三類事務的結果

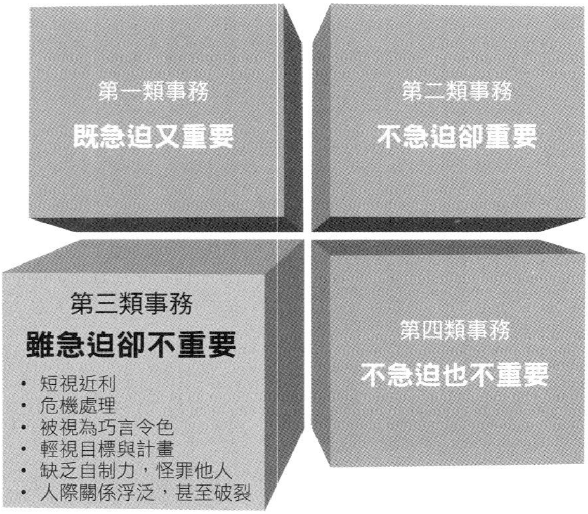

圖21　偏重第三、四類事務的結果

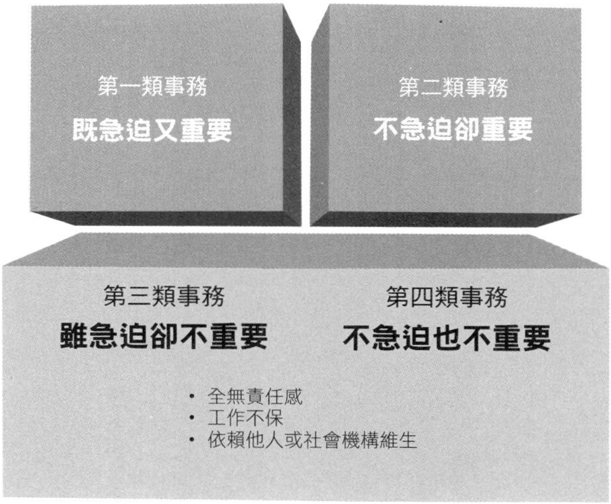

圖22　偏重第二類事務的結果

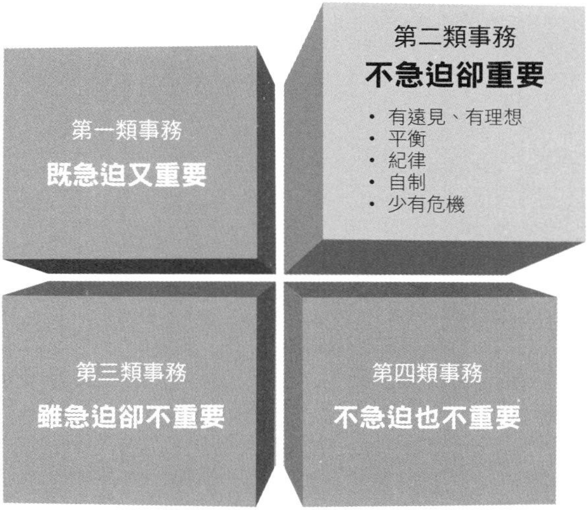

第一與第三類事務羈絆。就算是自我中心者，也難免被情緒衝動所誤導，陷入第一與第三類活動，企圖博得外界好感，而這些狀況往往非獨立意志所能克服。

以建築來說，形式服從功能，同理，管理跟隨領導。你看待時間與優先順序的定義，決定了你如何運用時間。如果你的優先事項來自原則中心與個人使命，而那些想法又深植在你心中，那麼第二類事務自然成了你最想投資時間的位置。

對於第三類事務裡受歡迎的活動，或是第四類事務中的享樂，幾乎人人都難以拒絕，除非你內在有個非做不可的使命。總之，唯有發乎至誠的信念與目標，始能產生堅定說「不」的勇氣。

兼顧急迫性與重要性

如果第二類事務就是個人效能管理的中心，也就是應該放在第一的「要事」，那麼我們該如何規劃並執行呢？

第一代的時間管理理論絲毫沒有「優先」的觀念。固然，每做完備忘錄上一件事會帶給人成就感，可是這種成就不一定符合人生的大目標。因此，所完成的只是必要而非重要之事。

然而，愛好此道者不在少數，因為阻力最少，痛苦與壓力也最少；更何況，根據外在要求與規律行事，比較容易推卸責任，但這類經理人也就缺乏效率、隨波逐流，甚至欠缺自尊。

第二代經理人的控制能力增強，能夠未雨綢繆，不會隨波逐流，但是對事情仍沒有輕重緩急之分，因此他們做不出亮眼的成績，只能被工作行程追著跑。

第三代經理人則大有進步，講究釐清價值觀與認定目標。可惜，拘泥於逐日規劃行事，視野不夠廣闊，難免因小失大。第一、三類事務往往占去所有的時間，這是第三代理論最嚴重的缺失。

學習以原則為重心

儘管前述三代理論的演進，都肯定了管理工具的重要性，卻未能開發新工具幫助我們活在以原則為中心、著重第二類事務的生活。

第一代理論的記事本與「待辦」事項，不過是讓我們記下該做的事；第二代的日程表與行事曆，只是讓我們記錄即將兌現的承諾，讓我們不致失信於人；即使是第三代理論，提供了數不盡的計畫表與各類表單，卻只是側重於分出優先性，以及規劃第一類與第二類事務。

誠然許多管理顧問承認第二類事務的價值，但第三代理論的規劃工具其實無助於第二類事務的規劃與執行。

因此，第四代理論是站在舊有基礎上，開創新局面——以原則為重心，配合個人對使命的認知，兼顧重要性與急迫性，強調產品與產能齊頭並進，注重第二類事務的完成。

六大標準做好個人管理

管理第二類事務的目的，是要活出有效能的人生，以穩健的原則為重心，體認個人使命，專注在重要與急迫的事務，達成產出與產能的平衡。

這個目標，對於身陷第三與第四類事務的人來說，的確相當困難，但若能努力實現，絕對能大幅提高個人效能。

有效的個人管理方法，必須符合以下標準：

一、一致 個人的理想與使命、角色與目標、工作重點與計畫、欲望與自制之間，應和諧一致。

二、平衡 管理方法應有助於生活平衡發展，提醒我們扮演不同的角色，以免忽略了健康、家庭、個人發展等重要的人生層面。有人以為，某方面的成功可補償他方面的遺憾，但那終非長久之計——難道成功的事業可以彌補破碎的婚姻、孱弱的身體或性格上的缺失？

三、著重第二類事務　理想的管理方法會鼓勵並協助你著重在雖不急迫卻極重要的事。我認為，最有效的方法是以一週為單位訂定計畫。一週七天中，每天各有不同的優先標的，但基本上七日一體，相互呼應。如此安排人生，祕訣在於不要就日程表訂定優先順序，而是就事件本身的重要性來安排行事曆。

四、重人性　個人管理的重點在人，不在事。行事固然要講求效率，但以原則為重心者更重視人際關係的得失，因此有效的個人管理偶爾需犧牲效率，遷就人的因素。畢竟，日程表的目的在協助工作推行，並非讓我們為進度落後而產生罪惡感。

五、能變通　管理方法應為人所用，不可一成不變，需視個人作風與需要而調整。

六、攜帶方便　管理工具必須便於攜帶，隨時可供參考修正。

根據實際經驗，我設計出一種符合以上諸條件的表格。其實，許多優秀的第三代管理工具也值得採用，只是個人運用巧妙不同。以下舉實例說明如何以原則為重心，建立起充分掌握重點的一週行事曆。

儘管我的重點是教導效能的原則而非實務，但我相信，如果你真的試著以原則為重心來規劃一整週的行事，一定能更了解第四代管理的要點與威力。

個人管理四步驟

有效的個人管理可分為四個步驟：

一、確定角色　寫下個人認為重要的角色，假若以往不曾認真考慮過這個問題，就把此時閃過腦際的角色逐一寫下；除了「個人」以外，父母、兒女、職員、老師……，凡是你願意定期投入時間、精力的，均可納入其中。

不必想得太嚴肅，彷彿立下終身職志，只需考量未來一週中應該扮演的角色即可。請看以下兩個例子，顯示一般人如何看待他們所扮演的各種角色。

● **例一**

一、個人
二、丈夫／父親
三、新產品經理
四、研究經理

五、人事經理
六、行政經理
七、公司董事長

● **例二**

一、個人發展
二、妻子
三、母親
四、不動產業務員
五、主日學老師
六、交響樂團董事

二、選擇目標 為每個角色訂定未來一週欲達成的二至三個重要成果，列入目標欄中（參見二六五頁表3）。

這些短程目標應與使命宣言中的終極目標有所關聯，至少有一部分如此。即使不曾寫過使命宣言，也可以自己設想每一角色及重要目標，而在未來一週的目標中，務必有一些真正重要但不急迫之事。

週二	週三	週四	週五	週六
今日要事				
❷報名參加研討會	⓬與同事的合作計畫		⓮探訪員工	
約會與承諾				
8	8	8	8	8 ❹妻子的家政課
9	9 ❼擬訂市調	9 ⓫研究契約	9 ❿研讀前次測試	9
10	10　項目	10　問題	10　報告	10
11	11	11	11	11
12	12	12	12 ⓲拜訪同業	12
1 ❾研讀消費者	1	1	1	1
2　調查報告	2	2	2	2
3	3	3 ⓭替部屬	3 ⓯月終報告	3
4	4	4　打考績	4	4
5	5	5	5	5
6 ❺兒子的讀書計畫	6	6 ⓱擬訂董事會	6	6
7	7	7　議題	7	7
8	8	8 ⓳研擬下年度計畫	8	8
晚上	晚上	晚上	晚上	晚上 7:00 到劇院看戲

表3　角色與目標的一週行事曆

一週行事曆		起迄日期	週日	週一
角色	目標	優先要事		
				⓰薪資評估報告
個人發展	草擬使命宣言❶			
	報名參加研討會❷			
	至醫院探病❸			
丈夫／父親	妻子的家政課❹			
	兒子的讀書計畫❺		約會與承諾	
	小女兒的自行車❻			
新產品經理	擬訂市調項目❼		8 ❶個人時間	8
	協助面談新人❽		9 草擬使命	9
	研議消費者調查報告❾		10 宣言	10
研究經理	研讀前次測試報告❿		11	11 ❽協助面談
	研究契約問題⓫		12	12 新人
	與同事的合作計畫⓬		1	1
人事經理	替部屬打考績⓭		2	2
	探訪員工⓮		3	3
行政經理	月終報告⓯		4	4 ❸至醫院探病
	薪資評估報告⓰		5	5
公司董事長	擬訂董事會議題⓱		6	6
	拜訪同業聯絡感情⓲		7	7 ❻小女兒的自行車
	開始研擬下年度計畫⓳		8	8
生理 心智 靈性 社會情感	**精益求精**		晚上	晚上

三、安排進度　現在，根據上面所列目標，安排未來七天的行程。比方說，目標之一是完成個人使命宣言初稿，那麼不妨在週日抽出連續兩小時完成此事。通常週日（或一週中對你最有意義或最特殊的一天），正是思考如何提升自我及規劃一週行事的最佳時刻；再比方，鍛鍊身體是你的目標，那麼不妨安排三至四天，每天運動一小時。

有些目標可能必須在辦公時間完成，有些得在全家共聚一堂時實現。對每個目標都可當作某一天的第一要事，更理想的是當作特殊的約會，全力以赴。對本年度或一個月內已定的約會則一一檢討，凡合於個人目標的加以保留，否則便取消或更改時間。

在上頁表3中，共有十九個目標，大致都很重要，分別安排在七天內。左下角的方格是「精益求精」欄，提醒你定期就生理、心智、靈性、社會情感四個層面，來檢討追求人生目標後的情況。詳情請參閱「習慣七——不斷更新」。

經過一番規劃，這張「一週行事曆」中，居然還留有不少空白。這足以應付突發事件，調整工作日程，建立人際關係，或偷得浮生半日閒。由於一切都在個人掌握之中，便無須瞻前顧後。

四、逐日調整　每日早晨依據行事曆，安排一天的大小事務。第三代理論強調的逐日計劃行事，可在此派上用場，使事情井然有序，不致因小失大。

每天早上花幾分鐘審視當日行程，想想你以價值為基礎的決定，並以此安排一週行事，因應無法預期的變數。在你好好審視當日之後，會愈來愈清楚你的角色與目標，從內在的平衡感自然生出優先順序，這是更為溫和而右腦的活動，完全出自你的個人使命。

或許，你依舊覺得，第三代管理可以清楚規範每天的活動，硬要說哪些活動重要或不重要，可能會落入二分法。所有的活動都是持續性的，重要程度不一，以整週做為規劃單位來看，第三代管理的重點是清楚條列出每天聚焦的重點。

但若是沒有先思考你的個人使命，沒有看看手邊事務如何影響你的生活平衡，就開始設定優先順序，就毫無效能可言——你可能會做些原本根本不必做或不需要做的事。

你是否看出以原則為重心的一週計畫有何不同？你能否感覺到，聚焦於第二類事務能為你的效能帶來無與倫比的改變？我體會過以原則為重心的第二類事務規劃，也看到這方法扭轉了數百人的生活，我深信這個改變的力量，若能將每週的目標都融入正確原則的架構，深入個人使命宣言，就會大幅提升效能。

對人講效用，對事講效率

習慣三著重在身體力行，就彷彿習慣一是程式設計師，習慣二是設計出程式，習慣三

圖23　規劃長程目標

圖24　規劃每週目標

就是執行程式。

順從別人的意願，完成他人眼中的要事，或無牽無掛的享受既不緊張又不重要的活動，豈不輕鬆愉快？至於執行自己依理性原則設計出的程式，則或多或少考驗著自制力，此時就得靠誠心正意的修養工夫，堅定意志。

俗語說：「天有不測風雲，人有旦夕禍福。」事先排妥的行事曆，必要時仍需有所更動。只要把握原則，任何調整都心安理得。

我有個兒子，一度對追求效率十分著迷，每天的行程都安排得相當緊湊，後來日程表居然已細分到以分為單位。記得有那麼一天，諸事順利，他依計畫洗車、借書……但到了「與女友分手」

這一項，事先的計畫完全打破。

原先他只安排了十至十五分鐘打電話，向女友解釋一切。沒想到，解釋了一個半小時還難以收場，因為女友實在無法接受這突如其來的打擊。這再一次證明，對人不可講效率，對事才可如此。對人應講效用，即某一行為是否有效。

為人父母者，尤其是母親，常耗費所有時間照顧幼兒，以致一事無成，備感挫折。但挫折多來自有所期望，而這期望反映的卻是社會價值觀，不是個人的價值觀。若要克服因社會價值觀而產生的罪惡感，可以靠習慣二的工夫——以終為始。

如果習慣二深植於心，你就會受到更高價值的驅使，調整自己的做事順序與行程。這樣一來，你會更懂得調整，保持彈性，必須更改行程時也不會感到內疚。

12

習慣三

要事第一 3

放手之後成就更大

不要只因一次失敗，就放棄你原來決心想達到的目的。

英國劇作家莎士比亞（William Shakespeare）

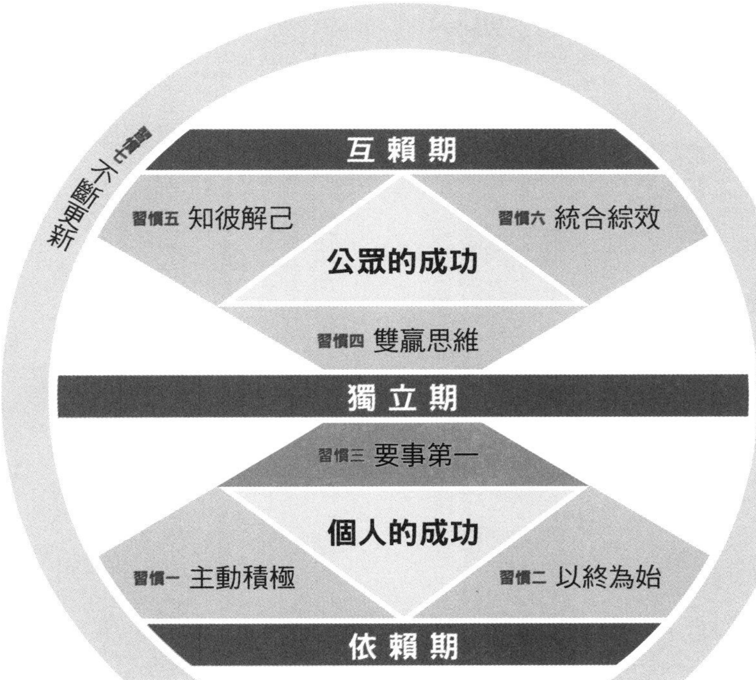
習慣七 不斷更新
互賴期
習慣五 知彼解己
習慣六 統合綜效
公眾的成功
習慣四 雙贏思維
獨立期
習慣三 要事第一
個人的成功
習慣一 主動積極
習慣二 以終為始
依賴期

第四代的管理理論，也就是個人管理，其特點在於：承認人比事更重要。而芸芸眾生中，首要顧及的便是自己。它比第三代理論高明的是，強調以原則為重心、以良知為導向，針對個人獨有的使命，幫助個人平衡發展生活中的不同角色，並全盤規劃日常生活。

第四代管理工具看重原則，也看重個人，因為創造效能的人是你。因此，它鼓勵你執行第二類事務，進而調整生活以原則為重心，每天的決策都以目標與價值為準，達成生活的平衡，而且你還可以超越日常計畫的限制，以整週的角度來安排行程；一旦這個計畫違背了你的更高價值，你的覺知與良知會告訴你，遵循原則與目的才是最重要的，這是你內在的指南針。

管理理論再進化

第四代管理講求自我管理，比第三代高明的地方有五點：

一、**以原則為重心**，創造出中心思維，讓你從重要性與效能的角度來看待時間。

二、**以良知為導向**，因此你能依據內在價值來安排生活，發揮最大能力，而你的行程符合自己最高價值後，你會享有更大的自由。

三、定義你的獨特使命，包括：內在價值與長期目標，讓你每天都能依照正確方向朝目標前進。

四、平衡你的生活，定義你的角色，就能據此來設定目標，安排一週行程與活動。

五、為一週行程安排（加上每天的必要調整）**帶來更豐富的意義**，超越了單日的視野限制，隨時提醒你扮演重要角色並關注自我價值。

這五種實際優勢都是聚焦在關係與成果，其次才是時間分配。

授權造就成長

授權是提高效能的祕訣之一，可惜一般人多吝於授權，總覺得不如靠自己更省時又省事。其實，把責任分配給其他成熟老練的員工，才有餘力從事更高層次的活動。因此，授權代表成長，不但是個人，也是團體的成長。

已故名企業家潘尼（J. C. Penny）曾表示，他這一生中最明智的決定就是「放手」。在發現獨力難撐大局之後，他毅然決然放手讓別人去做，結果造就了無數商店、個人的成長與發展。

由此可見，授權也與公眾的成功有關，這一點留待第十三章加以討論。此處專論授權與個人管理技巧的關係。

授權是事必躬親與管理之間的最大分野。事必躬親者凡事不假外求，例如：不放心子女而寧可自己洗碗的父母、自繪藍圖的建築師或自己打字的祕書，都屬於這一類。

反之，管理者注重建立制度，然後匯集群力共同完成工作。比如分派子女洗碗的父母、領導一群設計人員的建築師，或監督其他祕書與行政人員的執行祕書。

假定事必躬親者花一小時可產生一單位的成果，那麼管理者經由有效授權，每投入一小時便可產生十倍、五十倍，甚至一百倍的成果，訣竅就在於將槓桿支點向右移而已。

兩種類型的授權

授權依型態可分為兩種，一是「下達指令」型，一是「充分信任」型。

所謂**下達指令型**，這樣的管理者，他放不開手，堅持一人獨挑大梁，屬下唯命是從，意即不做任何決策、負任何責任。

有一次，我們全家去滑水。擅長滑水的兒子由我駕船拖著滑行，內人負責拍下他的精采動作。起先，我叮嚀她慎選鏡頭，因底片所剩不多；後來發現，她對相機性能不熟，就

圖25　下達指令型的事必躬親者

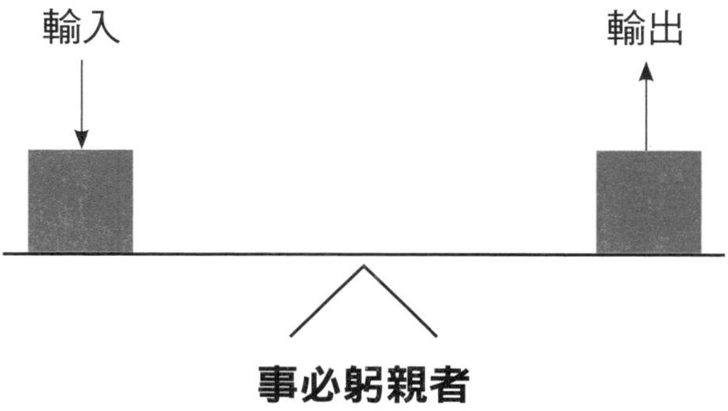

圖26　充分信任型的管理者

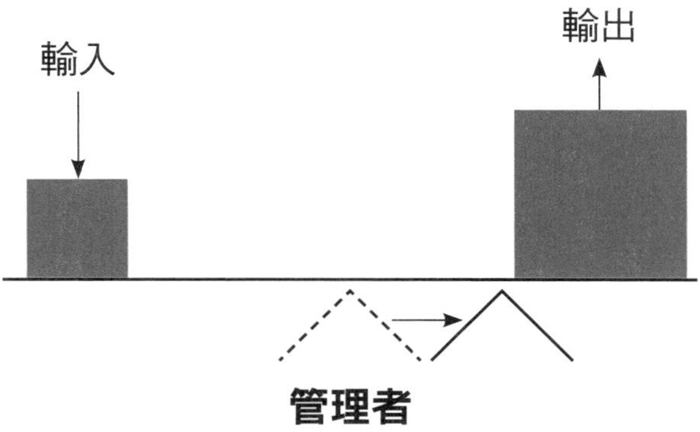

頻頻面授機宜，如：要等太陽落在船的前方，且兒子表現美妙動作時再按快門。可是，愈擔心底片不夠或內人技術欠佳，我愈無法放手讓她拍。到最後，演變成我下口令，內人才按快門。

這就是下達命令型的授權，必須亦步亦趨監督。這種方式常被採用，但成效如何呢？有多少人能夠如此巨細靡遺的管理下屬呢？

充分信任型的授權，才是有效的管理之道。這種方式注重的是結果，不是過程；獲授權者可自行決定如何完成任務，並對結果負責。起初，也許會比較費時，但絕對值得。

充分信任型授權必須雙方對以下事項有足夠的默契與共識：

- **預期的成果**　管理與被管理的一方必須就預期的結果與時限進行溝通，寧可多花時間討論，確定彼此認知無誤。討論重點在成果，不在方法。
- **應守的規範**　授權有一定的限度，所以必須加以規範，但切忌太多，以免掣肘。然而也不可過度放任，以致違背了原則。對可能出現的難題與障礙，應事先告知對方，避免無謂的摸索。
- **可用的資源**　雙方確定可用之人力、物力、財務、技術或其他資源。
- **責任的歸屬**　約定考評的標準及次數。

●**明確的獎懲**　依據考評結果訂定賞罰，包括：金錢報酬、精神獎勵、職務調整等等。

仍以舍下的情況為例來說明。有一年，我們開家庭會議，討論共同的生活目標與工作分配。會議結果不問可知，因為孩子還小，我與內人分擔了大部分工作，不過，當時年僅七歲的史蒂芬已相當懂事，自願負責照顧庭院，於是我認真指導他如何做個好園丁。

我指著鄰居的院子對他說：「這就是我們希望的院子——綠油油而又整潔。除了上油漆**以外**，你可以自己想辦法使院中充滿綠意，用水桶、水管或噴壺澆水都行。」又為了把我所期望的整潔程度具體化，我倆當場清理了半邊院子，好留下深刻印象。

以信任激發動機

再經過兩週的訓練，史蒂芬終於完全接下這個任務。我們協議一切由他作主，我只在有空時從旁協助；此外，每週兩次，他必須帶我巡視整個院子，說明工作成果，並自行判斷表現成績。當時並未談到零用錢的問題，不過我很樂意付這筆錢。我想，七歲大的孩子應該已有責任感，足以負擔這個任務。

那一天是週六，一連過了三天，史蒂芬毫無動靜。週六才做的決定，我不奢望他立即行動，週日也非工作天，可是週一他依然故我，於是到了週二，我已有些按捺不住。不幸的是，下班之後，院內髒亂依舊，史蒂芬卻在對街的公園裡嬉戲。

我感到極度失望，忍不住想要喚他過來整理院子。這麼做可收立竿見影之效，卻會給孩子推卸責任的藉口，於是我勉為其難忍耐到晚餐用畢，才對他說：「照前幾天的約定，你現在帶我到院子裡，看看工作成績，好不好？」結果一出門他就低下頭，過不久更抽噎的哭起來。

「爸，這好難喲！」

很難？我心裡想：「你根本什麼都沒做！」不過我也明白，難的是自動自發，於是我說：「需不需要我幫忙呢？」

「你肯嗎？爸！」

「我答應過你什麼？」

「你說有空的時候會幫我。」

「現在我有空。」

他跑進屋裡去拿來兩個大袋子，一人一個，然後指著一堆垃圾說：「請把那些撿起來好不好？」

我樂於從命，因為他已開始負起照顧這片園地的責任。

那年暑假我總共又幫了兩、三次忙，之後他就完全獨立作業，悉心照顧一切；甚至，哥哥、姊姊亂丟紙屑，立刻就會受到指責。他做得比我還好！

信任可以激發最強烈的動機，使人全力以赴，但需要時間與耐心。唯有經過相當的訓練與陶冶，才能培養足夠的能力，不致有辱使命。

我相信，善於授權可以收事半功倍之效，且對雙方均有益處。不過，授權者必須真心誠意以管理為出發點，而不是只求效果。

比方整理房間，做父母的自然是得心應手，但為了訓練子女，就得耐住性子，給他們時間，放手讓他們去做，父母只能從旁指導；縱使一時浪費時間，將來卻能省掉不少麻煩，這種投資絕對值得。至於獲得授權的人，既擁有自主權，也就無從推諉，唯有竭力達成目標，不負所託。

成功的授權來自有效管理

授權的大原則不變，權限卻因人而異。

對不夠成熟的人，目標不必訂得太高，指示要詳盡，並且充分提供資源，同時監督考核也要比較頻繁、獎懲也要更直接；對成熟的人，可分配挑戰性高的任務，精簡指示，減少監督考核的次數，考評標準則較為抽象。

成功的授權是有效管理的表徵，重要性可想而知。在〈附錄一〉中有一則實例，說明辦公時把握要點可發揮龐大的力量。

有效能的自我管理或經由授權來管理他人，並非靠技巧、工具或外在因素就能達成，而是發自內在的，來自第二類事務的思維，讓你看到的是重要性而非急迫性。〈附錄一〉的練習，能幫助你理解如何在工作環境中運用這套有力的思維，提升你的效能。只要你開始發展第二類事務思維，工作能力會提升，每週生活的組織與執行力會提高，一切會以要事為重，且言出必行，不再依賴他人或事物來管理你的生活。

有意思的是，成功者的七大習慣都與第二類事務相關，若是每個人可以規律的處理基本要事，將會為生命帶來巨大的正面效益。

習慣三　立即行動檢核表

一、找出一件一直為你所忽略，但是會對個人或事業產生重大影響的事，寫下來做為近程目標。

二、根據二四八頁圖18估計自己花在這四類事務上的時間，然後連續三天記錄行事曆，以每十五分鐘為一單位，驗證估計正確與否？你是否滿意自己運用時間的方式？有沒有應當改弦更張之處？

三、列舉可授權的事項及合適的授權對象，並付諸行動。

四、規劃下一週的活動，依據不同角色設定目標，再把目標轉換成行動，列入行事曆。一週過後，檢討自己是否成功的把人生目標和價值觀融入日常生活？意志是否堅定？

五、下定決心，日後每週以固定時間來規劃行事曆。

六、設計合用的表格，可參考本書範例。

七、閱讀〈附錄一〉的實例，深入了解第二類事務的影響力。

新見解——做好規劃，從容有序

西恩．柯維

很多年前在一次家庭聚會上，父親宣布：「我已經規劃好一次最棒的旅行。你們準備好了嗎？我們要去德國！」我們幾個小孩都非常興奮，問道：「什麼時候去？」父親說：「三年內。」我們拿出行事曆（當時還沒有智慧型手機），卻發現沒有一個人的行事曆是三年那麼久！

即使父親行程滿滿，我們還是一起做了許多事，因為他很善於處理「要事第一」，並且事先就規劃好時間。他會說：「有些家庭不事先做計畫，所以無法聚在一起做些什麼。」他會預先計劃每週、每月、每年，甚至每十年的事。正因為這個習慣，所以我和兄弟姊妹關係十分親密，我想這麼說並不為過。

這個習慣並非每個人都自然而然就養成。家兄史蒂芬，是《高效信任力》（*The Speed of Trust*）一書的作者，也是世界知名演說家。他總是做好十足的準備，絕不會沒有好好研究邀約的組織，就跑去演講。不過他小時候卻最喜歡拖延。任何重要考試或交報告的前一晚，他一定熬夜直到凌晨以後，然後睡一、兩個小時。他真的會躺在廚房餐桌上睡，所有的燈都開著，因為他知道有人來拿土司做早餐時，一定會撞見他。他怕上課時睡著，又沒有別的辦法能起得來。

這種生活方式終有一天讓他吃到苦頭，那次是他一整個學期都拖著，沒有做數學作業。考試前一天晚上，他首次打開課本，徹夜臨時抱佛腳。次日考試時，他說「腦筋一片空白」，什麼都記不起來。不用說，他考試沒過。我樂壞了。

緊張成癮症

學習把要事擺第一很難。其實這是一般人最難養成的習慣。這也是父親在寫完《與成功有約》後，立刻又寫了《與時間有約》（*First Things First*）的原因。

習慣三為什麼這麼難？因為緊張，就這麼簡單明白。實情是大部分人都有緊張成癮症。請做以下的緊張小測驗，看看你得分如何。

緊張指數

請針對下面每個敘述，寫下最能表達你的回應的數字（0是從不，2是有時，4是一定會）。

（ ）1 我似乎在壓力下表現最好。
（ ）2 我經常怪罪外務急迫，使我沒時間對自己做深切的反思。
（ ）3 我經常對周遭人事物的進展緩慢感到挫折。我討厭等待或排隊。
（ ）4 休假不工作會使我有罪惡感。
（ ）5 我似乎總是在不同的地點和事件間來去匆匆。
（ ）6 我經常發現要把別人趕走，才能好好完成自己的工作。
（ ）7 與辦公室失聯超過幾分鐘，我就會感到焦慮。
（ ）8 我經常在做某件事時，又掛念著另一件事。
（ ）9 我在處理危機狀況時表現特別好。
（ ）10 因新危機而突然分泌的腎上腺素，似乎比長期持續的成就更令我滿足。
（ ）11 我經常為處理危機，放棄與生命中重要的人相處的寶貴時光。
（ ）12 我認為我為處理危機，必須令人失望或放棄某些東西，別人理當會諒解我。
（ ）13 時常解決危機，讓我覺得人生有意義和有目的。
（ ）14 我經常邊工作邊吃飯。
（ ）15 我不斷空想，有一天我能夠做自己真正想做的事。
（ ）16 完成許多事使我感到，我真的很有生產力。

做完之後把分數加總，看看你符合哪一類：

0－25分：低緊張心態
26－45分：高緊張心態
46分以上：緊張成癮症

測驗結果如何？要是你跟大部分人相同，你不是已經緊張成癮，就是正在發展中。那是自毀的行為。

火上加油的是，據貝勒沙（Silvia Bellezza）、帕哈利亞（Neeru Paharia）、凱南（Anat Keinan）三位教授的研究，忙碌已經成為地位的象徵。歷史上向來是以享有多少閒暇時間來衡量地位，如今情況變了。

作家修爾特（Brigid Schulte）寫道：「一個世紀前，美國人以休閒時間來表現地位，現在不一樣，忙碌成為新的榮譽獎章。所以儘管我們對忙碌卻無成效的職場不滿，但是忙碌其實已成為工作賣力和具領導潛能的象徵。理由之一是，工廠或農場的生產力相對易於測量，我們卻尚未發展出測量知識工作者生產力的準繩。因此多半依賴工作時數和在辦公室露面時間，為努力與否打分數，加以現在科技發達，可以遠距工作和隨時聯絡、回應，等於隨時都可以露面。」

轉換思維

克服緊張成癮症的解決之道，是改變個人思維，由急迫改為重要（參見圖27）。

圖27　四類事務的四個象限

	急迫	不急迫
重要	I **緊張大師** 危機頻仍 緊急會議 拖到最後一刻 急迫問題 突發事件	II **從容有序** 主動出擊 高效能目標 創意思考 規劃預防 學習更新
不重要	III **好好先生** 不必要的被打斷 多餘報告 不相干會議 管他人小事 不重要電郵、 電話、任務、 狀態貼文……	IV **敷衍怠惰** 瑣碎小事 避重就輕 過度放鬆 看電視、玩遊 戲、上網 浪費時間的行為 聊八卦

從上頁圖27可以得知，都怪智慧型手機、社交媒體等等，我們愈來愈難避開象限I和III。相關數據顯示，我們每個人有五一．二%的時間，是耗費在回應急迫事務上（參見圖28）。

我根據各象限的主要特點加以命名。象限I的人我稱之為緊張大師。把太多時間用

圖28　四類事務平均花費時間

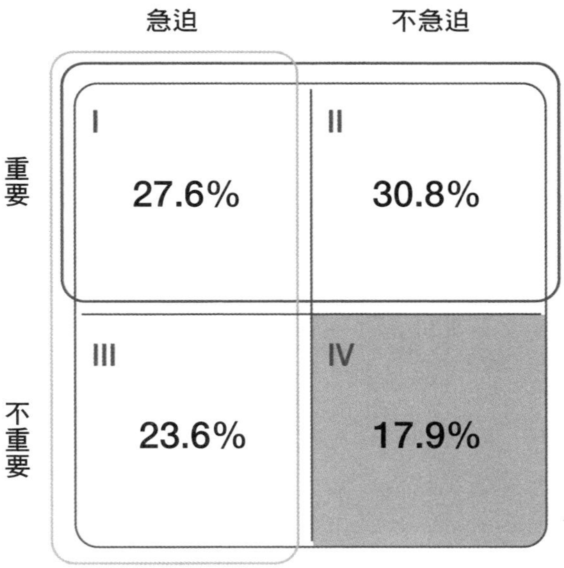

在急迫又重要的事，結果導致壓力焦慮、疲累感、績效平平。

我稱象限III的人有如好好先生，他很難對急迫或討好人的事務說不，結果總是忙得不可開交，卻未做半件重要的事。

有許多人屬於象限IV。要好好認識一下。任何事情做得太過就屬於象限IV。沒錯，放鬆一下看部好電影，是健康的生活型態。可是看完一部又繼續第二、第三部，那就變成浪費時間，會使人產生罪惡感和麻木感。

象限II是高品質的象限，代表從容有序的人。很可惜我們平均僅有三〇・八％的時間用在這上面。用於象限II的時間能夠增進關係，提高績效，生活平衡。這是抽時間修螢幕，而非不斷趕蒼蠅。提前三年規劃家庭的德國之旅，是象限II的活動，做運動、換機油、規劃一週行事、與同事共進午餐、做主動積極的事，也就是重要而不急迫的事，都屬於這個象限。

用在象限II的時間精力，會獲得好幾倍的回報，象限I的回報只與投入的相當，第III、IV象限則幾乎沒有回報（參見下頁圖29）。

多花時間在象限II的關鍵，是減少用於象限III——欺騙象限的時間。象限III因為急迫所以看似重要，使我們受騙。當時間有限，我們會經歷心理學家所說的「隧道化」（Tunneling），意指只能集中於最直接、但往往價值低的任務上。急迫模式會使智商降低

圖29　用在四類事務的時間精力帶來的回報

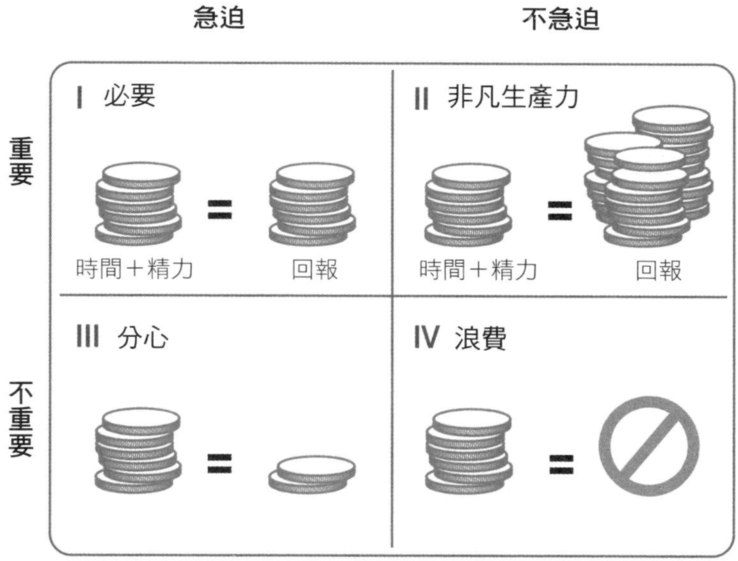

十三點。我不知道各位情況如何，但是我的智商少一點都不行！

改正象限III的方法是開始說不。對立即回覆所有電郵和訊息說不。對擔任社區委員，但可能因此忽略家庭或健康說不。對填寫無人看的報告說不。說不的關鍵在於你內心深處有「是」在燃燒。認清你擅長哪些事，然後開始對其餘的說不。切記，「好」是「最好」的敵人。借用愛默生的話：「敗壞個人和國家的罪，就是偏離主要目的，東做一點西做一點。」

記得當初我下定決心，要寫《7個習慣決定未來》時，已有全職工作，家裡又有小孩，所以我不確定能不能把書寫完。可是我對於讓七大習慣伴隨青少年，有強烈的責任感，必須想出辦法來。我的解決辦法很簡單：除家庭、工作、寫書之外，對所有其他事一律說「不」。這卻是知易行難。幾週後我受邀在社區擔任重要領導工作，那是我真心想做的，邀請我的又是一位年長的恩師，我十分景仰他，也想讓他高興。我左右為難。那怎麼辦？可是當我思索內心深處的「是」，情勢就變得明朗。於是我打了一通電話，對這位恩師說「不」。我告訴他我多麼想寫手上的書，可是我想他並不明白。

其後三年裡，我必須對週六早上多睡一下說「不」，對某些家庭度假說「不」，對一百件其他有趣、有益的事說「不」。最後我的計畫終於完成，我得以兼顧工作和家庭，同時也寫完那本書。「好」是「最好」的敵人，此言果真不假。

事先做好時間規劃

在與世界各地數百萬人合作過後，富蘭克林柯維公司對時間管理累積的所有心得，若要一言以蔽之，那就是：每週抽出三十分鐘規劃一週的行事曆，然後觀察它如何改變你的生活。我一再聽到父親說：「如果一天天規劃，那只是在管理危機。」「要是知道花三十分鐘規劃一整週，可以使你更加善用其餘一百六十八小時，何樂而不為？」

我看過父親做每週的規劃，通常是在週日晚上。他會坐著寫下他不同的角色，然後思考那一週，對每個角色想要完成什麼。他很懂得聽從良知，並且自問：「我本週能為此角色做的最重要的事是什麼？」

他也相信生活是由對人的關係組成的，有效能的人會把人看得比事重要，關係比行程重要。我同事達特－道格拉斯（Sue Dathe-Douglass）說，她有一位很特別的朋友：聯合航空（United Airlines）的佛拉納根機長（Denny Flanagan），他就是這種作風：

真正懂得要事第一，也就是把乘客擺第一的人，非佛拉納根莫屬。在搭飛機經常是一種試煉的當今世上，沒有人像他那樣對待乘客。我很清楚。

在芝加哥機場過於擁擠的登機門苦苦等候二十小時後，身為機長的佛拉納根要決定，是在機場當晚關閉前，帶我們飛往洛杉磯，還是不飛。時間非常關鍵，也很急迫。當他拿起麥克風對所有乘客廣播時，我全神貫注的聽。他說，他知道我們經歷了可怕的一天，一再延誤，而他想要維持航空公司的承諾，把我們帶到加州；不過他需要我們全體的協助。

接下來只見所有乘客都排好隊，並互相幫忙有小孩、推嬰兒車、用助行器的人，登機效率之高是我前所未見，而且大家都高高興興的。空服員看到機長抱著嬰兒，幫忙乘客登機，放置行李，他們也跟著機長這麼做。起飛兩小時後，我收到機長給我的訊息，感謝我的搭乘。我到現在還保留著它。搭飛機這麼多年，里程數百萬哩，我卻從未看過別的機師有類似的作為。

後來我發現這是佛拉納根的慣例。只要航班改變或延誤，他會訂購足夠的披薩或麥當勞，分給機上每個人。乘客一面吃，他一面詳細解釋為何延誤，並跟大家開玩笑說：「對了，這是我第一次開飛機。」等乘客發出緊張的騷動聲，他再加一句：「是今天第一次。」

搭到佛拉納根班機的乘客像中了獎。如有獨自搭飛機的孩子，他會打電話給家長，讓他們知道子女已安全抵達。他也會用手機替貨艙裡的寵物拍照，再傳給主人看，讓主人知道寵物們安全而舒適。他親自協助坐輪椅的乘客登機。他向常客發送自己的名片，上面手書感謝搭乘他的班機。沒有人要求他做這些事。可是他發揮真正主動的精神，他說：「我每天都衷心的投入工作，也選擇我的態度。」

你應該會認為，航空公司機長有比替寵物拍照更重要的事要做。可是在佛拉納根看來，這是把要事擺第一的精義。他顯然認為，把大部分時間花在象限II：防止急迫狀況、事先做好規劃、建立顧客關係，會帶來友誼、顧客忠誠度和個人喜悅等眾多回報。

希望各位在多說「不」方面有所進展，這樣就能對個人最看重的人與事說「是」。

第三部

公眾的成功

從獨立到互賴

從效率經濟走向知識經濟

如同柯維所說，
在這個知識工作者的時代，
只有深諳「眾人」藝術的人，
才能獲得最大的機會與無限的成就。

13

獨立是互賴的基礎

友誼不可缺少信任，信任不可缺少誠信。

英國詞典編纂家兼作家約翰生

個人獨立不代表真正的成功，圓滿人生還需追求公眾的成功。不過，群體的互賴關係需以個人真正的獨立為先決條件，想要抄近路是辦不到的。

有一次在奧勒岡州沿岸主持研討會時，有位仁兄向我抱怨：「實在很不想來參加這個研討會。」這句話立刻吸引我的注意。

他接著說：「看看其他人，個個都頗有斬獲，這裡的海灘美景又是那麼迷人。而我，卻只能坐在這，為內人今晚的查勤發愁。

「每次出遠門，不論到哪裡，她的電話一定緊追不捨，還問東問西：『在哪吃早餐？有沒有碰上熟人？幾時用午餐？吃了些什麼？下午怎麼過的？晚上有什麼餘興節目……』

「把我從早到晚的一舉一動都打聽得清清楚楚，恨不得找個目擊證人查證一番，害得我每次參加這種活動心理負擔都很重，哪有心思在正事上？」

看起來，他的確很痛苦。

我們繼續交談了一會兒，忽然有句話又引起了我的注意。他略顯靦腆的說：「她其實很了解，我就是在一個類似的研討會上遇見她的……當時我已經有家室了！」

我玩味這句話的涵義，然後說：「你是那種追求速效的人，對不對？」

「此話怎講？」

「你希望奇蹟出現，只要一把螺絲起子，把尊夫人的大腦打開，改寫一下程式，好讓她立刻脫胎換骨，對不對？」

「當然啦！我巴不得她能夠改變作風，我實在被她煩得受不了了。」

我說：「老兄，解決問題不能光用嘴巴說，還得以身作則來感動別人。」

人貴知己

這是一個很重要的觀念——良好人際關係的基礎是自制與自覺。有人說，愛人之前，必須先愛自己。此言果然不虛，但是我更強調人貴知己，了解自我才懂得分寸，也才能真正愛護自己。

所以說，獨立是互賴的基礎，缺乏獨立人格，卻一味玩弄人際關係的技巧，縱使得逞於一時，也不過是運氣罷了。處順境之中，還可任你為所欲為，但天有不測風雲，一旦面臨逆境，技巧便不足恃。

維繫人與人之間的情誼，最重要的不在於言語或行為，而在於本性。言不由衷、虛偽造作的表面工夫很快就會被識破，這樣如何建立圓滿的互賴關係？

由此可見，修身是公眾成功的基礎。完成修身的工夫後，再向前看，面前又是一片嶄新的領域。良好的互賴關係可以使人享有深厚豐富的情感交流，不斷躍進的成長以及為社會服務奉獻的機會。

不過，這也是最容易帶來痛苦與挫折的領域，橫亙在眼前的障礙紛至沓來，令人疲於應付。個人生活的缺失，比如渾渾噩噩、漫無目標，只會在偶爾刺激一下時，使你於心難安而力圖振作，但很快又習以為常、視若無睹了。

儲存互賴的安全感

人際關係的挫折就不是如此單純，它所帶來的痛苦往往十分劇烈，令人無所遁逃。無怪乎各種標榜速效的人際關係成功術，盛行一時。只可惜強調表面工夫的權術只能治標，不能治本。人際關係的得失其實取決於更深一層的因素，捨本逐末將適得其反。

這裡，再借用鵝生金蛋的比喻來說明。

鵝——良好的互賴關係，會生出完美的金蛋，包括：團隊合作、開誠布公、積極互動以及高效能。為使鵝能夠不斷生金蛋，就得悉心呵護，習慣四、五、六即著眼於此。

其次，我們再以情感帳戶做比喻，解析人際關係中產品與產能平衡的原理。

眾所周知，在銀行裡開個戶頭，就可儲蓄以備不時之需。所謂情感帳戶，儲存的是增進人際關係不可或缺的「信賴」，也就是他人與你相處時的一份「安全感」。

能夠增加情感帳戶存款的，是禮貌、誠實、仁慈與信用，可以使別人對我更加信賴，必要時能發揮相當作用，甚至犯了錯也可用這筆儲蓄來彌補。有了信賴，即使拙於言詞，也不致開罪於人，因為對方不會誤解你的用意。

信賴，可以帶來輕鬆、直接且有效的溝通。反之，粗魯、輕蔑、威逼與失信等等，會降低情感帳戶的餘額，到最後甚至透支，人際關係就得拉警報了。

這彷彿走在滿布地雷的戰場上，一言一行都得步步為營。為求自保，不得不玩弄手腕權術，以致人人神經緊張，許多家庭、團體都充斥著這種現象。

為情感帳戶加碼

人類最親密的婚姻關係，又何嘗不是如此？儘管一開始結合在互信的基礎上，倘若不繼續儲蓄，仍有關係惡化的危險。上焉者同床異夢，勉強生活在同一屋簷下，各自為政；等而下之者則惡言相向、大打出手，甚至勞燕分飛。

愈是持久的關係，愈需要不斷儲蓄。當彼此都有所期待，原有的信賴就很容易枯竭。

你是否有過這種經驗，偶爾與老同學相遇，即使多年未見，仍可立刻重拾往日友誼，毫無生疏之感，那是因為過去累積的感情仍在；但若是經常接觸的人，就必須時時投資，否則突然間變生肘腋，會令人措手不及。

這種情形在青春期子女身上尤其明顯，親子交談的內容不外乎：維持整潔、用功讀書、把收音機音量開小一點、別忘了倒垃圾等等，這樣情感帳戶很快就會透支。孩子一旦面臨一生中最重大的抉擇，由於對父母的不信任，溝通的管道又不暢通，保證他絕不願徵求父母的意見。縱使父母的閱歷足以提供更好的建議，他也寧可自作主張。

所以，為人父母者，何不就從現在起，設法扭轉頹勢，對子女多表達一份關懷。比方買本他最想要的書，協助他做功課、整理內務；最重要的是，不要只顧教訓、責罵，要善於聆聽孩子的心聲，讓他感覺父母是真心關懷，把自己當成一個完整的人看待。

或許，態度突然變得親切會啟人疑竇：「爸的目的何在？媽想在我身上套用什麼技巧？」幸好，只要不斷付出，情感帳戶的存款自然會增加，透支自然會減少，親子關係也會自然而然改善。這需要時間與耐心，別因指望速效而輕言退縮，更不可埋怨子女不知感恩圖報，否則連過去的心血也將付諸流水。

存入六種感情存款

在情感帳戶裡，可存入六種主要存款：

一、了解別人

認識別人是一切感情的基礎。人如其面，各有所好，同一種行為，施行於某甲身上或許能增進感情，換了某乙效果便可能完全相反。因此，唯有了解並真心接納對方的好惡，才能增進彼此的關係。

比方六歲的孩子，趁你正忙的時候，為一件「小事」來煩你——在你看來，這件事或許微不足道，但在他小小心靈中卻是天下第一要事。此時就得借助習慣二來認同旁人的觀念與價值，運用習慣三以對方的需要為優先考慮而加以配合。

我一位朋友的兒子對棒球近於癡迷，而朋友卻絲毫不感興趣。有一年暑假，他居然帶著兒子看遍每支主要球隊的比賽，總共花去六週與不少金錢，但對增進父子親情的助益卻無法估量。

有人問他：「你真的非常愛棒球嗎？」

他答：「不，我只是非常愛我的孩子。」

另一位朋友是大學教授，專心致志於學術研究，對不肯用腦、只愛動手的兒子，總斥之是浪費生命。可想而知，父子的關係有多麼惡劣。

偶爾他也會良心發現，想要挽回兒子的心，可惜從未成功——十幾歲的孩子認為，父親時時刻刻不忘批判，把他與別人相比，卻從未真正接納他。即使父親向他示好，也會被曲解。到後來，做父親的簡直心碎了。

幸好有一天，我跟朋友談起「視人之事如己之事」的觀念，他牢記在心。回到家，就設法說服兒子，一同動手把住宅四周的圍牆改建成萬里長城的樣式。這件大工程持續了一年半之久，他們父子終於有長期相處的經驗，兒子耳濡目染，也養成與父親一般愛動腦的習慣。不過，他倆真正的收穫，還是在於鞏固了父子真情。

一般人總習於以己之心度他人之腹，以為自己的需要與好惡別人也會有同感。待人處事若以此為出發點，一旦得不到良好的回應，便武斷的認為是對方不知好歹，而吝於再付出。所謂「己所不欲，勿施於人」，表面上看來，似乎是說己所欲便要施於人，但我認為這句話的真諦在於：若欲為人所了解，就得先了解別人。

二、注意小節

一些看似無關緊要的小節，如：疏忽禮貌、不經意的失言，最會消耗情感帳戶的存款。在人際關係中，最重要的也正是這些小事。

記得多年前的一天，我像往常一樣，帶著兩個兒子出門看運動比賽、吃點心，然後趕一場電影。結果，電影看到一半，四歲的小兒子西恩就睡著了；散場後，我把他抱回車上。當晚天氣很冷，我脫下外套給他蓋上，然後打道回府。回到家，把西恩送上床，我又照顧六歲的史蒂芬準備就寢。他上床以後，我躺在他身邊，父子倆聊著當晚的趣事。

平常，史蒂芬總是興高采烈的忙著發表意見，那天卻顯得異常安靜，沒什麼反應。我很失望，也覺得有點不對勁。突然，史蒂芬偏過頭去，對著牆，我翻身一看，才發現他眼中噙著淚水。我問：「怎麼啦？孩子，有什麼不對嗎？」

他轉過頭來，有點不好意思的問：「爸爸，如果我也覺得冷，你會不會也脫下外套披在我身上？」

原來，那一晚所有的趣事都比不上這小小一個動作，他居然吃起弟弟的醋來了！然而，這對我卻是一個很大的教訓，至今難忘。原來，人的內心是如此敏感、脆弱。不分男女老少，不分貧賤富貴，即使外表再堅強無情，內心仍有著細膩脆弱的情感。

三、信守承諾

守信是一大筆收入，背信則是龐大支出，代價往往超出其他任何過失。一次嚴重的失信使人信譽掃地，便再難建立起良好的互賴關係。

因此，為人父母之後，我要求自己絕不輕易對子女許諾；即使不得不如此，事先一定盡量考慮所有可能發生的變數與狀況，避免食言而肥。

唯有守信才能贏得子女的信賴，唯有信賴，才能讓子女在關鍵時刻聽從你的意見。

當然，偶爾也會有人力無法控制的意外發生。不過，就算客觀環境不允許，我依然勉力實踐諾言，知其不可而為之，因為我重承諾。實在辦不到時，我也會詳細說明原委，請對方讓我收回承諾。

四、闡明期望

幾乎所有人際關係的問題，都源於彼此對角色與目標的認知不清，甚至相互衝突所致。所以，不論在辦公室交代工作，或在家中分配子女家務，都是愈明確愈好，以免產生誤會、失望與猜忌。

對切身相關的人，我們總會有所期待，卻誤以為不必明白相告。以婚姻為例，夫妻雙方都期盼對方扮演某些角色，卻不開誠布公討論，有些人甚至連自己懷抱著哪些期望都不清楚。對方若不負所望，婚姻關係自然美滿，反之則否。

這種心理導致太多問題。我們總認為，關係既然如此密切，就應該有默契，殊不知，其實不然。因此，寧可慎乎始，在關係開始之初，就明確了解彼此的期待，縱使需要投入較多時間、精力，卻能省去日後不少麻煩，這是一種必要的儲蓄；否則，單純的誤會可能一發不可收拾，阻絕了溝通的管道。

坦誠相待，有時需要相當的勇氣；逃避問題，但願船到橋頭自然直，看起來輕鬆許多，但就長遠看，慎乎始還是勝過事後懊悔莫及。

五、誠懇正直

誠懇正直可贏得信任，這是一項重要存款；反之，已有的建樹也會因行為不檢而被抹煞。一個人儘管善解人意，不忽視小節、守信，又不負期望，可是行為不誠懇，就足以使情感帳戶出現赤字。

背後不道人短，是誠懇正直的最佳表現；在人後依然保持尊重之心，可以贏得信任。

假定你有與同事在背後抨擊上司的習慣，一旦彼此交惡，對方難道不會懷疑，你也在他背後蜚短流長嗎？你在人前甜言蜜語、人後大加撻伐的習慣，他知之甚詳，如此行為能增加信任嗎？

如果有人向我發牢騷，對上司不滿，我會告訴他，基本上，我同意他的看法，但我建議一同去找主管，委婉的把問題說明白。這麼做，對方便了解，若有人在我面前批評他，我會有什麼反應。

再舉例來說，有些人為了爭取友誼，不惜揭第三者之短：「我本來不該告訴你的，但既然你我是好友，那⋯⋯」背叛能夠贏得信任嗎？還是會引起戒心？這類言行，表面看來彷彿是儲蓄，事實上是支出，個人的缺點因此表露無遺。

誠懇正直其實並不難做到，只要對所有人抱持相同原則，一視同仁即可。縱使起初並非人人都能接受這種作風，因為在人後閒言閒語、臧否人物，是人的通病；不同流合汙，反而顯得格格不入。好在，路遙知馬力，日久見人心，誠懇坦蕩終會贏得信任。

為人師表的我也發現，爭取學生或子女信賴的關鍵，往往繫於一人，尤其是其中最難纏的那一個。但若能以愛心與一貫的態度誠實對待此人，其他九十九人都會看在眼裡。從一個特例上，他們會知道某位師長是否值得信賴。

因此，請避免矯飾、欺騙、表裡不一，做個童叟無欺的人吧！

六、勇於道歉

向感情銀行提款時，應勇於道歉。發乎至誠的歉意，足以化敵為友，例如：

「是我不對。」

「我對你不夠尊重，十分抱歉。」

「在別人面前令你下不了台，雖然是無心之過，可是也不應該，我向你道歉。」

這種勇氣並非人人具備，只有堅定自持、深具安全感的人能夠如此。缺乏自信的人唯恐道歉會顯得軟弱，讓自己受傷害，使別人得寸進尺，還不如把過錯歸咎於人，反而更容易些。

有句名言說：

弱者才會殘忍，唯強者懂得溫柔。

由衷的歉意是正數，但習以為常就會被視為言不由衷，變成負數。一般人可以容忍錯誤，因為錯誤通常是無心之過；但動機不良或企圖文過飾非，就不會獲得寬恕。

有條件的愛會造成反效果

無私的愛可以予人安全感與自信心，鼓勵個人肯定自我，追求成長。由於不附帶任何條件，沒有任何牽絆，被愛者得以用自己的方式，體驗人生種種美好的境界。不過，無條件的付出並不代表軟弱，我們依然有原則、有限度、有是非觀念，只是無損於愛。

有條件的愛，往往會引起被愛者的反抗心理，為證明自己的獨立，不惜為反對而反對。其實這種行為更顯現出不成熟的心理，表示你仍受制於人，以敵人為生活重心，乃是生活在對方的陰影下。

我有位朋友是一所名校的校長，他為了使兒子也能擠進這所學校，費了九牛二虎之力。沒想到兒子居然拒讀，真是讓這位父親傷心不已。

就讀名校對兒子的前途大有助益，更何況那已成為家族傳統，朋友的家人連續三代都是那所名校的校友。可想而知，這位父親必定想盡力改變兒子的心意。

可是孩子卻反駁，他不願為父親讀書。在父親心目中，進入名校比兒子更重要，這種愛是有條件的。為了維護自主，他必須反抗這種安排。

無私的愛才能成就美好

幸好，朋友最後想通了。明知孩子可能違背他的意願，仍與妻子約定無條件放手，不論兒子做何抉擇，都支持到底；即使多年心血可能白費，卻也割捨得下，的確相當偉大。他們向孩子說明，一切由他決定，父母絕不干預，而且絕非故作開明。

沒想到，祛除了父母的壓力，孩子反而切實反省，發現自己其實也希望好好求學，於是仍決定申請朋友主持的這所學校。

聽到這個消息，朋友自然十分欣喜，但這個時候倒不是因為兒子最後的決定與他不謀而合，而是身為父母，當然會為子女肯上進感到欣慰，這才是無條件的愛。

前聯合國祕書長哈馬紹（Dag Hammarskjold）曾說過一句發人深省的名言：

為一個人完全奉獻自己，勝過為拯救全世界而拚命。

我認為這句話的涵義是，一個人儘管在「外務」上多麼了不起，卻不見得能與妻子兒女或同儕相處融洽，因為建立私人關係遠比為群體服務需要更多人格修養。

最高領導階層不和的現象，在各機關都十分常見：合夥人明爭暗鬥，董事長與總經理互別苗頭……，縱使事業做得再大，卻解決不了切身問題，可見人際關係愈親密，愈是維護不易。

開誠布公充實人際關係

當年首次看到這段話時，我與最得意的助手之間，正為彼此心意不明而困擾，卻偏偏提不起勇氣，與他討論雙方對角色、目標、價值，尤其是管理方式的歧見。我委曲求全，不敢觸及問題核心，唯恐引起激烈衝突，但兩人依舊心結日深。

後來看到這句名言，鼓舞我設法改善與這位助手的關係，但我極力堅定意念，因為這是件相當艱難的事——還記得剛邁出辦公室要找他詳談時，緊張得全身發抖，因為他似乎是個強悍固執的人，我正需要借重這樣的才幹與毅力，可是又怕激怒了他，就此失去一位好幫手。

在內心演練多次以後，我終於掌握住幾個原則，頓時勇氣大增。在我倆正式交談之下，我發現他居然經歷了同樣的掙扎，也渴望與我懇談，而且毫不跋扈。

助手與我截然不同的管理風格，令全公司無所適從，但我們終於承認問題的所在。經過了數次溝通，把問題攤在桌面上討論，並一一加以解決。事後，我們反而成了知己，合作無間。

由此可見，一對一的關係是人生最基本的要素，有賴高尚的人格來維繫，光是管理眾人之事的技巧，不足以為功。

這次經驗也讓我學得另一個重要觀念，亦即面對問題的態度。

為了逃避問題，避免衝突，我蹉跎了不下數月，但事實卻證明，問題反而是促進和諧的契機。因此我認為，在互賴關係中，問題就代表機會——增加情感帳戶存款的機會。

父母把子女的問題視作增進親情的機會，就不會覺得煩躁厭惡；同理，企業重視顧客的問題，就能贏得客戶的忠誠。

有一家連鎖百貨公司就是因此成功的——不論何時，只要顧客有意見，即使再微不足道，都被該公司視為爭取老主顧的良機；店員熱忱服務，務必令顧客滿意為止，無怪乎這家連鎖百貨公司根本不擔心顧客被別家搶走。

建立了情感帳戶的觀念之後，下一章，讓我們再進一步認識圓滿人際關係所不可或缺的品格修養。

14

習慣四

雙贏思維 1

人生不是零和遊戲

金科玉律已深植我們腦海，現在則是奉行不渝的時刻。

美國詩人艾德溫．馬可姆（Edwin Markham）

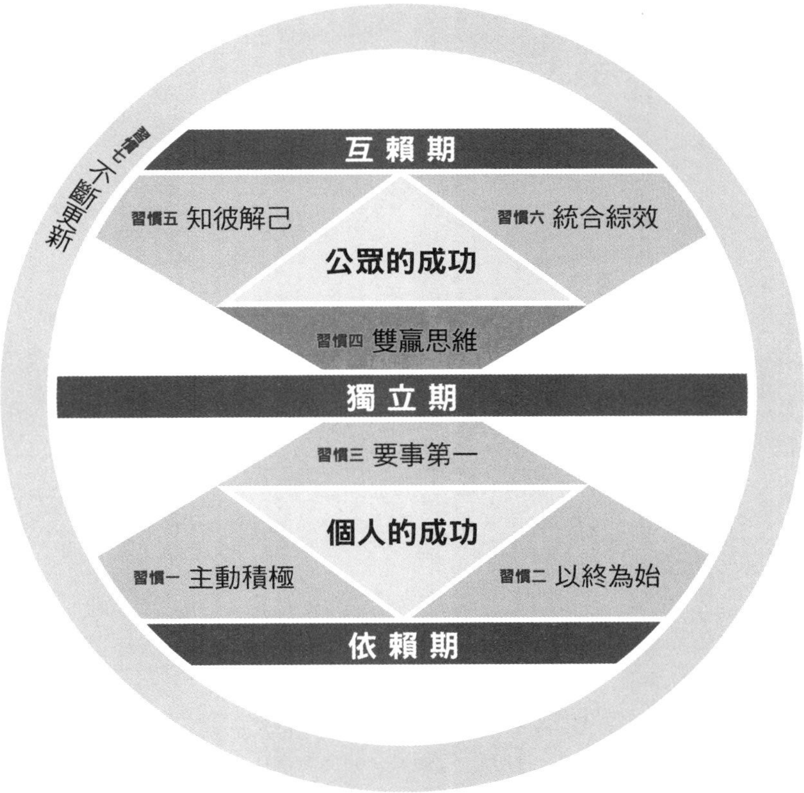

習慣七 不斷更新
互賴期
習慣五 知彼解己
公眾的成功
習慣六 統合綜效
習慣四 雙贏思維
獨立期
習慣三 要事第一
個人的成功
習慣一 主動積極
習慣二 以終為始
依賴期

我曾經受聘擔任一家公司的顧問，這公司總裁最感頭疼的問題，是員工的本位主義。他對我說：「我們的員工都太自私自利，彼此不肯合作，否則產量可以大為提高。能否請你設法改善員工關係，解決這個問題？」

我問：「你認為問題出在人和，還是整個企業文化使然？」

「你自己去找答案吧！」

於是我深入了解這家公司的狀況，果不其然，各部門各自為政，明爭暗鬥，誰也不肯服誰。

顯然他們的情感帳戶都出現赤字，人與人之間缺乏互信。

接著，我再請教總裁：「追根究柢，為什麼你的員工拒絕合作？不合作的風氣是否受到鼓勵？」

總裁肯定的說：「沒有！相反的，我們訂有獎勵合作的辦法。」

他指著辦公室牆上一幅賽馬圖，每個跑道上的賽馬各代表一位經理，跑到終點的獎品是招待旅遊風光明媚的百慕達群島。每週他都會召集全體經理，一面訓示合作的重要性，一面卻以百慕達之旅作餌。換句話說，總裁口頭上高唱互助合作，實際上鼓勵彼此競爭，因為勝利者只有一名。

這家公司最大的問題其實是思維錯誤所致，許多企業與家庭也有同樣的毛病，想要根除，就必須提倡互利觀念。

最後我說服這位總裁，加強資訊的流通並真正鼓勵團隊合作，不要突出個人或單位的成績。

人際關係的六種樣貌

在互賴關係中，人人都是領導者，同樣企求發揮更多的影響力，但最成功的領導應建立在利人利己的基礎上。

人際關係的思維可歸納為六大類：利人利己（贏／贏）、損人利己（贏／輸）、損己利人（輸／贏）、兩敗俱傷（輸／輸）、獨善其身（贏），以及好聚好散（無交易）。

一、利人利己（贏／贏）

為自己著想不忘他人權益，謀求兩全其美之策，這種關係自然令人滿意，樂於合作。一般人看事情多用二分法：非強即弱、非勝即敗，其實，世界之大，人人都有足夠的立足空間，他人之得不必就視為自己之失。

雙贏概念是「第三選擇」中的信念，不是只有服從「我」的方式，或是採取「你」的方式，而是超越雙方，提出「更好」的解決方法。

二、損人利己（贏／輸）

利人利己的另一個變相是損人利己，前面提到的「百慕達競賽」就屬於這種思維，也就是「只要你輸，我就贏了」。

如果領導人秉持此種信念，難免會運用本身的權勢、財力、背景或個性來壓迫別人，以求達到目的。一般人從小就浸淫在「損人利己」的觀念中——在家裡，手足之間有高下之分，乖孩子會獲得更多寵愛與特權。這豈不正是告訴兒童：愛是有條件的，要得到父母的愛，就得與兄弟姊妹競爭。

年齡稍長，同儕團體更是以成敗論英雄，而在朋友間的地位最受青少年重視。

學校教育也是以分數、名次定優劣，必須有成績差的學生才能襯托出名列前茅者的光采；至於個人的潛能究竟發揮了多少，並不重要。因為教育以競爭為尚，所謂合作往往只是假象。

運動比賽也強化競爭的觀念，提醒觀眾與選手，人生同樣是一場零和遊戲，必須分出勝負，而且唯有擊敗別人才能成就自己。

法律則硬把人區分為敵對雙方，打官司就為分出我是你非。幸好，目前司法界鼓勵當事人庭外和解，這表示兼顧雙方利益的觀念已逐漸受到重視。

的確，人生不可能處處籠罩在競爭的氣氛下。如果隨時隨地不忘與配偶、子女、同事、鄰居……一決高下，生命將多麼可怕！「你跟你老婆誰說了算？」這真是個愚蠢的問句。如果無法讓雙方都是贏家，長期來看，其實就是雙輸。

我們這一生，若希望能取得想要的成果，多半要靠互賴，必須與他人合作才能做到，而非完全遺世獨立，因此損人利己對合作有害，唯有互助合作才能增進幸福。

三、損己利人（輸／贏）

有些人生性消極，習於委曲求全。

「我輸了，算你贏。」

「請便，你想怎麼做都行。」

「隨你怎麼對付我，反正大家都這樣。」

「我是廢材，我就是這麼沒用。」

「我是爛好人，我要盡量維持好關係。」

這類思維，比損人利己的想法更要不得。這種人無所求、無所欲，也沒有原則，急於討好別人，容易受人左右；他們不敢表達自己的意見或感受，深恐得罪人，唯有藉別人的接納來肯定自我，這種習性正中損人利己者的下懷。

協商或交涉時，損己利人的態度等於是退縮，代表你不是讓步就是放棄——就領導風格來看，這等於默許或縱容。損己利人相當於爛好人，然而爛好人往往一事無成。

損人利己的態度容易吸引到損己利人的人，因為這兩種風格是互相餵養的，他們緊抓住自己的弱點，甚至利用這些弱點，將其當成自己的武器。

然而，損己利人者，他們被壓抑的情感並不會消失，累積到一定程度後，反而以更醜惡的方式爆發出來，有些精神疾病就是這樣造成的——若是一味壓抑，不能把憤懣情緒加以昇華，自我評價將日趨低落，最後便會危及人際關係，使原先委曲求全的苦心付諸流水，得不償失。

一般人通常在「損人利己」和「損己利人」兩個極端之間搖擺，這都是出自個人的極度不安全感。低姿態擺久了，心有未甘，就換上咄咄逼人的態勢；久而久之，又覺得有罪惡感，便重拾與人為善之心，但總有一天忍無可忍，再度回復高姿態。

四、兩敗俱傷（輸／輸）

兩個頑固、互不相讓且過分自我中心的人在一起，注定會兩敗俱傷。

我認識一對離異的夫婦，丈夫奉法官之命出售財產，把所得一半分給前妻。為了報復，他寧可把市價一萬多美元的汽車，賤賣五十美元，好讓妻子只得二十五美元。待妻子向法院抗議才發現，丈夫把所有的財產都廉價出售。

為了報復，不惜犧牲自身利益，卻不問是否值得，這只有不夠成熟、掌握不了人生方向的人才會如此。有些人太過關注自己的敵人，甚至到了執迷的程度，對於其他事情視而不見，一心一意只想鬥垮對方，就算賠上自己也在所不惜，這種人的哲學就是兩敗俱傷。

兩敗俱傷也是高度依賴者的心態，他們欠缺內在方向，自己過得不順，希望別人都跟自己一樣，「如果沒人是贏家，那麼當個輸家也不算太壞」。

五、獨善其身（贏）

又有一種人，利己但不一定損人，「個人自掃門前雪，休管他人瓦上霜」是他們的哲學。當不涉及競爭時，這種想法相當普遍。

最合適的立場

若問前述五種觀念何者正確，答案是：視情況而定。

在運動場上，自然要分出高下；推廣業務時，兩個不相關的責任區也不妨彼此競爭，以刺激業績。但是，需要群策群力的工作，就不能用「百慕達」式的策略了。

假使你十分珍惜與重視某一人際關係，而牽涉的問題又無足輕重，那麼偶爾放低姿態，表示重視對方，也無可厚非；或者，為了更崇高的目標，不值得在細微末節上計較，那麼退一步又何妨？

但在有些特殊情況下，你一心求勝，根本談不上兼顧旁人的利益。比方親人陷於生命危險，此時自顧不暇，遑論其他。

由此可見，人際關係也需因事制宜，但一般而言，利人利己的原則還是最行得通的。

損人利己的壞處是，當下我雖然壓倒了你，但卻傷害你的感受，影響到你對我的態度以及兩人的關係。如果我是你公司的供應商，某次交涉時我或許拿到有利於我的條件而暫時得利，但你下回還會找我共事嗎？我贏得眼前利益卻輸掉長期合作，也就是說，互賴關係中的損人利己，其實就是長遠的兩敗俱傷。

損人利己者固然一時取得優勢，但另一方受害，對雙方長期的關係有害無益。

舉例來說，供應商以脅迫方式逼使客戶接受條件，下次客戶還會光顧嗎？換個角度來看，倘若供應商不得不屈服於客戶的要求之下，又豈會忍氣吞聲，恐怕難免要另覓機會加以報復，不是「以其人之道，還治其人之身」，就是在同業間宣揚客戶的惡行。到頭來，不論是占上風或居下風的一方，都得不到好處。

但是，不損人並不表示要損己。

一個客戶曾吃過虧，埋怨道：「利人利己的觀念確實不錯，可惜太理想化了。商場現實無情，不與人爭，只有被淘汰。」

我反問：「你是說跟客戶也要爭利，才切乎實際？」

他搖頭。我再問：「你肯犧牲自己做賠本生意？」

「不可能。好吧！就算與客戶之間應該互蒙其利，但與上游供應商的關係絕非如此。」

「可是對上游業者而言，你也是客戶啊？」

「最近我們與房東洽談新租約就吃了暗虧，我們抱著兼顧雙方利益的心態，開誠布公，想與對方好好談，可是卻被當成冤大頭。」

細問之下才發現，他錯在為站穩立場，沒有和房東溝通得更徹底。除了多聽取對方的意見，他也應該理直氣壯表達自己的立場，並堅持未達成彼此都滿意的結果前，不輕易罷休；即使最後的結論迥異於雙方原本的構想也無妨，因為異中求同，往往能得到令人意想不到的豐收。

六、好聚好散（無交易）

如果實在找不出雙方都能接受的方案，倒不如取消交易，因為大家唯一的共識就是彼此意見不同。所謂「道不同，不相為謀」，既然觀念歧異過大，與其事後失望、衝突，不如一開始就認清事實，婉拒某個職位或職員，取消合約或訂單。

心中留有退路，就會覺得輕鬆無比，更不必耍手段、施壓力，迫使對方就範；坦誠相見，更有助於發掘及解決問題，買賣不成仁義在，或許日後還有合作的機會。

有家小型電腦公司的負責人就有過類似的體驗。他接受了我建議的利人利己觀念，並且身體力行。他說：

本公司曾受聘為一家銀行設計全套新軟體，合約一簽就是五年。沒想到，一個月後，總裁換人，新總裁對我們的產品有意見，員工也感到難以適應新軟體，於是他們要求我們更改合約。

當時本公司的財務狀況其實很不好，為了求生存，我大可堅持依約行事，可是這種做法損人卻不一定利己。既然產品不能令顧客滿意，我同意取消合約，退回訂金，但也告訴對方，日後若還有軟體方面的需要，歡迎再與我聯繫。

就這樣，我放棄了一筆四萬八千美元的生意，這簡直是自斷財路。可是我相信，堅持原則一定會有回報。

三個月後，那位新總裁果真又打電話給我，帶來另一筆總價二十四萬美元的生意。

兩全其美，否則就別勉強，這對促進家庭和諧也十分有效。例如：與其為爭看電視節目鬧得不可開交，何不另選全家都能參與的休閒活動，以免「順了姑心，逆了嫂意」。

不過，這種做法有其限制。

在商場上，最好在關係建立之初，就抱定好聚好散的態度，一旦關係持續進展，有時就無法輕易一刀兩斷、各自為政，家人、好友合夥或朋友間的生意往來尤其如此。為了維持親情或友誼，經常必須妥協，因為若嚴重影響企業本身與彼此的關係，到最後甚至連生意都會做不下去，而需交由專業人士來經營。

根據前人的經驗，家族企業或好友創業之初，最好事先考慮日後拆夥的可能，講定股份轉讓的方式，這樣友誼才能長存，企業也才能繁榮不墜。

至於擺脫不掉的關係，比如：父子，無法因意見不合而脫離關係，必要時就得妥協，這是層次較低的兩全其美之計。

15

習慣四

雙贏思維 2

每個人都可以是贏家

所謂強者，是既有意志，又能等待時機。

法國十九世紀著名作家巴爾扎克（Honoré de Balzac）

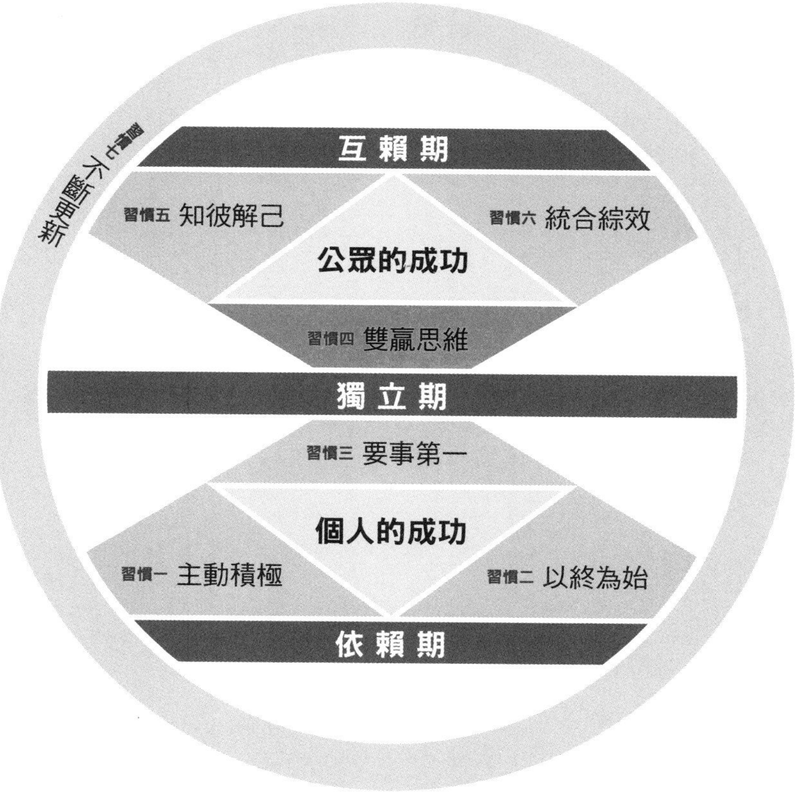

習慣七 不斷更新
互賴期
習慣五 知彼解己
習慣六 統合綜效
公眾的成功
習慣四 雙贏思維
獨立期
習慣三 要事第一
個人的成功
習慣一 主動積極
習慣二 以終為始
依賴期

利人利己可使雙方互相學習、互相影響並共蒙其利。

要達到互利的境界，必須具備足夠的勇氣和與人為善的胸襟，尤其與損人利己者相處更得如此。培養這方面的修養，少不了要有過人的見地、主動積極的精神，並且以安全感、人生方向、智慧與力量做為基礎。

利人利己是所有人際互動的成功基礎，包含了五個互賴的面向，首先從本身的「品格」著手，建立起互利「關係」，進而獲致兩全其美的「協議」，而協議則有賴合理的「制度」配合，經由正確的「流程」來完成。

打造雙贏品格

品格是利人利己觀念的基礎，其中又有三大品格特質最為重要。

一、真誠正直

誠實是內心的價值，從習慣一到習慣三，都在幫助我們培養並維持這個真誠的本質。一旦我們清楚定義自己的價值，並主動積極的規劃執行，在日常生活中實踐價值，就能培養出自我覺察和獨立意志，堅持有意義的承諾與使命。

圖30　利人利己的五個面向

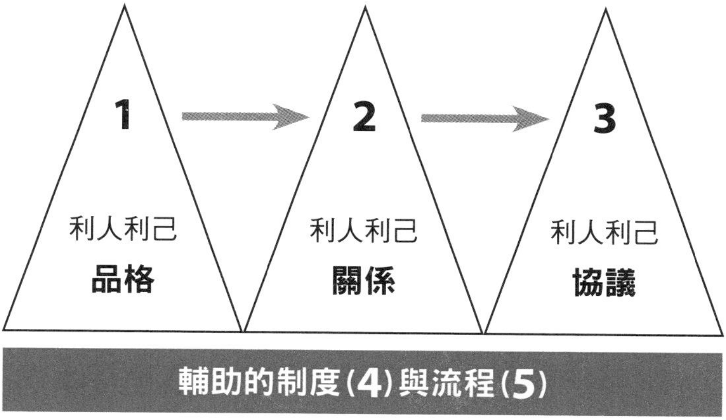

如果沒搞清楚「贏」的定義，就不可能在生活中求勝。

所謂「贏」，就是與內在核心價值取得和諧。若是無法做到對自己與別人的承諾，堅持使命，那麼這些承諾就毫無意義，對人沒有誠信，就談不上利人。因此，缺乏誠信做為基石，「利人利己」便成了騙人的口號。

二、成熟

亦即勇氣與關懷兼備而不偏廢。

我第一次學習到這個觀念，是在一九五五年的哈佛商學院。在薩克瑟尼安教授（Hrand Saxenian）的管理課上，他所講的「情緒上的成熟」，是我聽過最到位、最簡潔、最實際又最深入的定

圖31　不同人際觀的成熟度

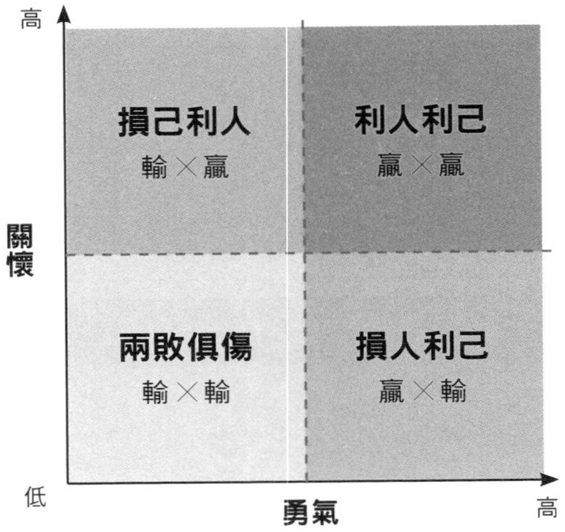

義：「有勇氣表達自己的感情與信念，又能顧及他人的感受與想法。」他將多年的歷史研究與田野調查成果寫成博士論文，在其中發展出這個定義標準，再加入論證與應用，發表在一九五八年一月號的《哈佛商業評論》。

許多招考、晉升與訓練員工使用的心理測驗，目的都在測試個人的成熟程度。不論是名為「自我強度／同理心」量表、「自信／尊重他人」量表、「關注自我／尊重他人」量表等，都是要找出勇氣與關懷的特質。

這項特質深植在許多關於人際互動、管理以及領導的理論中，也深藏在產出、產能的平衡中。勇氣或許與取得金蛋有關，關懷則照顧到利害關係人的長遠福祉，而領導的基本任務就是提升所有利害關係人的生活水準與品質。有勇氣追求利潤，也顧及他人的利益，這才是成熟的表現。

只可惜，一般人多以為魄力與慈悲無法並存，關心別人就一定是弱者。事實上，人格成熟者嚴以律己、寬以待人，在需要表現實力時，絕不落於損人利己者之後，此乃因其不失悲天憫人、與人為善的胸襟。

徒有勇氣卻缺少關懷的人，縱使有足夠的力量堅持己見，卻無視於他人的存在，難免為私利而害人；但過分為他人著想而缺乏勇氣維護立場，以致犧牲了自己的目標與理想也不足為訓。

高度的勇氣與關懷，是利人利己的基本特質，也是成熟後能達到的平衡狀態。具備這個特質的人，懂得傾聽、同理他人，也具備挺身而出的勇氣。

三、富足的心態

一般人都會擔心有所匱乏，認為世界如同一塊大餅，並非人人得而食之，假如別人多搶走一塊，自己就會吃虧，人生彷彿一場零和遊戲。難怪俗話說：「共患難易，共富貴難。」見不得別人好，甚至對至親好友的成就也會眼紅，這都是「匱乏心態」作祟。

抱持這種心態的人，甚至冀望與自己有利害關係的人小災小難不斷，疲於應付，無法安心競爭。他們時時不忘與人比較，認定別人的成功等於本身的失敗，縱使表面上虛情假意的讚許，內心卻妒恨不已，唯獨占有能夠使他們肯定自己。他們又希望四周環境都是唯命是從的人，不同的意見則被視為叛逆、異端。

相形之下，富足的心態源自厚實的個人價值觀與安全感，由於相信世間有足夠的資源，人人得以分享，所以不怕與人共名聲、共財勢，從而開啟無限的可能性，充分發揮創造力，並提供寬廣的選擇空間。

富足心態來自習慣一到習慣三的個人喜悅、滿足與成就，並且形於中、發於外，欣賞他人的獨特、目標，以及主動積極的特質，認知到正面互動成長所帶來的無盡可能，創造新的第三選擇。

多和利人利己者交往

公眾的成功並非壓倒別人，而是追求對各方都有利的結果，經由統合綜效，使獨力難成的事得以實現。而公眾成功則是來自富足心態的思維，由真誠正直、成熟與富足心態形成的人格，能夠超越任何人際手腕，真正贏得人心。

要想潛移默化扭轉損人利己者的觀念，最有效的方式莫過於讓他們和利人利己者交往；此外，還可閱讀發人深省的文學作品與偉人傳記，好比電影《火戰車》，或是舞台劇《悲慘世界》。當然，正本清源之道，還是要向自己的生命深處探尋。

建立在利人利己觀念上的人際關係，有厚實的情感帳戶為基礎，彼此互信互賴，就能充分發揮綜效（習慣六），於是，個人的聰明才智可投注於解決問題，而非浪費在猜忌設防上。這種人際關係不否認問題的存在或嚴重性，也不強求泯滅各方歧見，只強調以信任、合作的態度面對問題。

發揮感化的力量

然而，合理的關係若不可得，與你交手的人偏偏又堅持雙方不可能都是贏家，那該怎麼辦？這的確是一大挑戰。

在任何情況下，利人利己均非易事，更何況和自私自利的人打交道，但是問題與歧見依然要解決。這時候，致勝的關鍵在於擴大個人影響圈：以禮相待，真誠尊敬與欣賞對方的人格、觀點；投入更長的時間進行溝通，多聽、認真的聽，並且勇於說出自己的意見。以實際行動與態度傳遞——你由衷希望雙方都是贏家。

這是人際關係的最大挑戰，追求的已不只是完成談判或交易，更要發揮感化的力量，使對手以及彼此的關係都能脫胎換骨。

縱然少數人實在不易說服，我們還可以選擇妥協——有時，為了維持難得的情誼，不妨有所變通。當然，好聚好散也是另一種選擇。

建立雙贏協議

我在英國住過五年，這段期間鐵路局人員曾經兩度不遵守書面協議，造成全國交通癱瘓。由此可見，即使寫下白紙黑字，若沒有誠信的品格與互賴的關係做後盾，任何協議都是空談。在互利關係中，對於彼此都能接受的結果，必須先有共識，這又稱為「績效協議」（Performance Agreement）或「合夥協議」（Partnership Agreement）。藉著這種協議，從屬關係可轉換為合夥關係，上對下的監督則轉變為自我監督，雙方始有可能共謀福利。

這類協議涵蓋的範圍相當廣泛，第十二章〈習慣三：要事第一 3——放手之後成就更大〉提到我與小兒協議整理庭院，就是其中一例，而要做到充分信任型授權所必須的五項默契與共識，或者說是五項要素，也適用於各種互賴關係，例如：雇主對員工、個人對個人、團體對團體、企業對供應商。這五項要素列舉如下：

- 彼此預期的結果，包括：目標與時限，但方法不計。
- 達成目標的原則、方針或行為限度。
- 可資利用的人力、物力、技術或組織資源。
- 評定成績的標準與考評期限。
- 針對考評結果定賞罰。

樹立明確的目標與評估標準後，雙方才能有所遵循。傳統權威式管理是基於「彼之得即我之失」的信念，透支了情感帳戶的存款。一旦雙方失去互信，對彼此期望的目標缺乏共識，就無怪乎上司會採取猜忌的管理方式；至於信任式的管理，基本原則在於放手讓別人去做，既有協議為約束，管理者只需扮演協助與考核的角色即可。

由自己評量得失，更能激發自尊，何況在高度互信的環境中，這種方式獲得的測量成果準確度甚高，因為當事人對自己的工作成效最清楚不過，間接觀察或測量總難免失真。

勞資互利的訓練計畫

我曾參與一家大銀行的新進人員訓練計畫，他們為了這個計畫，當年度預算共編列了七十五萬美元，主要目的是甄選大學應屆畢業生到相關部門實習半年，每部門各實習兩週，然後派至分行擔任管理助理，而我們的主要任務就是評估這個計畫的成效。

當時我們最感困擾的是，無法確知這個計畫的預期目標，即使詢問過行方的高階主管，還是得不到具體答覆，因此無從評估。

於是我們建議，先釐定明確目標與考核標準，再根據前述五要素訂定訓練計畫，成績優異者不但擢升為管理人員，還可繼續接受在職訓練，薪水也大幅調高。

為了釐定目標，我們花費一番工夫，逐一詢問部門主管對新進人員的期望，比方在會計實務上應有多深入的認識。經過刪減歸類，最後共彙整出三十九個行為目標與考核標準，必須在為期半年的訓練計畫內完成。

受訓人員深受這難得的機會與加薪獎勵所鼓舞，由於標準確切，他們在三週半就達成了，但卻招來若干阻力；事實上，這是所有新觀念都無法避免的。

首先，大部分高階主管認為，三週半時間太短，受訓人員累積的經驗不足，但學員們的確達到了銀行所訂的標準。

事後我才了解，這些高階主管真正不滿的是，他們當初都曾熬上一年半載，這批後生小子怎可如此輕易就晉升主管階層？

其次，人事部門也表示不滿，因為原先的經費是為長達六個月的計畫而準備。於是，我們只好再增加八項目標、提高及格標準，以便保證實習完畢後，新進人員個個都能勝任愉快。

我們原先擔心受訓新人會反彈，因為標準有所更改，然而出乎意料的是，他們毫無怨言，反倒主動向各部門主管討教，彼此密切合作，相互腦力激盪。

一週半之後，新的目標也達成了。原本為期半年的計畫，五週內即已完成，而且成效卓著。有些主管不得不承認，這五週所達到的標準絕不亞於訓練半年的成果。

撰寫績效協議書

設計出利人利己的績效協議，需要徹底轉換思維，聚焦在成果，而不是方法，才能讓個人完全發揮潛能、創造綜效，在過程中累積產能，而不是光看產出。

因為重視利人利己，自然人人都會衡量自己是否符合標準。

傳統的評量模式會消耗人們的情感，但利人利己的協議是大家商量出標準，自我評估。如果這個標準公平合理，大家都能辦到。換句話說，有了利人利己的授權協議，就算是七歲孩子也懂得做好自己分內的事。

管理哲學大師兼顧問杜拉克，提倡以「致經理函」（Manager's Letter）記錄績效協議的要點。他主張，勞資雙方應徹底討論彼此的期望、準則與可用資源，並配合公司整體目標，由員工寫信給經理，扼要說明協議結論與下次會議的日期。

訂立這類協議書是管理工作的重心，有了它，員工可以自我管理，而經理則彷彿賽跑時的開道車，在清出跑道、使比賽順利展開後，就可改做後勤工作，退居配角。

一旦主管成為屬下的得力助手，他所能控制的範圍將大為增加，層層節制的管理制度反而無用武之地。這時，一位經理所能督導的不只是八人、十人，而是二十人、三十人，甚至更多的高效率員工。

賞罰分明也很重要，不可全憑主管個人好惡，賞罰方式一般可分金錢、精神、機會、責任四個層面。其中，加薪、減薪是金錢獎懲，精神鼓勵指嘉勉、表揚、尊崇，反之則是失去尊敬、信賴；除非溫飽都成問題，否則精神獎勵的價值往往超過物質獎勵。至於機會獎勵，則包含進修等福利，責任則是對表現良好者賦予重任。

此外，績效協議中應言明個人表現對公司的影響，例如：遲到早退、本位主義、壓抑部屬等等，都會造成全公司的損失。

雙贏的管理原則必須有合理的制度配合，否則理想與實際相牴觸，要達到預期成果，無異緣木求魚。

譬如，個人或企業使命宣言列舉的目標，應有恰當的獎懲制度為後盾。

有一年，我參加一家房地產集團的年度表揚大會，現場氣氛熱鬧異常，公司還聘請高中樂隊來助陣。當時，有四十人分別接受「業績最高」、「佣金最多」等獎項，可謂風光一時，但其餘七百多位與會業務人員，內心感受如人飲水，冷暖自知。

我的顧問小組正好受聘於該公司，眼見這種做法產生不良副作用，我們立刻著手教育員工並整頓公司組織，樹立利人利己的觀念——全體員工不分階級，共同擬定激勵士氣的獎懲制度，並自訂個別的績效目標，以鼓勵互助合作，人盡其才。

第二年，成效卓著。在表揚大會上，與會的一千餘人中有八百人受獎，多半是由於達成自訂的目標或團體達成部門目標而受獎，並不一定是因為把別人比了下去。會場上雖然沒有樂隊、啦啦隊助陣，但氣氛依然熱烈；更重要的是，絕大多數受獎人的平均業績與為公司賺得的利潤，都是前一年的四十倍。

競爭在商場上有其必要，各年度的業績也應互做比較，甚至不相關的個人或機構間，都可以相互競爭。但是，對企業生存而言，眾志成城的重要性絕不亞於市場競爭。為激勵士氣，包括：訓練、企劃、預算、資訊、溝通以及薪酬等所有制度，都應鼓勵合作。

不當制度陷人於不義

有一家連鎖店的老闆，為了銷售員過於消極、對顧客不聞不問而深感苦惱，於是請我設計課程來改善員工的服務態度。經實地調查，我發現這家公司的員工確實有這種弊病，可是原因何在呢？

這位老闆說：「我要求主管以身作則，把三分之二的時間用於促銷，其餘三分之一用於管理，結果他們的業績確實不輸給手下的銷售員。」

原來真正的癥結在此，這位老闆心知肚明，只是不肯承認。我費了不少唇舌，終於使他了解，經理不應與店員爭利，薪酬制度也應調整，經理的獎金需以銷售員的業績為準，而不是自相殘殺。

又有一位經理向我抱怨，他手下有位主管業績甚佳，考績勢必得到甲等，可是這位經理卻心有未甘。

「為什麼非給他甲等？」我問。

「他有實際的業績數字撐腰。」

「你為什麼覺得他不夠格？」

「他的做法令人無法苟同。他完全不顧別人，只知打擊對手，壯大自己，製造了不少糾紛。」

「你不妨與他約法三章：業績只占考績標準的三分之二，其餘三分之一由其他同事的觀感來決定。」

「對，我相信這會使他不敢再目中無人。」

許多情況下，問題導源於錯誤的制度而不是人，惡劣的制度甚至會使好人也受到感染。在企業中，主管可以改變制度，使屬下成為向心力強、生產力高的團隊，足以與其他企業競爭；在學校裡，老師可根據每個學生的努力與表現來評分，並鼓勵學生相互提攜；在家庭中，父母不要鼓勵子女互比高下，應當培養全家人一條心。

規劃雙贏流程

達成利人利己的流程，也是一個重要環節。

哈佛大學法學教授羅傑・費雪（Roger Fisher）與威廉・尤瑞（William Ury）在《哈佛這樣教談判力》（*Getting to Yes*）一書中曾談及，以原則為重心比堅持立場更能致勝。他們雖然未用「雙贏」的字眼，但提倡的精神與本書不謀而合。

費雪和尤瑞主張，以原則為重心的談判，對事不對人，注重雙方的利益而非立場，目標雖然在尋求彼此互利的解決途徑，但不違背雙方認同的一些原則或標準。

根據我個人的經驗，不妨以下列四步驟進行談判：

- 從對方的觀點看問題，誠心誠意去了解他人的需要以及顧慮，甚至要比對方了解得更透澈。

- 認清關鍵問題與彼此的顧慮（而非立場）。
- 尋求彼此都能接受的結果。
- 商討達成上述結果的各種可能途徑。

習慣五（知彼解己）與習慣六（統合綜效）討論的是如何了解別人與表達自己，我們會在後面的章節深入探討。但在此之前，我要特別強調，雙贏流程與能否達到雙贏高度相關，只有透過雙贏流程才能達到利人利己的結果。

雙贏不是人際技巧，而是做人處事的整體思維，以誠實正直、成熟及富足心態為基礎，發展出高度信任的關係，顯現在高效而明確的管理期望，並且達到成果。實踐這個目標的流程，會在後面的第五及第六個習慣進一步討論。

習慣四　立即行動檢核表

一、預想可能參與的談判或協商，立下決心在勇氣與關懷之間保持平衡。

二、列舉雙贏思維的障礙，設法清除個人影響圈內的部分。

三、選擇一項有意改善的人際關係，設身處地為對方著想，寫下你認為對方能接受的方法，再寫下自己認可的辦法，然後請教對方是否願意溝通，共同研討兩全其美的對策。

四、對個人而言，最重要的三種人際關係為何？說明這三者的情感帳戶是結餘或透支，再記下有助增加結餘的方式。

五、徹底檢討自己的觀念，「贏輸」的思想是否已經牢不可破？為何如此？對目前的人際關係有哪些影響？對個人是否有任何助益？

六、對身處艱困仍不忘利人利己的人，多加親近並加以效法。

新見解——心態富足，擁抱成功

西恩．柯維

多年前，富蘭克林柯維公司曾把智慧財產（Intellectual Property，ＩＰ）授權給一家小科技公司，允許他們在產品中加以使用。這是看似雙贏的夥伴關係：他們可以用我們的ＩＰ，我們得到金錢報酬。

起先一切都很順利。可是幾年後我們發現，他們的廣告方式有損我們的品牌，也違背當初同意的條件。

於是我與合作對象溝通，告訴他們，其公司必須把廣告改掉，否則會失去我們的授權。對方不同意，反而答道：「我們不會改變廣告方式，因為我們並沒有做錯事。違約的其實是你們。」

我不敢相信他如此惡毒。我跟管理團隊商量。他們覺得再繼續這種夥伴關係風險太大，我們必須收回ＩＰ。所以我試著與對方協商，可是談判很快破裂，信任感逐漸消失。儘管我們總是盡量避免對簿公堂，也很少打官司，卻覺得這一次只能這麼做。我們的法律團隊認為，我方是對的，官司會打贏。

最後一次協商時，這家科技公司的所有人之一對我說：「我認識和尊敬你們家多年，也把你叔叔當成好朋友。我一直認為你們是好人，直到現在。」

他的話深深刺痛我，我開始想：「如果告上法院，雙方都要花費數十萬美元。一定有更好的方法。」

我不知道他肯不肯跟我談，不過幾天後我主動連繫他，大膽提議：「你看，如果上法庭你我都要花很多錢。你願不願意私下與我見面，看看能不能找出其他辦法？只有我們兩個，沒有律師。」

他勉強同意（我這麼做違反法律顧問的意見，他覺得與對方會面，可能影響法庭上的辯護，但我覺得值得冒這個險）。

第二天對方來到我辦公室。我說：「我打算找出雙方都覺得很好的雙贏解決辦法。如果無法達成協議，我們會在法庭上交手，不過我想試試。你也願意試試嗎？」

「我不知道這樣談有什麼用，可是好吧，我願意試試。」

我說：「請你告訴我，你們怎麼看現在的情況。」我走到白板前，一點一點寫下他說的一切，總共列出了十五點。

我問：「還有別的嗎？」他又加了兩點。然後我說：「我再把這些看一遍，以確定我沒有誤解你的看法。」我一一重複他關注的每一個事項。

我們檢視完之後，我問：「你覺得我了解你的意思嗎？」

「是的。」

此時房間裡的氣氛變了。他首次覺得我們懂得他們的立場。我也深受影響。我現在清楚知道，他為何會有那種感受，為何會認為我們未履行合約中有關我方的規定。

然後我問：「你是否介意我把我方的看法也列出來？」

我在白板的另一邊寫下我們對這件事所有的看法。他很認真聽，我看得出來，他明白我們的立場，他也深受影響。室內的能量突然變得正面、充滿希望，我們對彼此的觀感不一樣了。我們完全互相了解。

我問他：「既然我們彼此了解，你想要怎麼做？」我倆開始腦力激盪，大大發揮創意，大約三十分鐘，我們就想出兩人都覺得很好的解決辦法：以合理價格及長過渡期加以收購。

在激盪腦力時很有趣的是，看到我們兩個開始彼此支持。原來那是一次思維轉換的經驗，花費時間不到兩小時，卻幫雙方省下大筆金錢。沒有人再提到訴訟。我們握手言和並道別。一週後他打來，我們一起吃午餐，相談甚歡。他告訴我：「我一直都曉得你有個好家庭。」

連我們的法律團隊都很高興。

富足心態是幸福鎖鑰

談到法律這一行，賓州大學心理學家塞利格曼曾指出，律師一直屬於待遇最高的專業人士，甚至超過醫生，但也是最悽慘的。塞利格曼說，有五二％的律師自稱，對本身從事的事業不滿意。

最值得玩味的是，塞利格曼提到不滿的主因：「令律師不快的所有心理因素當中，最深層的在於，美國的法律日益淪為只論輸贏的競賽。」他還說，美國法律已經「從提供公平正義的法律服務為主要專業，轉為一門大事業」，主要目的在於可收費時數、不會有人坐牢的勝利、以及盈虧。

且慢，我認識很多健康快樂的律師，也認識秉持雙贏思維做事的律師，所以並非想挑他們的不是。我的論點很簡單：一旦開始對世事採取對立或只有輸贏的思維，由此產生的負面能量的確會產生負面影響。

雙贏思維是對人生的一種態度，是說我可以贏，你也可以贏。不是非我贏即你贏，而是你我同時都贏。雙贏思維是與他人好好相處的基石，它始於一種信念：人人生而平等，沒有人比較低下或高尚，也沒有人必須屈居於下或高高在上。

父親常提起培養富足心態的重要性，也就是相信有足夠的成功可以分給每個人，你的成功不會搶走我的成功。這種心態難能可貴，也是獲得公眾成功的基礎。

父親當大學教授時，他的課叫座到必須在籃球場上課。他承受同事的忌妒、小心眼、匱乏心態。可是我從未聽過他貶損任何同事，甚至那些妒羨他的人。他總是以富足對待匱乏。他成立柯維領導中心（Covey Leadership Center）這家公司時，有一位合夥創辦人企圖搞政變，把父親從他自己創辦的公司趕走。結果適得其反。但令我驚訝的是，父親豪爽的原諒了想要打倒他的人，其他人卻都想把此人逐出地球。父親不喜歡任何負面能量，會像瘟疫一般避開，他總是說：「我不想陷溺在裡面。」對人與事設法從好處去想。

我觀察父親和他弟弟約翰（John）叔叔如何相處，學到富足心態是怎麼回事。他倆從小就相親相愛。父親讀大學時是校隊拳擊手。在某場比賽上，對手出拳太重，把父親的肩膀打到脫臼。可是對手仍不罷休。約翰叔叔跳上場，拉開對手，對他大叫：「別再打我哥了！你沒看到他肩膀斷了嗎？」

他們兄弟長大後，各自成家生子，我彷彿有兩個爸爸，一個是我爸，一個是約翰叔叔。我的堂親對父親也有同感。

我從未聽過他倆說對方的不是。父親獲得全球聲譽，約翰也許難以承受。可是他並不覺得忌妒或受到威脅，反而真心替父親感到高興，當作是自己的成就。兩兄弟的富足關係發出的正面能量，傳給子女和孫子女，足以點亮整座城市。

雙贏是唯一選項

「我贏你輸」心態會帶來反效果，導致競爭心和充滿驕傲。借用路易斯（C. S. Lewis，譯注：英國著名文學家，《納尼亞傳奇》作者）的話：「驕傲不會因擁有而感到快樂，唯有擁有的比別人多才會快樂。……有比較才會感到驕傲：那是高於其他人的樂趣。」

「我輸你贏」心態也行不通。那是擦鞋墊症候群：「在我身上擦你的腳。別人都這麼做。」

「我贏你也贏」是唯一的務實選項。

可是有人會說，雙贏是軟弱，如果在競爭激烈的商業場合想要雙贏，你會輸給別人。如前面的ＩＰ故事所顯示。然而我的經驗並非如此。幾年前富蘭克林柯維公司曾與某電信公司合作，當時該公司忙著在全美各城市鋪設電纜。儘管會暫時中斷通訊，但是大多數城市都熱切希望鋪設。

有某大城市卻對此不感興趣。他們知道，如果讓一家電纜公司在市內東挖西挖，此後就得允許每一家跟進的公司做同樣的事。他們不希望城市一再被開挖。

最後談判陷入僵局。除非電信公司付費，否則市府不允許他們施工。結果便是市民無電纜可用（城市的損失），且電信公司無法爭取到成千上萬的用戶（公司的損失）。這是走向雙輸。

有一位這家電信公司的談判代表，剛受完七大習慣的訓練，他開始想：「要怎麼把這種情況轉為雙贏？」

該公司在他領導下，又回到那個城市，向市府說明：「我們鋪設自己的電纜時，也為兩、三家未來的供應商鋪設。我們會以低於一般所需的費用，把使用權轉移給其他電纜公司。這樣一來，市內只會被挖一次。」

市府覺得這主意很好。於是纜線鋪設完成。當競爭對手來時，他們很高興知道，地下纜線已埋設好，需要的成本卻低很多。所以城市和市民贏了，因為街道不會一再被挖開，又有纜線可用，競爭對手也贏，因為他們的鋪設費用降低。但最大贏家是最初那家公司：兩個競爭對手所付的費用超出埋設成本！他們等於不必付鋪設費用，還額外賺到一些可用經費。

只要有一方開始從雙贏角度去想整件事，最後各方都會是贏家。雙贏思維永遠都是較好的選擇。

史丹佛大學的赫列維（Nir Halevy）和菲利普斯（L. T. Phillips）與企管碩士班學生做研究，以模擬方式進行超過一千二百萬回合的談判競賽，結果明白顯示，合作策略比競爭策略的獲利多很多。我可以引用一個又一個結論都完全一樣的研究，不過這是多此一舉，因為我們憑直覺就知道，事實就是如此。

所以，凡事從雙贏角度思考。在你想要的和他人想要的當中求取平衡。要勇敢。要體諒。在家裡對配偶、伴侶或青少年，採取雙贏思維。在工作上對上司、同事、直屬下屬，實踐雙贏思維。對供應商、合作夥伴、銷售商、顧客，抱持雙贏思維。如果你覺得這很難做到，請回到習慣一、二、三。釐清你的動機，先贏得個人的勝利。那會帶給你開始做雙贏思維的力量。

16

習慣五

知彼解己 1

適時扮演知心人

心靈世界自有其理，非理智所能企及。

法國哲學家、數學家及物理學家巴斯卡（Pascal）

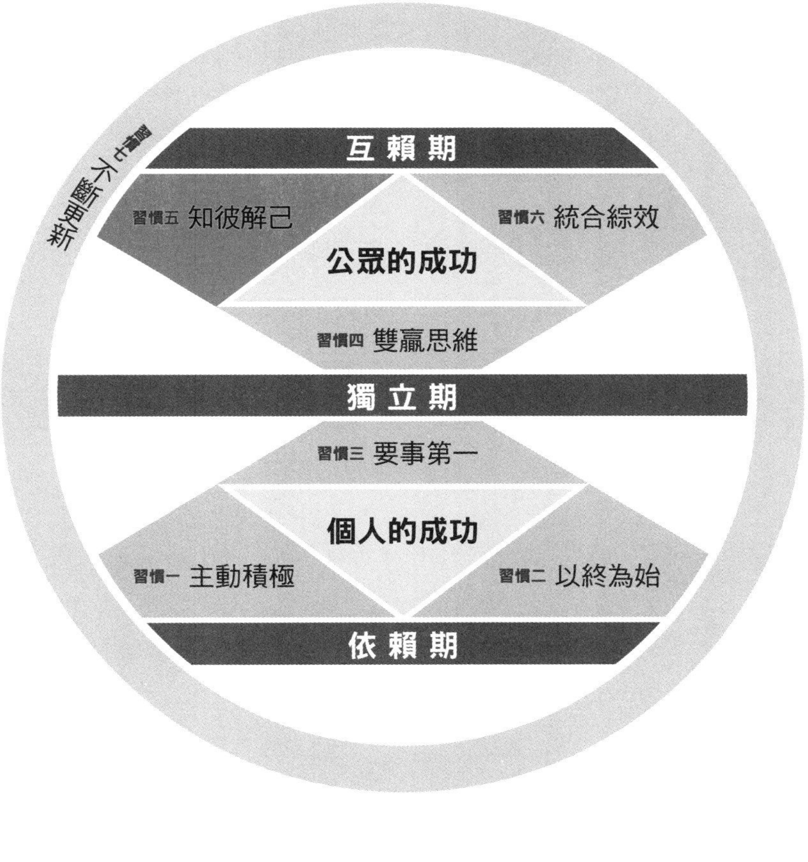
習慣七 不斷更新
互賴期
習慣五 知彼解己
習慣六 統合綜效
公眾的成功
習慣四 雙贏思維
獨立期
習慣三 要事第一
個人的成功
習慣一 主動積極
習慣二 以終為始
依賴期

假定有一位荒唐的眼科醫師為病人配戴眼鏡，居然脫下自己的請病人試戴，理由是：「我已經戴了十年，效果很好，就給你吧！反正我家裡還有一副。」

誰都知道這是行不通的，可是醫師卻說：「我戴得很好，你再試試，別心慌。」

「可是我看到的東西都扭曲了。」

「只要有信心，你一定看得到的。」

經病人一再抗議，醫師居然惱羞成怒：「算我倒楣，好心沒好報。」

這位眼科醫師尚未診斷就先開處方，誰敢領教？但與人溝通時，我們卻常犯這種不分青紅皂白遽下斷語的毛病。因此我必須強調，了解別人與表達自我是人際溝通不可或缺的要素。

從「聽話」做起

現在你正在讀我寫的書，讀和寫是溝通的方式，聽與說亦然。這些都是最基本的溝通方式，也是最基本的生活技能。

從小到大，我們接受的教育多偏向讀跟寫的訓練，此外，說也占了其中一部分，可是從來沒有人教導我們如何去「聽」。然而，聽懂別人說話，尤其是從對方的立場去聆聽，實非易事。

沒有多少人接受過聆聽的訓練，多數人甚至把重點放在培養個人魅力，但是人格與人際關係終究要從對彼此有真正的了解開始。

如果你希望達到有效溝通，影響他人，包括：伴侶、孩子、鄰居、老闆、同事以及朋友，全都需要從理解對方開始。如果對方看出你在玩手段，自然會心生懷疑，覺得受到操控，甚至開始猜測你的動機與盤算，也就不可能對你開誠布公了。

坦誠相對展現真實的你

以身作則和做人做事的方式，是你能否真正發揮影響力的關鍵。待人處事的方式會展現出你的人格，而不是你刻意裝出來面對大眾的形象，別人便會聽其言、觀其行，從中看到真實的你。

你的人格會不斷展現給外界，與外界溝通。長期下來，別人自然會信任（或不信任）你這個人及你說的話。

如果你待人忽冷忽熱，有時尖酸、有時客氣，甚至私底下的表現與公眾前的表現並不符合，別人就很難對你敞開心扉；縱使別人希望得到你的認可或肯定，卻很可能並不想對你坦誠交心，畢竟這太冒險了。

唯有雙方坦誠相對，彼此理解對方的狀況與感受，才可能尋求共識；否則，可能一方說的都言之成理，但另一方就是覺得隔靴搔癢，無動於衷。

想要有效交流與發揮影響力，第一步就得了解對方，取得信賴。這不能仗恃權術，必須靠誠於中而形於外的品德，也就是良善的本性，來感動別人。虛偽造作不要多久就會被揭穿。喜怒無常、表裡不一、朝三暮四，也難以贏得尊敬或水乳交融的溝通。

儘管你用心良苦，想給旁人忠告或協助，如果未能搔到癢處，又予人壓迫感，便會引起抗拒，結果也是徒勞無功；反之，若能培養同理心的傾聽技巧，以品格贏得信賴，以充實的情感帳戶為本，有效的人際溝通便能水到渠成。

一己之心難度他人之腹

人人都希望被了解，也亟於表達自己，卻疏於傾聽。

一般人聆聽的目的，是為了做出最貼切的反應，根本不是想了解對方，因為我們常以為，天下人都跟自己一樣，以己之心即可度人之腹。

「噢，我完全了解你的感受，我也有過類似的經歷，是這樣的……」這類反應經常出現在日常交談中。人們總是依本身的經驗來解釋別人的作為，把自己的眼鏡強加在別人身上，卻又怪罪他人「不了解我」。

有位父親曾抱怨：「真搞不懂我那寶貝兒子，他從來不肯聽我說話。」

我問：「你是說，因為孩子不肯聽你說話，所以你不了解他？」

「對啊！」

我再次強調，他依然不覺得自己有何不對。我只好明說：「難道要了解一個人，不是你『聽』他『說』，而是他聽你說？」

他愣了一下，好一會兒才恍然大悟：「噢，沒錯！可是，我是過來人，很了解他的狀況。唯一教人想不透的，就是他為什麼不聽老爸的話？」

這位父親確實完全不明白兒子的心事，他只用自己的觀點去揣度兒子的世界，無怪乎打不開兒子的心。

為了解他人而傾聽

事實上，大部分人都是這麼自以為是。

「聆聽」也有層次之分，層次最低的是聽而不聞，如同耳邊風；其次是虛應故事，

「嗯……是的……對對對……」，略有反應，其實心不在焉；第三是選擇性的聽，只聽合自己口味的；第四是專注傾聽，每句話或許都進入大腦，但是否聽出了真意，值得懷疑；層次最高的，則是「同理心的傾聽」，一般人很少辦得到。

某些溝通技巧強調「主動式」或「回應式」的聆聽，以複述對方的話表示確實聽到，但其實仍脫離不了為反應、控制、操縱而聆聽，有時這對說話者反倒是一種侮辱。同理心的傾聽則是從想要了解對方出發，而不是只為了做出回應；換言之，就是透過言談明瞭一個人的觀念、感受與內在世界。

同理心和同情有些差別，同情摻雜了價值判斷與認同。有時人際關係的確需要多一份同情，但是卻易養成對方的依賴心；同理心則是深入了解對方的感情與理智世界，而非一味贊同。

同理心的傾聽也不只是理解個別詞句而已。據專家估計，人際溝通僅有十分之一透過語言來進行，三成取決於音調與聲音，其餘六成則得靠肢體語言。所以，了解式的傾聽不僅要耳到，還要眼到、心到，用眼睛去觀察，用心靈去體會。

由此可知，傾聽效果宏大，不但可獲取最正確的資訊，還有助於感情存款的增加。畢竟，單方面的努力不足以增進感情，除非對方真的心領神會，感情才會滋長；若被誤會為別有用心，反而會降低情感帳戶內的餘額。

由衷的傾聽可提供「心理的空氣」。沒有空氣，人類無法生存，所以不得不設法滿足需求。這是最根本的一種人性，一日需求滿足了，就不會再生出追尋動機。

但在物質生活無虞後，人類又會生出另一種渴望，就是精神上的滿足，希望被了解、被肯定、被賞識……

提供「心理的空氣」

當你能帶著同理心傾聽他人說話，便可以提供對方心理的空氣，滿足對方精神上的需要，這時你才能集中心力解決問題或發揮影響力。

有一次，我在芝加哥主持研習，正好教到這個觀念，我要求每位學員當晚實際應用一番。第二天，其中一份心得報告如此寫道：

昨晚有一大筆不動產買賣已到最後談判關頭，這次芝加哥之行，一方面也想就此成交。於是我和業主、律師以及另一位房地產經紀人共聚一堂，但起初情勢似乎對我不利。

這筆買賣我已投入半年時間，成敗在此一舉，因此心中慌亂至極，簡直六神無主。我用盡一切推銷技巧，想盡辦法拖延，唯恐最後被判死刑，但對方卻覺得此事已經延宕太久，不如當機立斷。

逼不得已，我姑且應用白天學到的原則，試著去了解對方，反正這已是最後一搏。我盡量以同理心設想業主可能的需要與考慮，然後明白告訴對方，由他判斷我究竟了解多少。如此你來我往，我愈說中他的心事，他吐露得愈多。最後，話才講到一半，他突然站起身，撥了個電話給妻子。就這樣，我贏得了合約。當時我瞠目結舌，直到現在都還不確定發生了什麼事。

這位學員之前已經細心打造出豐盛的情感帳戶，培養適當的溝通氣氛，等到時機成熟，雙方的互動互信自然超越了交易本身的細節。

先了解，再做判斷

先尋求相互理解，找出問題，再想辦法解決，這種方式並不容易。畢竟，立刻拿給對方一副你多年來都合用的眼鏡，是最簡便的方式。

當然，為人設想必須承擔相當大的風險。敞開自我不設防，的確易受傷害、易受影響，這是無可奈何的兩難。要想影響別人，就得受人影響。

正因如此，第一到第三個習慣的實踐工夫益形重要，修養到家才能把持住自己，享有內心的平靜與抵禦外在的力量。

先診斷再開處方，是所有專業人員的工作信條，醫生不先查出病因，如何對症下藥？

我的女兒珍妮兩個月大時，有個週六她生病了，那天我們社區正好舉辦一場眾所矚目的足球賽，大約會有六萬個觀眾到場。雖然妻子與我也都想去看球賽，但總不能把女兒放在家裡不管，畢竟她上吐下瀉著實讓人擔心。

那時，值班醫生也去看球了，儘管他並不是我們的家庭醫生，但是因為珍妮的病況不輕，我們決定打電話問問該怎麼辦。

妻子打電話去球場找醫生，那時球賽正進行得如火如荼，醫生的口氣相當輕鬆，不似往常看診時那般嚴肅正經。

「喂！有什麼問題嗎？」

「我是柯維太太，我女兒生病了，我很擔心。」

「現在狀況如何？」醫生問。

妻子敘述了珍妮的症狀，醫生說：「好吧。我會開處方。你通常去哪間藥房？」

電話掛上後，我妻子想想，一切都太趕了，她沒完全講清楚珍妮的狀況，儘管她告訴醫生的也不算錯。

「你覺得醫生知道珍妮只是個小寶寶嗎？」我問她。

「我確定他知道的，」她回答。

「但他不是我們的醫生。他從來沒有幫她看病。」

「嗯，我想他知道。」

「你確定你願意給珍妮吃他開的藥？」

妻子默不作聲。

「你打電話給他，」她終於說。

所以，我再打電話過去，醫生又被從球賽中叫出來。

「醫生，」我說，「你開藥時知不知道珍妮只有兩個月大？」

「當然不知道！」他喊道，「我根本不曉得，幸好你又打來了，我會馬上改處方。」

醫師如此，業務人員又何嘗不是如此？業務人員不先了解客戶的狀況、需要與考慮，如何說服客戶購買產品？

平庸的業務員推銷產品，傑出的業務員銷售解決問題、滿足需求之道，萬一產品不符合客戶需要，也要勇於承認。

律師在辦案前一定會先蒐集所有資料，研判案情，再上法庭，稱職的律師甚至還會事先模擬對方律師可能採取的策略；產品設計前，必定先經過市場調查；工程師設計橋梁，一定要預估橋身所需承受的壓力；老師在教學前，應先了解學生的程度。

總之，正確的判斷必須以了解為基礎，遽下斷語只會掩蓋真相。

17

習慣五

知彼解己 2

優先理解對方的立場

讓我們陷入困境的不是無知，而是看似正確的謬誤論斷。

美國作家馬克・吐溫（Mark Twain）

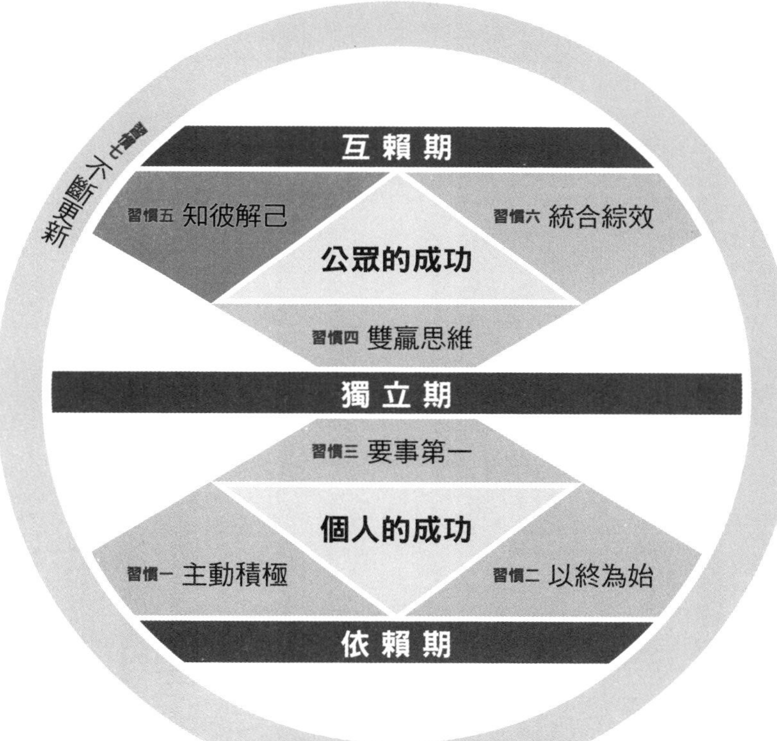
習慣七 不斷更新
互賴期
習慣五 知彼解己
習慣六 統合綜效
公眾的成功
習慣四 雙贏思維
獨立期
習慣三 要事第一
個人的成功
習慣一 主動積極
習慣二 以終為始
依賴期

自以為是的人，常有四種反應傾向：

一、價值判斷　對旁人的意見只有接受或不接受。

二、追根究柢　依自己的價值觀探查別人隱私。

三、好為人師　以自己的經驗提供忠告。

四、想當然耳　根據自己的行為與動機衡量別人的行為與動機。

價值判斷令人不能暢所欲言，追根究柢則令人無法開誠布公，經常成為親子關係的障礙。青少年與朋友講電話可以扯上一、兩小時，跟父母卻無話可說，或者把家當成吃飯、睡覺的旅館。為什麼呢？試想，如果父母只知訓斥與批評，孩子豈肯向父母吐真言？

在無數研討會中，我曾與成千上萬的人討論這個問題，我發現，人們常自以為是，卻習焉而不察，無怪乎每次角色扮演時，許多人都意外的發現自己居然也有這種通病。

好在只要病情確定，治療並不難。請看以下的父子對話，先從父親的角度來看：

「上學真是無聊透了！」

「怎麼回事？」（追根究柢）

「學的都是些不實用的東西。」

「現在的確看不出好處來，我當年也有同樣的想法，可是現在覺得那些知識還滿有用的，你就忍耐一下吧！」（好為人師）

「我已經耗了十年了，難道那些X加Y能讓我學會修車嗎？」

「修車？別開玩笑了。」（價值判斷）

「我不是開玩笑，我的同學王明輟學學修車，現在月入不少，這才有用啊！」

「現在或許如此，以後他後悔就來不及了。你不會喜歡修車的！好好念書，將來不怕找不到更好的工作。」（好為人師）

「我不知道，可是王明現在很成功。」

「你已盡了全力嗎？這所高中是名校，應該差不到哪兒去。」（好為人師、價值判斷）

「可是同學們都有同感。」

「你知不知道，把你養到這麼大，媽媽和我犧牲了多少？都讀到高二了，不許半途而廢。」（價值判斷）

「我知道你們犧牲很大，可是不值得。」

「你應該多讀書，少看電視！」（好為人師、價值判斷）

「爸，唉，算了，多說也無用。」

這位父親可謂用心良苦，但並未真正了解孩子的問題。

讓我們再聽聽孩子可能想表達的心聲：

「上學真是無聊透了！」（我想引起注意，與人談談心事。）

「怎麼回事？」（父親有興趣聽，這是好現象。）

「學的都是些不實用的東西。」（我在學校有了問題，心裡好煩。）

「現在的確看不出好處來，我當年也有同樣的想法。」（哇！又提當年勇了。我可不想翻這些陳年舊帳，誰在乎他當年求學有多艱苦，我只關心我自己的問題。）「可是現在覺得那些知識還滿有用的，你就忍耐一下吧！」（時間解決不了我的問題，但願我說得出口，把問題攤開來談。）

「我已經耗了十年了，難道那些X加Y能讓我學會修車嗎？」

「修車？別開玩笑了。」（他不喜歡我當修車工，不贊成休學，我必須提出理論根據。）

「我不是開玩笑，我的同學王明輟學學修車，現在月入不少，這才有用啊！」

「現在或許如此，以後他後悔就來不及了。」（糟糕，又要開始說教。）「你不會喜歡修車的。」（爸，你怎麼知道我的想法？）「好好念書，將來不怕找不到更好的工作。」

「我不知道，可是王明現在很成功。」（他沒有念完高中，可是混得很不錯。）

「你已盡了全力嗎？」（又開始顧左右而言他，但願爸能聽我說，我有事要跟你說。）

「這所高中是名校，應該差不到哪兒去。」（唉，又轉個話鋒，我想談我的問題。）

「可是同學們都有同感。」（我是有根據的，不是信口雌黃。）

「你知不知道，把你養到這麼大，媽媽和我犧牲了多少？」（又是老套，想讓我感到慚愧。學校很棒，爸媽也很了不起，只有我是混蛋。）「都讀到高二了，不許半途而廢。」

「我知道你們犧牲很大，可是不值得。」（你們根本不了解我。）

「你應該多讀書，少看電視！」（問題不在這裡。爸，你根本不明白，講也講不通，根本不該跟你談的。）

「爸，唉，算了，多說也無用。」

這個例子充分顯示，有效溝通何其不易，了解他人又是多麼重要。正確的溝通方式應該是同理心的傾聽，至少包括四個階段。第一階段是複述語句，這至少能使人專心聆聽：

「上學真是無聊透了！」

「你已受不了了，覺得上學太無聊。」

第二階段要加入解釋，純粹用自己的詞句表達，但仍用左腦的邏輯思考去理解：

「你不想上學了。」

第三階段摻入個人的感覺，讓右腦發揮作用。此時聽者所注意的已不只是言語，也開始體會對方的心情：

「你覺得很有挫折感。」

第四階段是既加以解釋，又帶有感情，左、右腦並用：

「你對上學有很深的挫折感。」

運用第四階段的方式溝通，不僅能了解對方，更能幫助對方認清自己，勇於表白。

再以前面的例子說明：

「上學真是無聊透了！」（我想引起注意，與人談談心事。）

「學校讓你有很深的挫折感。」（對，這正是我的感覺。）

「沒錯，學校教的東西根本不實用。」

「你覺得讀書對你沒什麼用。」（想想看，我是那麼說的嗎？）

「對，學校教的東西不一定對我有用。你看王明，他現在修車技術一流，這才實用。」

「你覺得他的選擇正確。」（嗯……）

「嗯，從某個角度來看確實如此。現在他收入不錯，可是幾年後，或許會後悔。」

「你認為將來他會覺得當年做錯了決定。」

「一定會的，現在的社會裡，教育程度不高會吃虧的。」

「教育很重要。」

「對，如果高中都沒畢業，一定找不到工作，也上不了大學。有件事，我真的很擔心，你不會告訴媽吧？」

「你不想讓媽知道？」

「不是啦！跟她說也無妨，反正她遲早會知道的。今天學校舉行閱讀能力測驗，結果我只有小學程度，可是我已經高二了！」

在對的時候發揮影響力

兒子終於吐露真言，原來他擔心閱讀程度不如人。

此時才是父親發揮影響力，提供意見的時刻。不過，在開導過程中依然要注意孩子言談間所表達的訊息，若是合理的反應不妨順其自然，若出現情緒反應就必須仔細聆聽。

「我有個構想，也許你可以上補習班加強閱讀能力。」

「我已經打聽過了，可是每週要耗掉好幾個晚上！」

父親意識到這是情緒性反應，又恢復同理心的傾聽。

「補習的代價太高了。」

「而且我答應同學，晚上另有安排。」

「你不想食言。」

「不過補習如果真的有效，我可以想辦法跟同學改期。」

「你覺得會有效嗎？」

孩子又恢復了理性，父親則再次扮演導師的角色。

有時候，不待旁人開導，只要能暢所欲言，已足以令人釐清問題，甚至找到答案。

心情不好的時候，最需要善解人意的好聽眾，如果你能適時扮演這種角色，將會驚訝對方毫無保留的程度。但前提是，你必須真心誠意為對方著想，不存私心；如果你能夠做到，有時甚至不必形諸言語，僅僅一份心意就足以感動對方。

對於關係親密的人，和他分享經驗將大有助於溝通。

我相信有人會批評，這種傾聽方式太耗費時間。起初的確如此，可是一旦進入狀況，就會如魚得水。正如醫師不能託詞太忙就不經診斷而下處方，溝通也需要投資時間。人人都渴望知音，所以這方面的投資絕對值得，它能使你掌握真正的癥結，大大增加感情存摺的數字。

傾聽使人茅塞頓開，原來人與人之間的差距如此懸殊，而觀念歧異又支配著人際關係。同一幅畫像，甲看是一位少婦，乙看卻是老嫗；有人唯利是圖、有人愛情至上，有人理智、有人重情……，不論個別差異多大，人人都以為自己代表了一切。

我們就是在充滿歧異的環境中共同生活與工作，應該如何捐棄成見，為彼此的利益而合作呢？祕訣就在本章強調的修養：知彼解己。有一位主管深諳此道，他的屬下告訴我：

我們公司規模不大，有一次跟一家全國性金融機構洽談合約，對方來勢洶洶，組織了一個八人代表團；本公司也打定主意，若無法達到雙方互利的協議，即使生意再大也寧可放棄。我們總經理首先開誠布公的說：「請根據你們的意願擬定草約，好讓我們明白你們的需要與想法，然後我們再提出意見，最後商談價錢。」

這出乎對方的意料，他們相當感動。

三天後，草約果然擬好，總經理也逐一與對方交換意見，直到彼此都確定對方了解己方的立場。原本劍拔弩張的局面化為一團和氣，對方談判人員很爽快的說：「這筆生意就這麼敲定，儘管開價，然後簽約。」

表達自己也是謀求雙贏之道所不可或缺的，了解別人固然重要，但我們也有義務讓自己被了解，這通常需要相當的勇氣。古希臘人認為，人生以品格（Ethos）第一，情感（Pathos）居次，理性（Logos）第三。表達自己也應該遵循這三階段進行，有些人在表達意見時直接訴諸左腦主管的理性，卻不見得具有說服力。

有位朋友曾對我抱怨，他向主管進言，提醒主管檢討管理方式，可是對方並不接受。他問我：「那位仁兄對自己的缺點心知肚明，為什麼死不認錯？」

「你覺得你的話具有說服力嗎？」

「我覺得有。」

「果真如此嗎？天下哪有這種道理，推銷不成反而要顧客自我檢討？推銷員應該想辦法改進銷售技術才是。你是否曾設身處地為他著想？有沒有多做點準備，設法表達得更令人信服？你願意花這麼大的工夫嗎？」

他反問：「我憑什麼要？」

「你希望他大幅改變，自己卻吝於花費心力？」他覺得投資太大，不值得付出。

另一位朋友在大學擔任教授，願意付出代價，也嘗到了成功的果實。

他先向我求救：「我手邊的計畫不合系裡研究主流，申請經費極為困難，怎麼辦？」「如果是我，我會想一套有力的說詞。先從評審教授偏好的研究方向入手，而且要比他們了解得還透澈，證明我很明瞭他們的立場，然後再說明要求補助的理由。」

他接受建議，並且和我演練了一番。在系務會議上，他說：「本人首先就本系發展重點以及各位對本計畫的顧慮提出說明，再談個人的意見。」事後證明，他的確正中評審教授的下懷，而且由於他表現出的體諒與尊重，以致會議尚未結束，研究計畫就過關了。

表達自己並非自吹自擂，而是根據對他人的了解來訴說自己的意見，有時候甚至會改變初衷，因為在了解別人的過程中，你也會產生新的見解。

一對一溝通

習慣五的重點位於個人影響圈的正中央，人際關係中有不少部分屬於關注圈，像無法解決的問題、歧見、客觀環境、他人行為等等，都是我們無能為力的。與其在那些事情上著力，倒不如反求諸己，由內而外，更為有效。

能夠傾聽就能夠接受影響，能夠接受影響就能影響人，於是乎影響圈會日漸擴大。

何不從現在起，立刻實踐第五個習慣，無論在辦公室或家中，敞開胸懷，凝神傾聽。不要急功近利，即使短期內未獲回饋也絕不氣餒。

如果你特別的積極主動，還能有機會防患未然；你不必等到孩子在學校出問題了才亡羊補牢，也不必等到發生誤解才與工作夥伴尋求溝通。

花時間陪伴孩子，就是現在，一對一，聽聽他們的想法、了解他們，從他們的眼中看看你的家庭、學校生活，正視他們面對的挑戰與問題，建立與他們的情感帳戶，培養溝通氛圍。以我為例，每天一定與內人珊德拉交談，了解彼此的感受；我們還模擬家中可能發生的摩擦，透過設身處地的傾聽技巧，預設有效的處理方式——通常由我扮演兒子或女兒，珊德拉則扮演母親，對於處理不當的事件，我們同樣也加以檢討。

此外，在辦公室也應經常與員工個別交談，多聽多了解他們的心聲，並且設立員工與股東表達意見的管道，接收來自顧客、員工、供應商等各方面的真切回饋，重視人更甚於重視財務與技術。

了解對方，是你的第一要事，特別是在問題浮現之前、在你評估與開處方之前，以及在你急著表達意見之前，請先理解對方的立場，這個有用的習慣能提升人際互賴的效能。

只要我們真實而深刻的彼此了解，就為所有問題開啟了創意與第三選擇之門。我們之間的分歧，不再是溝通和進步的絆腳石，反而是步向統合綜效的墊腳石。

習慣五　立即行動檢核表

一、探尋情感帳戶已出現赤字的人際關係，自對方的觀點檢討彼此的關係並加以記錄。下次見面時，傾聽對方的心聲，對照先前的紀錄，看看你的推斷是否正確？是否確實了解對方？

二、找一個與你親近的人，跟他分享同理心的概念，並且告訴對方，你想花一週的時間練習真正的傾聽，並請對方給你回饋。然後請記下你是怎麼做的？對方有些什麼感受？

三、下次當你看到別人交談時，摀住雙耳五分鐘，只用眼睛觀察。看看言語之外，肢體傳達了哪些訊息？

四、一旦自己犯了追根究柢、價值判斷、好為人師或想當然耳等毛病時，應主動認錯道歉。

五、學習了解他人，甚至比對方了解他自己還透澈。再基於對他人的體認來表達自己，發揮説服力。

新見解——懷抱同理心，無視負面能量

西恩・柯維

我從商學院畢業後，要做一個困難的決定。有一個機會是到奧蘭多的迪士尼遊樂設施企畫部去，那可能是世上最酷的工作。與此同時，父親十年前創辦的公司：柯維領導中心，也要我過去。

大約此時我隨著父親，看他對兩百位高階領導人講授習慣五。他談到同理心技巧，就是如何重述別人的話，表現出了解別人的感受。他說的重點在於，要是能學會將心比心的去聆聽，與人打交道會的效能會增加十倍。

父親親自示範，假扮為想休學的少年，他四下請不同的學員假扮父親，要他們設法以同理心，聽聽兒子真正想要溝通的（他在本章也用過同樣的角色扮演，參見三六四頁）。可是在場的領導人不懂父親的用意，一再弄錯。他們的回應不外刺探、提出意見、或是提自己的當年勇。可是父親還是繼續找人演下去。學員們開始有挫折感，不知此舉用意何在，心生疑問：「這人是誰，他想要證明什麼？」現場氣氛接近混亂。最後，終於有人做出帶有同理心的回應，而父親（仍假扮兒子）就吐露了一點心事。然後又有人以同理心回

應，這時大家開始進入狀況。

當扮演父親的學員都做出這種回應，扮演兒子的父親一點一點的說出心中想法。最後兒子的問題真相大白，也獲得解決。

那是一次具改造作用的經驗。這些領導人都很有能力和成就，現在卻是生命中首次了解到同理心的重要！教室內的氣氛從混亂變成覺醒。這些領導人再也不一樣了。我靠在椅子上，心想：我要在這裡工作。

鑑於習慣五似乎有太多錯綜複雜的問題，這一章我想以問答形式分享我的心得。

隨時隨地都該用習慣五？

不。同理心的傾聽有特定的時、地。當談話主題重要、敏感或確屬私人，像是同事需要事業發展上的建議，或你與親人有溝通上的問題。這類對話要花時間，不能匆促。有個不錯的經驗法則是，凡情緒激昂時刻要用同理心，在一般對話或日常聊天時不必這麼做。假使有人走過來問你：「洗手間在哪裡？我很急。」你不必說：「如果我沒聽錯，你真的需要去。」

習慣五為什麼這麼難？

如果你覺得這個習慣很難，那你不乏同病相憐者。在七個習慣中，家父也是對它最頭痛。他曾開玩笑說：「當你知道自己是對的，就很難耐心傾聽。」

大部分人自認習慣五做得很好，其實是做得最糟。他們會說：「是啊，我覺得我很善於傾聽。」但是實際上他們是從自己的角度，不是從對方的角度去聽。他們聽對方說話時帶著成見，忙著要回應，並非為了理解對方。他們從未設身處地。他們錯失太多該聽到的內容，包括未能發現核心問題，也從未盡可能去體會別人的內心。

身處領導地位，更是難以用同理心去聆聽，因為人們往往服從權威。有太多高階領導人是很糟的聽眾，有他們在場時多半是他們在發言，就是出於這個原因。加州大學教授凱特納（Dacher Keltner）發明「權力弔詭」（Power Paradox）一詞，形容領導人是以同理心和服務他人的作為取得影響力，可是得到影響力和權力後卻失去這些技能。領導人確實是爬得愈高，往往愈缺少同理心。

如果你位居領導職位，請做個實質檢測。下次參加團隊會議時，請自問：「今天的會議上，有百分之幾的發言是出自我口中？」如果出席的有六個人，而八〇%的話都是你在說，那就有問題。

我聽過一個故事，說明用自己的角度去聆聽會如何造成嚴重的誤解：

我在科羅拉多州獄政局做事時，聽過局中某單位的管理員與受刑人之間的故事。這個受刑人正要轉到別的監獄，必須經過移監前的例行財產清查。負責清查的管理員有口吃。這從不影響他執行勤務，反而儘管有這困難，他卻很善於溝通。可是當我到達那單位時，管理員極為沮喪，因為受刑人模仿他口吃，取笑他。

然後我轉而注意這個受刑人，發現他也非常難過，因為清查他財產的管理員，一直在模仿受刑人口吃。這時我明白了！管理員和受刑人都有口吃，他倆卻以為對方在嘲笑自己。他們毫不知情，彼此都有一樣的困擾。一旦管理員知道是怎麼回事後，他走向受刑人，與他握手，並為這次誤會道歉。

熟悉監獄環境的人都知道，誤會有可能導致危險情況一觸即發。先設法了解所有情況，是維持安全保障的關鍵。

你本人也覺得習慣五很難嗎？

是的。我必須不斷提醒自己，走出自己的腦袋，進入別人的腦袋。讀大學時我是楊百翰大學的先發四分衛，那是我夢寐以求的。我選擇楊百翰大學，就是因為當時他們的傳球最強，而我最愛傳球。可是就在做了兩年先發球員後，升大四前，我的前交叉韌帶撕裂，必須動重建膝蓋手術，那等於結束了我的美式足球生涯。我難過極了。

所以有了兒子後，我決心要把我知道的四分衛技巧，全部傳授給他。我甚至給他起與我相同的名字麥可．西恩。我教導他如何接收圍圈聚商的指令，如何看出對方防守策略，如何保持冷靜，如何長傳。我花費無數時間，擔任他從小學到中學每個球隊的教練。他果然成為很棒的四分衛，大家都說：「你家孩子打得真好！」我內心備感雀躍。

但升九年級的暑假，麥可．西恩突然來找我，說：「爸，這一季我不想打美式足球。」我脫口而出的第一句是：「別開玩笑，你知道我花了多少年訓練你？」

「我知道。謝謝。我就是不想打了。」

各位可想而知，我想盡辦法說服他，包括講這句話讓他感到內疚：「你練出所有這些球技，現在只想全部放棄嗎？」可是我說什麼好像都影響不了他。

幾天後我在工作時，與團隊一起設計關於同理心傾聽的工作坊練習，我突然驚醒，天啊，我完全沒照這個做！我是聽這些內容長大的，還寫了一本關於這個主題的書，卻忘記在生活中實踐這個習慣。

我必須回到起點，贏得個人勝利。運用習慣一的認識自我，我掌握住自己，創造可以選擇回應的空間。我發現我把我的自我與兒子的成功，連結得多麼密切。我以為我是在做對他最好的事，事實上我明白，我是想要透過他，實現我未完成的願望。

我再到習慣二，想想：我是要養兒子還是養四分衛？結果呢？我真的還必須思考一下。畢竟我花費十年，希望兒子能當上代表全州的四分衛。

接著我提醒自己，心想，唉，我當然想養個兒子。我想要靠近他。我想要他實現他自己的夢想，而非我的夢想。

幾天後，這個話題自然而然出現。「麥可．西恩，再說說看，這一季為什麼不想打了？」這次我心中沒有成見。我只想了解他。

「我去年有不好的經驗。」

「所以去年你打得很辛苦？」

「不是開玩笑。我被打得很慘。你不會了解，因為你一直是同年級的大個子。我卻比別人小很多。」

「你覺得我不會了解在球場上被慘K是什麼滋味，因為我在你這個年紀個子大，而你個子小？」

「沒錯，爸，你看大家這個暑假長了多少，我卻沒有。我好像比每個人都輕三十磅。今年我一定被K得更慘。」

「你因為個子比別人小很多，就害怕去打球，怕受傷？」

我們交談了約十分鐘。我原本不知道他有這種感受。我知道他個子小，但絲毫不清楚，前一年他被打得多慘，對未來一年又有多害怕。

然後他說：「爸，你認為我該怎麼做？」

我花費好幾天想說服他，毫無結果。可是十分鐘的同理心溝通，他就願意受我影響。

「你想怎麼做就怎麼做。要是你想打，那太好了。要是你不想，也很好。」

「真的？」他興奮的說。

「沒錯。」

又過了幾天，他來找我，說：「爸，我知道你兩邊都贊同，不過我今年要打。」

於是麥可．西恩那一年和次年都去打球，可是後來他腳踝出問題，要動多次手術，就無法再繼續打了。對我而言，他的美式足球生涯結束沒什麼大不了。我真正在意的是，他已經長成一個了不起的年輕人。

要接近青少年並不容易，可是我們父子辦到了，在高中、大學、大學以後，每當他面臨重大問題，我是說像「我該跟女友結婚嗎？」那麼大的事，他就會來找我。這時我們的父子關係有可能變壞，但幸好都朝好的方向發展，我會永遠珍惜。

況且我姪子布列頓．柯維（Britain Covey）已是全美美式足球運動員，我可以透過他實現願望。

我們愈來愈常用簡訊和電郵來溝通。那會影響習慣五嗎？

是的，絕對有改變。我看到這不斷發生在自己團隊上。有人不高興，就發尖銳的電郵。對方回一則長篇大論。然後他們開始加副本傳送某某某，更多人牽涉進去。我的反應是：「想要大聲抗議，打個電話，直接說清楚。」

科技剝奪掉可以幫助我們感同身受的口吻和臉部表情。所以每當處理重要的、情緒性的問題時，不要用電郵或簡訊。找個時間面對面，或至少在電話上溝通一下。表情符號沒有用。

如果無法以同理心傾聽找出解決辦法，該怎麼辦？

解決衝突其實並非同理心傾聽的目標，理解才是其目標。我十四歲左右時，跟家人一起去看電影。家裡有九個小孩，我討厭被載來載去，好像只是一個數字。我講了幾句難聽的話，傷了每個人的心。父親並未因此發怒，我們回家後他把我帶到一邊，問我有什麼不對勁。我不負責任的答道：「你誰也不關心。我跟家裡其他人不一樣，你根本沒有把我當我來對待。」

父親可以對此大作文章。他可以生氣，或是逼我向家人道歉。他卻只是聆聽，真實反映我所說的，並設法了解。他不同意，只是了解。我不曾改變看法，他也始終未對我生氣。他只是讓我的怒氣消散。理論上我們什麼都沒解決，可是由於他的默認，我後來並不覺得有必要持續反叛。現在回想起來，他很高明。

順便做個補充。父親曾說：「讓負面能量飛出敞開的窗外，不要接納它。」有時子女、配偶或同事，會說出負面或不負責任的話，與其聽進去而想要設法解決，不如無視，當作沒聽到。那就像對別人情緒激動時說的話，給一張自由通行證，讓那些話從開著的窗戶飛出去。不要關上窗戶，讓話語在房間裡亂竄，那樣兩人都會受傷。

習慣四到六好像有重疊。其中差別何在？

習慣四、五、六各不相同但相輔相成。這些年來我們教學生用「根源」、「路途」、「果實」來記憶。習慣四雙贏思維，是高效能關係的基礎，即根源。而通往雙贏的路途，是實踐習慣五知彼解己。做到習慣四、五的成果，就是習慣六統合綜效。

有時我試著用同理心傾聽，對方卻覺得我在耍技巧。

如果同理心傾聽並非出於真心，別人會立即感覺到。不只是技巧，你的出發點必須是好的。

在面對關係衝突時，大部分人一直在公眾成功上下工夫。譬如：「我和我先生處不好。我們需要習慣五。」沒錯，或許真是如此。但是你可能尚未做好習慣五的準備。就像我從與我兒麥可．西恩相處學到的，許多有關關係的挑戰，只能先贏得個人成功才能解決。你必須回到習慣一，用自我覺察、良知、想像力、獨立意志，釐清你的動機。運用習慣二去預想，你打算有什麼不同的作為。然後藉著習慣三加以實現。不做好準備就想先去了解別人，會使你易於受傷，因為你可能得知對你有威脅性的事。若要真正做到習慣五，你可能需要先贏得個人成功帶來的情緒安全感。

18

習慣六

統合綜效 1

尊重人我殊異

我以聖徒之所望自勉：
對關鍵性事務——整合。對重大的事務——求變。對所有的事務——寬大。

前美國總統喬治．布希（George Bush）

習慣七 不斷更新
互賴期
習慣五 知彼解己
習慣六 統合綜效
公眾的成功
習慣四 雙贏思維
獨立期
習慣三 要事第一
個人的成功
習慣一 主動積極
習慣二 以終為始
依賴期

前英國首相邱吉爾銜命領導全英抵抗軸心國侵略時曾說，他這一生為的就是這一刻。而本書前面所談各項習慣，也彷彿都在為這一章做準備。

統合綜效是人類最了不起的能耐，也是前五個習慣的整體表現與真正考驗。唯有兼具人類四種特有天賦、雙贏的動機以及同理心的溝通技巧，才能達到統合綜效的最高境界，不僅可以創造奇蹟，開闢前所未有的新天地，也能激發人類最大潛能，即使面對人生再大的挑戰都不足懼。

同心協力創造價值

統合綜效的觀念源自一種自然現象：全體大於部分的總和。有些不同種的植物生長在一起，根部會互相纏繞，土質因而改善，植物也比單獨生長時更為茂盛；兩塊木頭所能承受的力量，大於個別承受力的總和；兩種藥物並用的療效，也可能大於分開使用之和。這說明一加一等於三，甚至更多。但自然界的原理應用於人類社會，並非萬無一失。

統合綜效，也就是集體創新，最令人不安的正是，創造的結果吉凶難卜。雖然說冒險、探索與創新的精神必須以高度安全感為後盾，但是，不入虎穴，焉得虎子？唯有肯放棄眼前安適環境的勇者，才能開疆闢土，邁向新境界。

家庭是觀察與實踐集體創作的理想場合——一男一女結合，孕育出新生命，這就是一加一等於三；而統合綜效的精髓在於珍視差異，截長補短。男女（或夫妻）生理上的不同顯而易見，至於兩者精神、情感與社會角色上的不同又如何呢？是否也能成為開創新生活與促進個人成長的契機，進而孕育出更為美好的下一代？

博採眾議，廣納雅言

所謂統合綜效的溝通，是指敞開胸懷，接納一切稀奇古怪的想法，同時也貢獻一己的淺見。乍看之下，這似乎把習慣二（以終為始）棄之不顧，其實正好相反；在溝通之初，誰也沒有把握事情會如何變化，最後結果又會如何，但安全感與信心使你相信，一切會變得更好，這正是你心中的目標。

很少人曾在家庭或其他人際關係中，體驗過集體創作之樂，反而習於多疑閉鎖的個性，這常造成一生中最大的不幸——空有無盡的潛力，卻無用武之地。

一般人或多或少有過「眾志成城」的經驗，例如：一場球賽暫時激發了團隊精神；或是在急難中共同發揮人溺己溺的精神，挽回一條生命。不過，這些通常都被視為特例，甚至奇蹟，而非生活的常態。

其實，這些「奇蹟」可以經常發生，甚至天天出現。但前提是必須勇於冒險，肯博採眾議，因為凡是創新就得承擔風險，不怕失敗，不斷嘗試錯誤。只願穩紮穩打的人，禁不起這種煎熬。

課堂上的統合綜效

累積多年教學經驗，我深信，最理想的教學狀況往往瀕臨混亂的邊緣，同時考驗著師生統合綜效的能力。

我永遠忘不了曾教過一班大學生，課程名稱是「領導哲學與風格」。記得開學三週左右，有一位同學在口頭報告中，坦白道出自己的親身經驗，內容相當感人而且發人深省，全班都深受感動，十分佩服這位同學的勇氣。

其他同學受到影響也紛紛發表意見，甚至對內心深處的疑慮也毫無保留的分享，那種信賴與安謐的氣氛，激發人前所未有的開放。霎時之間，原先準備好的報告被擱置一旁，眾人暢所欲言，展開一場腦力激盪。

我也完全投入，幾乎有些渾然忘我。我逐漸放棄原定的教學計畫，因為有太多不同的教學方式值得嘗試。這絕不是突發奇想，反而給人穩當踏實的感覺。

最後，大家決議拋開教科書、進度表與口頭報告，另訂新的教學目標與作業，全班興致勃勃的策劃整個課程內容；又過了大約三週，大夥強烈渴望公開這一段經歷，於是決定把學習心得匯集成書。大家又重新釐定計畫，重新分組。

每位學生都比以往更加倍努力，而且是為另一個截然不同的目標而努力。這段歷程培養出罕見的向心力與認同感，即使在學期結束後依然持續不衰。後來這班學生經常舉行同學會，直到現在，只要我們聚在一起，仍然津津樂道那個學期的點點滴滴。

水到渠成的轉變

我一直很好奇，為什麼在極短的時間內，這班學生就能夠完全互信與合作。據我推測，多半是因為他們已是大四下的學生，個性相當成熟，對精采的課程不再感到新鮮。他們渴望的是有意義的新常識，所以那門課的轉變對他們而言可謂「水到渠成」。

此外，身為老師的我也適時提供了催化劑。我認為，紙上談兵不如實戰演練，與其追隨前人的腳步，不如另闢蹊徑。

當然，我也曾經與人合作失敗，弄巧成拙，相信一般人都不乏類似經驗。只可惜有人對失敗念念不忘，再也不肯做第二次嘗試。例如：某些主管為了防堵少數害群之馬，訂定更嚴厲的法規，限制大多數人的自由與發展；又好比企業合夥人互不信任，借重嚴密的法律條文保護自己，反而扼殺了真誠合作的可能性。

回顧過去擔任顧問與教學的經驗，我發現只要肯鼓起勇氣，誠懇的言人所不敢言，總會獲得相對的回饋，統合綜效的溝通於焉開始。在熱切的交流中，縱使話不成句、思路不連貫，卻不會構成溝通障礙。如此得到的結論，有些固然不了了之，但多半能發揮不容忽視的力量。

我曾經與全體同事一起擬定公司的使命宣言，並留下了相當美好的回憶。我們齊集於山間，浸淫在大自然美景之中。起先，會議進行得中規中矩，等到自由發言時，卻是百家爭鳴，反應極為熱烈。只見共識逐步成形，最後形諸文字，成為以下這則使命宣言：

> 本公司旨在大幅提升個人與企業的能力，並且認知與實踐以原則為中心的領導方式，達成值得追求的目標。

又有一次，我應一家大型保險公司之邀，主辦當年度的企劃會議。與籌備人員初步交換意見後，我發現以往的籌備方式是，先以問卷調查或訪談設定四、五個議題，然後由與會主管發表意見。通常會議進行井然有序，卻了無新意，只不過偶爾出現相持不下的激烈場面。經我強調統合綜效的優點，他們儘管有些不放心，仍同意改變形式。先由各主管以不記名方式，針對主要議題提出書面報告並匯集成冊，要求主管在會前詳細閱讀，了解所有問題與不同觀點。如此一來，會議的重頭戲不再是批評與辯護，而是聆聽與統合綜效。

在兩天的會議期間，第一天上午，我們研習本書的習慣四（雙贏思維）、五（知彼解己），其餘時間則專注在統合綜效的討論。會議不再令人感到無聊，每個人都表現得很積極，到了會議的尾聲，經由腦力激盪，大家對公司面臨的主要挑戰有了更深一層的認識，所有的意見都受到重視，新的共識逐步成形。

一旦體會過統合綜效、眾志成城的個中滋味，眼前便會呈現一片嶄新的天地，人也彷佛脫胎換骨，而且更加確信，未來還會有更多這類擴展視野的機會。

歧異也能是前進的基石

統合綜效與創意都令人興奮，而保持開放與充分溝通能帶來意想不到的豐富成果，像是取得大幅進展，或是驚人的改變；儘管保持開放可能帶來風險，但絕對值得。

第二次世界大戰結束後，美國政府請利連撒爾（David Lilienthal）掌管新的原子能委

圖32　愈高層次的溝通，信任度愈高

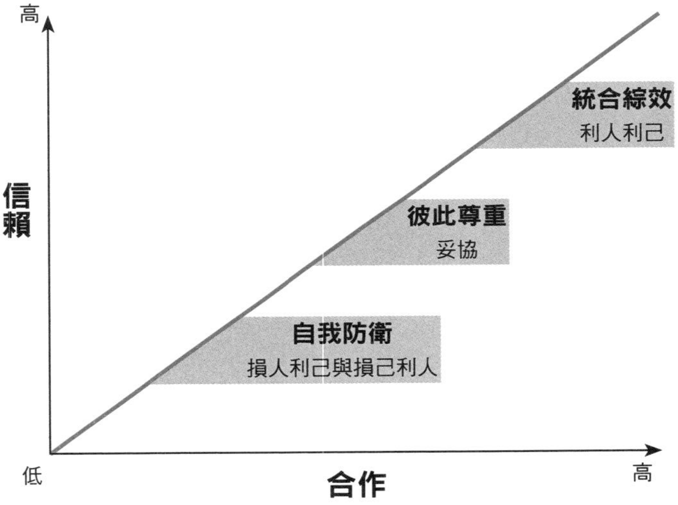

員會。他的這些手下全是來自不同領域的專家，每個人都大有來頭，而這些專業人士要處理的案子非常龐雜，時間緊迫，還有許多媒體緊盯著他們。

儘管如此，利連撒爾還是選擇先打造情感帳戶。他花了好幾週的時間，讓所有人互相了解，清楚各自的喜好、願景、目標、關注的事、家庭背景、思維等；他在所有人之間培養良好互動，打造了堅實的連結。

有效溝通讓統合綜效更強化

然而，他也因此遭到外界嚴

厲抨擊，認為此舉「毫無效益」。

但結果是，整個小組凝聚力大為提高，對彼此開誠布公，激盪出很多創意與統合綜效。成員之間相互尊重，即便出現歧異，也願意真誠理解彼此。他們展現出一種態度：「如果對方的才智能力、對團體的忠誠都不下於我，我們之間若出現意見不合，那必定是有些我不了解而且必須去了解的事物，我應該從對方的觀點與架構來思考。」這個團隊發展出坦誠的互動，以及十分特別的文化。

統合綜效的基本心態是：如果一位具有相當聰明才智的人跟我意見不同，那麼對方的主張必定有我尚未體會的奧妙，值得加以了解。

低層次的溝通由於信任度低，遣詞用句多重在防衛自己或在法律上站得住腳，力求無懈可擊。然而，這並非有效的溝通，只會使雙方更堅持本身立場。

中間一層是彼此尊重的交流方式，唯有相當成熟的人才辦得到。但是為了避免衝突，雙方都保持禮貌，卻不一定為對方設想；即使掌握了對方的意向，卻不能了解背後的真正原因，也不可能完全開誠布公，探討其餘的選擇途徑。

這種溝通方式通常以妥協折衷收尾。妥協意味著一加一只等於一又二分之一，雙方互有得失。

19

習慣六

統合綜效 2

尋求第三選擇

無論在什麼時候，永遠不要以為自己已知道了一切。

俄羅斯心理學家巴夫洛夫

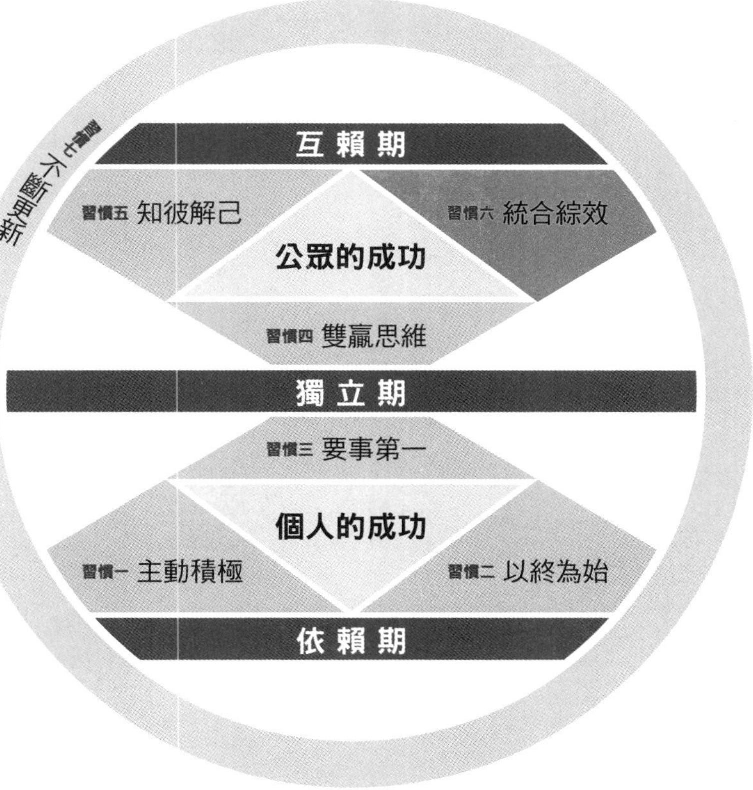
習慣七 不斷更新
互賴期
習慣五 知彼解己
習慣六 統合綜效
公眾的成功
習慣四 雙贏思維
獨立期
習慣三 要事第一
個人的成功
習慣一 主動積極
習慣二 以終為始
依賴期

想要了解溝通層次是如何影響互賴關係的效能？且看以下這個例子：

假期來臨，一位父親想帶全家去露營釣魚。他策劃許久，做好一切安排，兩個兒子也興奮的期待著，怎奈妻子卻打算利用難得的假期，陪伴久病不癒的母親，一場家庭爭端彷彿一觸即發。

丈夫說：「我們已經盼望了一年，而且孩子們到外婆家無所事事，一定吵翻了天；何況，她老人家病情並沒有那麼嚴重，又有你妹妹就近照顧。」

妻子說：「她也是我的母親，不知道在世上還有多少日子，我想要陪在她身邊。」

「你可以每晚打電話請安，反正我們會跟她一起過聖誕節。」

「那還有好幾個月，不知那時她是否還在人世？母親總比釣魚重要。」

「丈夫、孩子比母親更重要。」

這樣爭執下去，最後或許會有折衷的安排，也許是妻子獨自去探望母親，丈夫帶著孩子去度假，可是夫妻倆都會有罪惡感，心情不可能愉快，孩子也會察覺到，連帶也不能玩得盡興。因為，先生向太太投降，但心不甘情不願，有意無意的想證明如此決定何其錯誤；或是妻子配合先生，卻毫無玩興，萬一母親的病情稍有變化，她一定反應過度。倘若母親不幸在此時病危或撒手人寰，做妻子的更不會原諒丈夫，丈夫也難以原諒自己。不論如何妥協，總會成為夫妻間揮之不去的陰影，日後再起衝突就會翻舊帳。許多原本頗為美滿的婚姻，常為了這類事件嫌隙日深，以致反目成仇。

如果這對夫婦感情深厚、彼此信賴、溝通良好，而且都相信有兩全其美的第三條路可走，又能真正了解對方的想法，那便是創造性合作的理想環境。

經過溝通，先生終於了解妻子的苦心——她一方面想減輕妹妹長年照顧母親的負擔，另一方面也的確沒把握母親還能多久於人世；妻子當然也理解，丈夫花費許多心思安排這趟旅行，連必要的裝備都買妥，如果不去多麼可惜。於是，他們試著找出第三選擇。

先生說：「也許在這個月找一週，家事請人代勞，其他由我負責，你就可以去看母親；要不然，到距離母親較近的地點去度假釣魚也不錯，甚至邀請附近的親友一起度假，更有意思。」就這樣，夫妻倆互相商量，直到找出共同認可的方式，不僅滿足雙方需要，也使彼此感情更上一層樓。

只可惜，一般人討論問題時，浪費太多的時間精力在打擊批評、玩弄手段、文過飾非或是曲解他人——彷彿一腳踏著油門，另一腳踩著煞車，這樣車子能開得穩嗎？

歧見發生時，原本應當立刻煞車，但許多人反而猛踩油門，施加更大壓力，為自己找更多理由來自圓其說，這都是不夠獨立的表現。不論是仗勢欺人、損人利己，或企圖討好別人而損己利人，都不可能產生創造性合作。

至於缺少安全感的人，往往堅持己見，一意孤行，處處要別人順從與附和。他們不了解，人際關係最可貴的正是接觸不同的觀點，一致並不代表團結，相同也不意味齊心，唯有團結才能互補，而合作便需要珍視差異。

我愈來愈相信，人際統合綜效的關鍵就在個人內在的統合綜效，而內在綜效就是前三個習慣的具體實踐。當我們的內在自足自信，才能勇敢敞開心胸，展現自己的脆弱面；當我們將這些原則內化之後，才能得到富足的心態。

以原則為重，可以帶來很實際的效果，其一就是幫助我們完全且真正整合自我。

慣於從左腦出發，講求邏輯語言思考的人會發現，這種思考很難解決創意問題，他們開始意識到需要轉向右腦思考；這不代表他們的右腦不靈光，只是不常運用罷了，也可能是右腦肌肉沒有得到適當訓練，因為從小的正規教育或社會環境都只重視培養左腦能力。

唯有運用閒置已久的右腦，使右腦主司的直覺與創造力與左腦相配合、共同運作，才能解決更多難題。

與人合作最重要的是，重視不同個體的不同心理、情緒與智能，以及個人眼中所見到的不同世界。自以為是的人總以為自己最客觀，別人都失之褊狹，其實這才是畫地自限；反之，虛懷若谷的人承認自己有不足之處，樂於在與他人交往之中汲取豐富的知識見解，重視不同意見，因而增廣見聞，正所謂：「三人行，必有我師焉。」至於完全矛盾的兩種意見同時成立，是否合乎邏輯？問題不在於邏輯，而是心理使然。

矛盾可以並存

有些矛盾的確可以並存，第一章中有關少女與老婦的畫像測驗已充分證明，同一景象會引起相互矛盾的詮釋，而且都言之成理。

假如兩人意見相同，其中一人必屬多餘。與所見略同的人溝通，毫無益處，要有歧見才有收穫。我認為，光與同意我的人談話溝通其實並無幫助，我希望與意見不同的人交流，我看重的是個體的差異。如此一來，我不只能增進自己的覺知，同時也肯定他人，創造溝通氛圍，並藉此塑造統合綜效的環境。

個別差異的重要性，從教育家李維斯（R. H. Reeves）的著名寓言〈動物學校〉（The Animal School）中可見一斑：

有一天，動物們決定設立學校，教育下一代應付未來的挑戰。校方訂定的課程，包括：飛行、跑步、游泳以及爬樹等本領。為方便管理，所有動物一律要修全部課程。

鴨子游泳技術一流，飛行課的成績也不錯，可是跑步就無計可施，為了補救，只好課餘加強練習，甚至放棄游泳課來練跑，最後磨壞了腳掌，游泳成績也變得平庸。校方可以接受平庸的成績，只有鴨子自己深感不值。

兔子在跑步課上名列前茅，可是對游泳一籌莫展，甚至精神崩潰。

松鼠爬樹最拿手，可是飛行課的老師一定要牠自地面起飛，不准從樹頂下降，弄得牠神經緊張，肌肉抽搐，最後爬樹得丙，跑步更只有丁等。

老鷹是個問題兒童，必須嚴加管教。在爬樹課上，牠第一個到達樹頂，可是堅持用最拿手的方式，不理會老師的要求。

到學期結束時，一條怪異的鰻魚以高超的泳技，加上勉強能飛、能跑、能爬的成績，反而獲得平均最高分，還代表畢業班致詞。另一方面，地鼠為抗議學校未把掘土打洞列為必修課，決定集體抵制，把子女交給獾做學徒，然後與土撥鼠合作另設學校。

在互賴關係中，統合綜效是對付阻撓成長與改變的最有力途徑。社會學家李溫（Kurt Lewin）曾以「力場分析」（Force Field Analysis）模型，來描述鼓勵向上的助力與阻撓上進的阻力，如何形成互動或平衡的狀態。

助力通常是積極、合理、自覺、符合經濟效益的力量；相反的，阻力多半消極、負面、不合邏輯、情緒化、不自覺、具社會性與心理性因素。

以家庭為例，根據理智判斷，家中氣氛應該和諧、開放與尊重，認同這種觀念便是助力。但僅加強助力還不夠，諸如子女間的競爭、夫妻間的失和，或工作忙碌無暇顧及家庭等等阻力，都會抵消正面的力量。

不設法消滅阻力，只一味增加推力，就彷彿施力於彈簧上，終有一天會引起反彈。幾經努力失敗後，就會興起改進不易的感嘆。如果能配合雙贏的動機（習慣四）、同理心的溝通技巧（習慣五）以及統合綜效的整合工夫，不僅能破解阻力，甚至可化阻力為助力。

發現不同意見的價值

我曾經多次參與談判，由於雙方心懷怨憤，又互聘律師坐鎮，結果溝通益加困難，幾乎只得對簿公堂。此時我都會建議：「我們是否能設法找出兩全其美之策呢？」

當事人往往口頭上認同，心裡卻不以為然。如果再問：「假設我能說服對方，你是否同意重新開始真正的溝通？」通常答案都是肯定的。

經過我居中努力，結果幾乎都出人意料。幾個月來在心理與法律上對立的難題，在數小時或數日內完全解決，且不是經由法院判決妥協，而是統合綜效後產生更理想的方案。

另一次經驗是，某日清早，我接到一位土地開發公司負責人的求救電話。由於他未按時繳交貸款，銀行打算沒收抵押的土地；為了保護產權，他又反控銀行。整個事情的癥結在於：這位負責人需要更多資金完成土地開發，以便出售求現，再償還貸款；但在他付清積欠款項前，銀行拒絕再提供貸款。這是個雞生蛋，還是蛋生雞的問題。

不僅如此，由於開發進度落後，附近居民紛紛抗議，市政府也備感尷尬。此時銀行與開發業者均已投下上萬元的訴訟費，但距開庭還有好幾個月。

經過電話中一番勸說，他勉強同意嘗試習慣四、五、六，安排與銀行方面談判。

早上八時在銀行會議室展開的會議，一開始就劍拔弩張，對方的律師關照談判人員不可說話，由他一人發言，以免影響將來打官司的立場。前一小時半，由我講述雙贏思維、知彼解己與統合綜效等觀念，然後根據初步了解，把銀行方面的顧慮寫在黑板上。起先，對方沒有什麼反應，逐漸的，他們開始加以澄清，雙方終於可以溝通了。

對於此事可能和解，彼此都感到十分興奮，銀行談判人員也不顧律師反對，暢所欲言。到後來，雖然雙方立場不變，但不再亟於為自己辯護，也願意聽聽對方的說法，於是我又把土地開發者的意見寫上黑板。

彼此逐漸發現，過去由於溝通不良，引起極大的誤會；現在心結既已打開，和解指日可期。正午時分，原定結束會議的時間，討論氣氛卻異常熱烈，開發業者所提的建議

圖33　助力與阻力相抵消

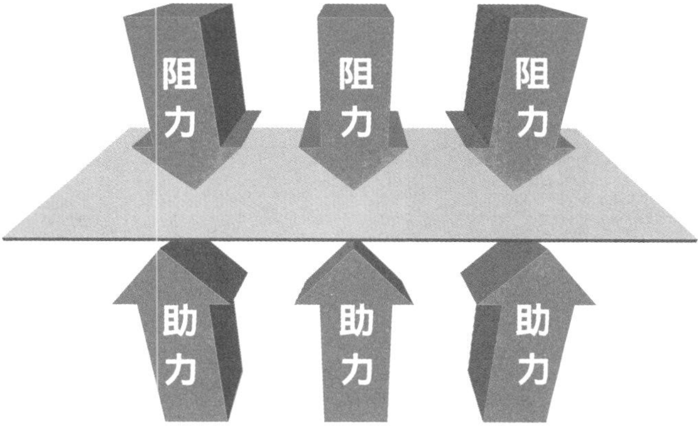

正獲得熱烈迴響，經過一番增刪，到了十二時四十五分，雙方完成初步協議。這項談判後來雖然又持續了一段時間，但官司已經撤回，那片土地上總算蓋起了一棟棟的房舍。

我舉此例並非表示不該循法律途徑解決問題，有時的確有此必要，但應是萬不得已的做法。假若一開始就訴諸法律，即使是為了以防萬一，也會破壞合作解決問題的契機。

自然界是一個唇齒相依的大家庭，宇宙萬物彼此關聯，團結可以發揮最大力量。動物如此，人類亦然。正如本書七大習慣，若能綜合運用，效果宏大。

個人的參與左右著集體的成敗，

愈是真誠投入，鍥而不捨的參與解決問題，愈能發揮個人創造力，所獲成就也更能得到認同。我相信，日本人的經營方式改變了全球市場，其最了不起之處即在於重視個人參與。

統合綜效是正確有效的原則，也是前面所有習慣的集大成。他人的觀念或統合綜效的過程，固然非我們所能控制，但仍有許多部分是個人影響圈能企及的，我們可以整合左、右腦各擅所長的分析與創造能力，藉由其間的差異來刺激創新。

就算置身於充滿敵意的環境，還是可以發揮自身的統合綜效。

你可以忽視外在的侮蔑，拒絕接收負面能量，找出對方的優點並加以利用，強化自己的見解，擴展自己的視野；你還可以在互賴的狀況中，鼓起勇氣、開放心胸，表達意見與感受，而你的態度也能鼓勵他人保持敞開。

每個人的相異之處都值得看重，如果有人反對你的意見，你可以說：「太好了，你有不同的看法！」你不必事事同意他人，但肯定別人是個開始，這樣雙方才能互相理解。

如果你只看到二分法，也就是唯有你的方式與「錯」的方式，請試著找出符合綜效的第三選擇。

即使在最不利的環境中，依然可以進行內心的整合，不必太在意旁人的詆毀，應該化解負面的阻力，發掘別人的長處以補自己之不足，在僵持不下的局面中尋找第三選擇。如果你採取利人利己的哲學，試圖理解他人，一定能找到適合的第三選擇，讓每個人受惠。

習慣六　立即行動檢核表

一、回想一位經常與你意見不合的人，有哪些方式可使彼此從歧見中找出第三條路？不妨請對方提供意見，並且珍惜這不同的聲音。

二、將令你不滿的人列成名單，試想如果你有足夠的安全感與容人雅量，他們的不同見解是否有可取之處？

三、在哪種狀況下，你必須借重團體的力量？會需要哪些條件配合？應該如何培養這些條件？

四、下次與人衝突或意見相左時，設法了解對方的立場背景，是否有什麼顧慮？請以富創意、互惠的方式，消解這些顧慮。

新見解——放下自我，溝通討論

西恩·柯維

塞吉·布林（Sergey Brin）在史丹佛大學讀電腦工程，入學兩年後被指派在春季班的新生訓練上協助新生。那天早上他分配到的工作，是帶一名叫賴利·佩吉（Larry Page）的學生認識校園。

他倆並未一拍即合，反而覺得彼此格格不入。他們幾乎所有事情都意見不合，到最後因為在每個主題都要鬥嘴，鬥得不亦樂乎，反而變成好朋友。

塞吉和賴利都喜歡電腦，但是兩人個性完全相反。塞吉合群，喜歡派對；賴利內斂，喜歡獨處。塞吉坐不住；賴利卻曾不辭辛苦，用樂高積木組成一台印表機。

後來他們一起為賴利的論文合作，實驗一種新的網路搜尋法。當時的搜尋是在電腦輸進一個字詞，網際網路會回傳，這個字詞曾出現多少次和出現在哪裡。

賴利覺得如果搜尋連結而不是搜尋字詞，應該會很有趣。他推斷，一個網站愈常連結到別的網站，代表它愈重要。運用他的方法，搜尋結果會按重要性次序排列。

塞吉和賴利稱呼他們的新程式為「回搓」（BackRub），因為它會計算，連回某原始網站的連結數量。為了跑這個程式，他們在賴利的房間裡放了好多台廉價電腦，害得學校的網路差一點停擺。於是他們搬到友人家的車庫去實驗。

多年後有超過十億人使用「回搓」，現在稱為谷歌（Google），是賴利和塞吉在學校宿舍創辦的公司。

這兩個創立谷歌的大學同學很少意見相同。要是他倆一直很合得來，事態會怎麼發展？要是他倆的長才一模一樣會如何？要是他倆個性相近，不論外向或內向，又會如何？顯然他們需要彼此的強項，才會建立起這間跨國大公司。他們無法單獨一人成事。

相信第三選擇

富蘭克林柯維公司與數千個組織合作過後，我們得知統合綜效確實可行。它不只是好聽的理論或理想。人生是團隊運動，只要具備正確的態度和技能，你可以為複雜的問題找到統合的解答，不見得每次但大部分都會成功。

要找到第三選擇，你必須相信有這種選擇存在。你必須相信經由合作，可以找到比你我單獨所想更好的解決辦法。如果你不相信，如果你認為綜效不切實際，只能選你的或我的方法，就永遠無法精通這個習慣。找出第三選擇的關鍵基石，在於放下自我，承認你需要所有參與者集思廣益，找出最佳解決之道。

每個人的聰明才智不一樣，人人都能有所貢獻。科學告訴我們智力是多麼複雜的東西。任教於哈佛教育研究所的心理學家霍華德・嘉納（Howard Gardner），提出九種不同的智力，並指出每個人都擁有一種或更多。

一、**空間**　能夠在大與小的空間裡，感受到我在其中。

二、**語文**　能夠書寫和口說。

三、**數理邏輯**　能夠處理邏輯、數字、推理。

四、**運動**　協調、時機感、反射作用快、手部靈敏。

五、**音樂**　對聲音、曲調、節奏、高低音有敏感度。

六、**人際**　對他人情緒和動機敏感；能夠與人合作、相處，做「團隊成員」。

七、**內省**　能夠自我反省，解讀自身的感受。

八、**自然觀察**　能夠對自然界動物、植物、雲層和其他構造，做出重要區別。

九、**生命與自我**　偏好提出關於人生的大問題，並會去尋找答案。

找出第三選擇的另一個基石是對話。我們一定要學會彼此溝通。多多溝通。我們需要腦力激盪，充分討論問題，彼此激發創意，一而再再而三的回到原點，重新討論。萊特兄弟要不是經過多次討論，並充分重視彼此的歧見，永遠不會發明飛機。其兄臨終前曾說：「我倆這一生完成的每件事，幾乎都是兩人對話、建議、討論的結果。」

地方電視台的新聞和業務部門經常會起衝突。氣象專家柯希可（Travis Koshko）告訴我，他工作的電視台如何透過有益的溝通和腦力激盪，得以找出解決衝突的第三選擇。

我們電視台舉辦「三度保證」抽獎多年，對氣溫預報錯誤提供獎品，以激勵收視率。每當我報錯前一天的預測最高溫，差到三度以上，就贈送那時段廣告商提供的小禮物。

這個活動做了近十年，顯然抽獎失去了新鮮感：報名參加的觀眾人數不斷減少。我們不常錯報預測最高溫，這對我們的預測聲譽很好，可是也代表我們不會送出任何東西。到最後報名參加的觀眾人數降到接近零，從廣告商曝光度和觀眾興趣來看，這個活動是失敗的。我不曉得該不該整個取消，可是廣告AE約瑟芬（Josephine）為維持電視台的營收，想要保留。我們看法不一，需要有所改變。

所以我向約瑟芬提出新構想：何妨把抽獎改為「樂透彩」模式？一開始配合電視台在第十九頻道，節目拿出一小筆彩金：美金十九元，每當我們的預測差距在三度以內，彩金就增加五元。當我們差到三度以上，就送出全部累積的彩金，然後再從十九元開始。這樣對我們仍有預報正確的誘因，當獎金增加時觀眾也會更踴躍的參加。

我注意到的第一件事是，約瑟芬完全持開放態度，也很喜歡我的構想。接著我們調整修正參加方式，使之符合各方的需要，包括她的、我的、廣告商的和電視台的。沒有多久我們的活動就大獲成功。報名參加人數激增。有一度我們連續四十一天預報「正確」，產生有史以來最大的彩金金額。這在社交媒體上造成轟動。很多人在我下班後攔住我，跟我討論彩金的事。廣告商也非常滿意改變方式後的抽獎活動。

原本很易於使活動無疾而終，失去寶貴的機會，但由於約瑟芬和我願意創造新選擇，最後各方都成為贏家。我維持住準確的氣象預報員名聲，約瑟芬替電視台增加營收，觀眾則贏得很多獎金。

互補團隊

我記得自己有一次抱怨上司，父親當時的回應是：「他當然有弱點，你也一樣。不要把自己的情緒建立在別人的弱點上，反而要順著他的強項，設法彌補他的弱點。輔助他的不足。」

父親對此身體力行。他創辦柯維領導中心時，原本擔任執行長職位。但他很快發現：

「我不擅長這個。我是個老師。」於是他聘請周遭有能力的人，讓他們帶來執行和領導專長，以補本身的不足，他並不覺得尊嚴受到威脅。

不過父親最突出的統合綜效，是他和母親的例子。他倆的背景差很多，對人生的態度也不一樣。

母親家境清寒。外婆在二次大戰時，放下一切自德國移民美國。她在異鄉不敢說德語，拚命努力去掉口音。外公是高中歷史老師，所以手頭一直很緊，而我父親成長於較富足的環境。由於這些差異，用錢的方式有時會成為爭執點。母親會說：「你買雙球冰淇淋？我們家沒有那種錢！」

多年來我看到，父親如何漸漸理解母親的世界觀，並與他自己的世界觀不曾產生衝突，而是相輔相成。這讓他明白，有比他們各自的想法更好的中庸之道，只要他們好好溝通，可以到達那個境界。我想要不是有母親，父親絕不可能那麼了解統合綜效。

隨著父親的知名度增加，母親是唯一會給他忠實反饋的人。有一次他與布蘭查及其他著名講者，在眾多聽眾前同台演講。事後大家都稱讚父親，但我母親卻說：「史蒂芬，這不是你講得最好的一次。你太嚴肅，又用了太多圖表。大家想聽故事。你何不像布蘭查一樣多講故事？」

母親總是鼓勵父親少一點複雜，多一點笑容，多一點私人情感。由於母親獨特見解，而且總是實話實說，所以父親愈來愈重視她的意見，多過其他人。

與顧客的統合綜效

除了人際的統合綜效，我們也能找到很突出的例子，展現產業、利害關係人及顧客之間，創造性協作的威力。我個人很喜歡樂高積木，樂高公司也總是十分吸引我。它是世上最受信賴的公司之一，其核心強項之一，就是與顧客的綜效。

樂高自一九四九年起持續推出他們所鍾愛的套裝積木組（如暢銷的《星際大戰》系列）。許多顧客（大部分是懷有童心的成人）向樂高要求，讓他們自行設計套件，並在線上訂購需要的積木。樂高為回應這個要求，在二〇〇五年開發了免費軟體，名為樂高數位設計師（LEGO Digital Designer），讓顧客可以自己設計成品。

之後開始發生奇怪的事。有設計軟體用戶駭入樂高的電腦系統，顧客可以看到每套積木的組合內容，不必買不需要的積木，省下一點錢。樂高很快發現被駭，但是樂高的作為並非一般預期公司獲利受影響時的反應。樂高雖然訝異於顧客那麼快就能駭入其軟體，但歡迎他們修正。它看出最忠實的粉絲需要什麼，就讓他們獲得滿足，因為那最終符合樂高更大的布局。樂高一直希望粉絲能夠自己設計，甚至也許想出可供樂高使用的點子，粉絲果然不負期待。

樂高基於綜效精神，退一步傾聽駭客心聲，設法先了解並評估不同意見。原本可能變得不愉快的關係，最後卻成為綜效思維的美好展現。

達成統合綜效

綜效不會自然發生。你得加以促成。若不確定該從何著手，請看以下的簡單五步驟：

一、確定所面對的問題或機會。
二、別人的看法（先設法了解別人的想法）。
三、我的看法（設法讓別人了解你的想法）。
四、腦力激盪（創造新選項、新構想）。
五、高明方案（找出最佳解決之道）。

我有個同事分享她如何和家人共同決定要怎麼度過週六。請注意他們五個步驟都有確實做到。

週六家人應該在一起，是培養家人關係的時刻。如果你問我先生，為什麼要有週六，他一定像上面這樣回答。我的答案很不一樣。我這一派的想法是：「週六就是補做平常未完成的清潔工作，基本上就是做完一堆待辦事項！」孩子們不喜歡我這種哲學。幾乎每個週六都要起爭執。孩子的爸想要帶全家到公園玩，我想要除院子裡的草。

各位猜誰會贏？每——一——次——都是孩子的爸。

我是說，哪家孩子真心想要替院子除草？我家孩子可不想。我承認我一旦開始啟動，就變得有點鑽牛角尖，很難適可而止。假如我開始清理廚房，接著就會打掃客廳、浴室、書房、樓梯、洗衣間、臥房等。有個週五晚上，我和先生一起看電視時，有這樣的對話：

先生：「嗨，我們明天早上先去做點戶外活動怎麼樣？」

我：「還有好多家務要做，我們要早一點開始才行。」

先生：「那你不如列一張清單，我們一起看看究竟有哪些事要做。」

（我振筆疾書，但願沒有忘記任何事！然後把單子遞給他。）

先生：「好，大概幾個鐘頭就可以做完一半的家務。你覺得孩子們撐得了那麼久，可以幫得上忙嗎？」

我：「我們需要換個計畫，對不對？」

先生：「對，早上比較涼爽，不如撥出一些時間去公園，再喝點冷飲，然後回家做最重要的家務事？」

我：「我們試試看。」

於是週六早上醒來，我們準備好去公園。可以在太熱之前先去玩，孩子們很興奮。他們玩了整整一小時。我和先生甚至有時間繞公園小徑一圈，又回來跟孩子們一起玩。等天氣變熱時，我們都感到疲累。我們到最喜歡的飲料店去清涼一下，再回家做必要的家務。當我把「待辦事項」清單給孩子們看時，居然沒什麼抱怨聲。

我和先生現在都很樂於度過我們稱為「綜效週六」的日子。

統合綜效是終極的習慣，是前面五個習慣的最高點。那是高效能生活的回報與甜美果實。所以下回你開會時，若有人的發言與你的意見相去甚遠，請大聲說：「你有不同看法，太好了。」

第四部

全面觀照生命

面對共享經濟

柯維提出，統合綜效就是集體創新，
透過資源重新分配再利用。
有需要的人可以較便宜的代價享用資源，
資源擁有者也有合宜的機制獲得回饋，
各種新創服務便隨之而生。

20

習慣七

不斷更新1

日復一日提升自己的能力

偉大的成就往往源自微不足道的小事。每念及此，我總認為世上沒有小事。

前美國眾議員暨廣告業者布魯斯．巴頓（Bruce Barton）

習慣七 不斷更新
互賴期
習慣五 知彼解己
習慣六 統合綜效
公眾的成功
習慣四 雙贏思維
獨立期
習慣三 要事第一
個人的成功
習慣一 主動積極
習慣二 以終為始
依賴期

假使你在森林中看到一位伐木工人，為了砍一棵樹已辛苦工作五小時，筋疲力竭卻進展有限，你當然會建議他：「何不暫停幾分鐘，把鋸子磨得更利些？」對方卻回答：「我沒空，鋸樹都來不及了，哪有時間磨鋸子！」

習慣七就是花時間磨鋸子。看七個習慣思維的圖形即可明白，習慣七圍繞在其他的習慣旁，是因為這項習慣正是能讓前六個習慣得以順利運作的重點。

不斷更新四大面向

習慣七能夠保存與增加你最大的資產——你自己。透過生理、靈性、心智與社會情感四個面向的不斷更新，將能夠增進個人產能，做為累積其他修養的本錢。雖然可能用的是不同字眼，但是大多數的生活哲學都是在處理這四個面向。

好比撰寫《我跑步，所以我存在》（*Running & Being: The Total Experience*）的大師喬治．席翰（George Sheehan），他曾用四種角色來描述：要活得像動物（生理），當個好工匠（心智）、好友（社會），以及做聖人（靈性）；動機與組織相關的理論，也常針對這四個面向思考——經濟（生理面向）、如何對待人（社會面向）、人力如何發展與使用

圖34　從四個面向磨練自己

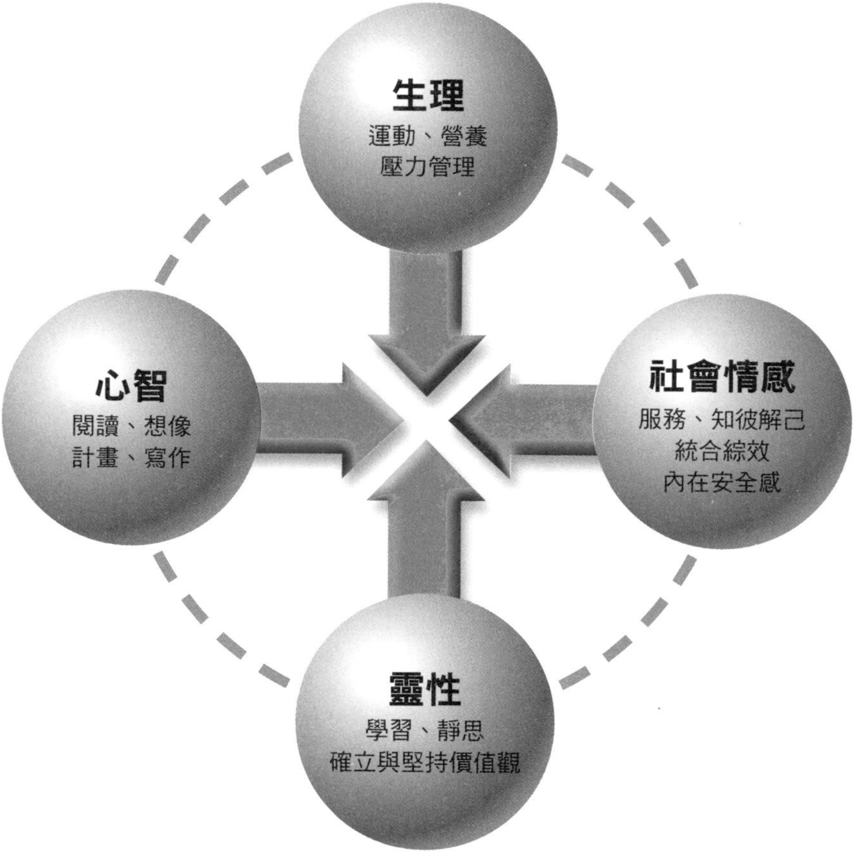

（心智面向），以及組織給出什麼服務、工作與貢獻（靈性面向）。

磨鋸子基本上就是要強調從這四個面向來磨練自己，這種修養工夫完全得靠自己，旁人無法越俎代庖，它屬於前面所提重要而不急迫的事。

人生最值得的投資，就是磨練自己，因為不論是生活與服務人群都得靠自己，這是最珍貴的工具。

一、生理層面：適當運動有助健康

鍛鍊身體也就是維持健康，像是吃營養的食物、充分休息，以及定期運動。

運動對保健極其重要，可惜經常被忽略，因為我們從不認為運動是當務之急，因循蹉跎，等到身體狀況惡化，為時已晚。

許多人都宣稱抽不出時間運動，其實每週撥三至六小時，或每日挪出半小時並不困難，但是對每週跟其餘一百多小時貢獻良深，絕對值得投資。

運動不需特定的器材，到健身房健身或打網球固然是運動，在家裡照樣能活動筋骨。好的運動可以增進耐力、彈性與力氣。

「耐力」是指心臟血管將血液送達全身的效率。心臟本身也是由肌肉組成，不過心肌得靠運動其他肌肉（尤其是腿肌）來鍛鍊，所以游泳、散步、跑步與騎腳踏車，對身體十分有益。

運動時應保持每分鐘至少心跳一百次，而且連續三十分鐘，才算及格。如果能達到個人最高脈搏次數（亦即最高心跳次數）的六成，更為理想。

計算最高心跳次數的公式是：二二〇減去年齡，四十歲最高心跳次數是一八〇，一八〇的六成是一〇八。要想達到鍛鍊效果，心跳次數必須在最高心跳次數的七二%至八七%之間。

「彈性」可藉有氧運動前後的伸展動作加以訓練，事前的伸展可以放鬆肌肉與暖身，事後的伸展則可幫助代謝乳酸，減輕肌肉痠痛。

「力氣」可透過持久的肌肉運動來培養，例如：伏地挺身、仰臥起坐等等。至於究竟應該鍛鍊到何種程度，視個人需要而定。勞力者，如：運動員，必須加重分量；勞心者，則在有氧運動、伸展運動外，略加些柔軟操即可。

某次我與一位朋友去健身房運動，他是運動生理學博士，但他告訴我，當他的重量訓練做過頭，我要在他喊停的時候，阻止他繼續做下去——他強調，前提是必須由他先喊停，我才能出手。

所以我在一旁觀察等候，準備要幫他挪去重物。但他繼續舉重，上上下下個沒完。我看得出他愈來愈吃力，但是他沒喊停；當他要推舉的時候，我心想，他不可能辦得到吧，但他辦到了。

最後，當我看著他一臉扭曲的奮力推舉，血管幾乎要迸出皮膚外時，我心想，那玩意兒肯定會砸下來，打在他胸口，我一定要出手幫他才行。他會不會失控了？搞不好他根本不知道自己在幹嘛。

但這時，我朋友仍舊慢慢的舉高、放下，我簡直不敢置信。

然後，他終於開口要我幫他挪開那個器材時，我忍不住問：「你為什麼要等這麼久？」

「幾乎所有運動的好處，都是在最後才出現，我想要增強我的力量，但這個效果只會在肌肉纖維拉開，並經過四十八小時修補後才會達成。」

我明白他的意思了，而且這道理同樣可以套在情感肌肉的增強上。

以耐心為例，當你想要比以前更有耐心，就需要讓情感的纖維先破損，等到自然修復之後，你就會發現自己比以往更強韌、更有耐心了。

不過，一般人鍛鍊體魄不必像運動員一樣，非要吃得苦中苦才會有收穫。要緊的是，必須有規律，並且循序漸進，適可而止，以免造成運動傷害。素來缺乏運動的人，一開始會很不習慣，但應以意志力克服退縮的念頭，切不可追求速效，以免超出身體的負荷。運動之前，不妨參考他人的經驗，或聽取醫生的建議。

隨著體力的增進，對日常活動更可應付自如，再也不會一到下午就精神不濟，或是疲倦得無法做運動。再者，運動還能培養毅力，增加自信。

二、靈性層面：滌除心靈的塵埃

靈性更新，可培養我們掌握人生方向的能力，與習慣二（以終為始）密切相關。

靈性是人的核心，代表價值體系，極為隱私又極端重要。每個人提升靈性層次的方式各自不同，舉例來說，我每日誦讀《聖經》，祈禱沉思，因為《聖經》代表我的價值體系；有些人受到偉大的文學作品或音樂所感動，有些人則選擇接近大自然。作家葛登（Arthur Gordon）曾描述他個人心靈重建的親身經歷。

他一度感覺人生乏味，意志消沉，靈感枯竭。當這種情況愈演愈烈的時候，不得不求教於醫生。

檢查身體後，一切正常，醫生便建議他做一次精神之旅——到幼年時最喜愛的地點度假一日。這一天，可以進食，但禁止說話、閱讀、寫作或聽收音機，然後醫生開了四張處方，囑咐他分別在九時、十二時、下午三時以及六時拆閱。

第二天，葛登如約來到最心愛的海灘，打開第一張處方，上面寫著：「仔細聆聽。」他的第一個反應是：「難道醫師瘋了不成？我豈能連續呆坐三小時？」但葛登仍遵循醫囑，耐心的四下傾聽。

他聽到海浪聲、鳥聲，不久又發現起初未注意的許多聲響。一邊聆聽，一邊想起小時候大海教給他的耐心、尊重以及萬物息息相關等觀念。他逐漸聽到往日熟悉的聲音，也聽出沉寂，心中逐漸平靜下來。

中午，他打開第二張處方：「設法回顧。」回顧什麼呢？也許是童年，也許是往日美好的時光，於是他開始從記憶中挖掘點點滴滴的樂事，設法回憶每個細節，心中漸漸升起一股溫暖感覺。

三點鐘，葛登打開第三張處方。前兩張的醫囑並不難辦到，這一張「檢討動機」，卻不容易。

起初，他為自己的行為辯護，在追求成功、受人肯定與安全感的驅使下，他不得不採取某些舉動；可是再一細想，這些動機並不如此正當，或許這正是他陷入低潮的原因。

一一回顧過去愉快、滿足的生活之後，他終於找到了答案。

他寫道：「我突然領悟到，動機不正，諸事便不順。不論郵差、美髮師、保險推銷員或家庭主婦，只要自認是為人服務，都能把工作做好；若是為私利，就不能如此成功。這是不變的真理。」

到了六點，打開的第四張處方很簡單：「把憂愁埋進沙裡。」他跪在沙灘上，用貝殼碎片寫了幾個字，然後轉身離去，頭也不回。因為他知道，潮水會湧上來。

滌除心靈的塵埃需要投注時間，但這是第二類事務，我們不能忽略。偉大的宗教改革家馬丁．路德曾說：「今日我有這麼多事要做，我定得找出時間來屈膝禱告。」對他而言，禱告並非照表操課，而是他活力與能量的源頭。

曾有人請教東方禪學大師，為什麼他不論遭遇何等壓力都能保持心境平和，大師回答：「冥思之境，我未曾稍離。」大師每日清晨都要冥思默想，期間所得的安寧平靜，整日長存於心。

換言之，只要把人生的意義與方向想透澈，它就會像一盞明燈，指引我們積極進取。這正是為何我們要強調個人使命宣言的重要性，藉著修正使命宣言，我們可以經常檢討目標與重心，並強化信念。

宗教領袖馬偕（David O. Mckay）曾說：

在寂靜的精神世界裡，每天都進行著生命最大的戰爭。

若能贏得這些戰爭，平息內在的衝突，就能了解人生的意義，得到內心的平安，並且會自然而然關注及投注在公眾的成功之內，也就是以互助角度來思考如何增進他人的好處與福祉，且能夠真心誠意為他人的成就而歡欣。

三、心智層面：不要停止自我教育

通常心智發展與學習活動都在正規教育中進行，一旦離開學校，許多人就不再認真學習——從不閱讀嚴肅的書籍、從不在工作之外求知、從不分析思考，也不努力寫作，徒然把時間浪費在看電視上。

根據調查，多數家庭每週看電視長達三十五至四十五小時，與工作時數不相上下，甚至比上課的時間還久。電視具有最強大的社會教化力量，觀眾無形中被螢光幕上的價值觀洗腦，影響力可謂無所不在。

選擇電視節目必須具備掌握重點的智慧，以辨別最符合本身價值觀與目標的節目。我家每週看電視維持在七小時左右，平均每天一小時。我們曾舉行家庭會議，討論看電視的利弊，最後一致同意看電視成癮或沉迷於肥皂劇是一種病態。

有些電視節目固然寓教於樂，但也不乏浪費時間，甚至產生副作用的爛節目，必須慎加選擇。

教育才是砥礪心智的正途，借重外來的教育與訓練，不失為繼續求知的良策，但主動積極的人更懂得如何把握機會自我教育。

自我教育的最佳方式，莫過於養成閱讀文學名著的習慣，進而師法偉人。

我極力推薦大家由月讀一書開始，然後進步到兩週一書，甚至每週一書。不讀書跟不識字沒有兩樣，好的雜誌與圖書也值得一讀。

寫作是砥礪自我的另一個有效途徑——記下個人的心得、經歷、思想，可藉以釐清思路，增進思考能力；撰寫思想深刻的信函也同樣有益。組織與規劃是與習慣二（以終為始）與習慣三（要事第一）相關的心智成長法。

有句話說：「運籌於帷幄之中，決勝於千里之外。」以上三方面的磨練，是個人求勝之門。我建議讀者，每日身體力行一小時，而且終身不渝。

四、社會情感層面：歷練待人處事之道

這種磨練和習慣四（雙贏思維）、習慣五（知彼解己）、習慣六（統合綜效），彼此之間關係密切。

社會與情感生活互為表裡，情感主要來自人際關係，也多半反映在人際關係上，因此不需多費心，只要在日常交往中多加練習即可。以關係密切的人為例，不論是配偶、子女

或同事、親朋，由於必須經常接觸，難免意見相左，於是便有「我眼中的少婦，可能卻是你眼裡的老嫗」這種情況出現。

化解歧見的第一步，是實踐習慣四，向對方提議繼續溝通，直到獲得雙方滿意的結果為止，通常一般人都會接受這種建議。其次，應用習慣五，先聆聽對方的意見，但不是為了回應，而是想更深入的了解對方，直到可以正確複述對方的觀念，才算大功告成。接著，準確的表達自己，最後再統合綜效，尋找第三條路。

習慣四、五、六的成功關鍵不在理智，而在感情與厚實的安全感，而安全感來自內在，不假外求，外界的權勢、榮譽均不足恃。

至於增進內在安全感的方式，包括：堅守原則，肯定自我；與人為善，相信人生不只輸、贏兩種抉擇，還有雙方都是贏家的第三選擇；樂於奉獻，服務人群；燃燒自己，照亮別人。如果把工作當作一種奉獻，再平凡的職業也會顯得不同凡響。

創造影響而非名聲

幫助他人、服務他人，能帶來內在的安全感。

工作有一層重要意義，是看到自己有所貢獻、發揮創意，而且為群體帶來改變。

另一個服務的方式，是透過匿名，不為人知，但重點是為他人帶來幸福。也就是說，服務的動機是創造影響，而不是名聲。

法蘭柯認為，人的生活需要意義和目的，這超越了小我生命，但能帶出個人的獨特力量。已故的賽來博士（Hans Selye）在他有關壓力的經典研究中，提出了健康長壽的快樂一生，必須來自有意義的生活與個人貢獻，這不只為自己注入活力與成就感，也能造福他人。他的信仰是：「贏得鄰人的敬愛。」

美國傳道人坦納（N. Eldon Tanner）曾說：「服務是我們付出的租金，以便享有居住地球的特權。」而服務的方式有很多，可以是參加宗教事奉、公益組織，或是在工作崗位付出，每一天都可以藉由服務他人，送出無條件的愛。

21

習慣七

不斷更新 2

成為支持周遭的力量

你若要喜愛自己的價值，你就得為世界創造價值。

德國詩人歌德

習慣七 不斷更新
互賴期
習慣五 知彼解己
習慣六 統合綜效
公眾的成功
習慣四 雙贏思維
獨立期
習慣三 要事第一
個人的成功
習慣一 主動積極
習慣二 以終為始
依賴期

一般人都生活在社會制約下，受別人好惡左右。在互賴關係中，你我都是社會制約的一部分，因此，我們可以如實反映他人的個人形象，把他人當成有責任感的人看待，鼓勵其培養主動積極的態度，成為以原則為中心、重視價值觀且不失本色的獨立個體。

富足的胸襟則使我們助人成長，不致顧忌這麼做會對自己不利；相反的，我們深信，這會增加與其他獨立個體進行有效交流的機會。

你是否也曾因別人的信任，袪除掉對自我的疑慮，進而影響了一生？你是否也能扮演一個肯定別人的人？當社會評價使人退縮時，你是否以信任、聆聽與設身處地的體諒，鼓舞他們力爭上游？

在英國，有一個常被人津津樂道的例子。

由於電腦程式設計出錯，結果一班「聰明」學生與另一班「愚笨」學生互相調換了，好班變成壞班，壞班卻變成好班。學年剛開始時，老師都根據電腦報告衡量學生的程度。

校方在五個半月之後才發現這項錯誤，於是決定將錯就錯，先對兩班學生做個測驗，再公布真相。沒想到，測驗結果出人意表，被電腦列為壞班的「聰明」孩子，智力測驗的成績大幅退步，因為老師視他們為智能有限、「不可教也」的孺子，成見也不幸成真。

反觀「笨」孩子，卻陰錯陽差的被當作聰明活潑的好孩子看待，老師積極的態度與期望感染了學生，使他們的智力測驗成績大有進步。

事後，老師談到當時的感受。最初幾週，他們用教導好班的方式教這班學生，由於效果欠佳，只好改變方針；既然電腦指出這一班學生智商都很高，那麼一定是教學法有待改進，不會是學生本身的問題。

這個例子充分證明，學習困難往往是一成不變的教學法所造成的。因此，我們應盡量發掘他人的潛能，少用記憶力而多用想像力去看待配偶、子女、同事或雇主，不要為成見所囿限，試著改用全新的觀點去認識他們，協助他們成為成熟獨立的個體。

少用記憶力，多用想像力

歌德早有明訓：

以一個人的現有表現期許之，他不會有所長進；以潛能與應有的成就期許之，他就會不負所望。

自我磨練應當從生理、靈性、心智以及社會情感四方面齊頭並進，不可偏廢，否則就難以竟全功。

企業的更新過程，也是同樣的道理。

企業的體質（即生理），就是財務狀況；心智，涉及人力資源的開發、培養與運用；社會情感，指的是公關與員工待遇；靈性，則反映出目標宗旨與原則。企業健全與否繫於這四方面的平衡發展，發展不均衡時，原本有益的助力也可能成為阻力。

比方有許多唯利是圖的企業，表面上高唱崇高的理想，骨子裡卻一心一意只想賺錢。這種企業內部都有嚴重不合的現象：不同部門各自為政、勾心鬥角、明爭暗鬥。牟利固然是企業經營的基本目的，但並非企業存在的唯一目的，猶如生命少不了食物，但人絕非為吃而活。另一方面，有些企業極重視公關，卻忽略財務因素——不講求經濟效益的後果，終有遭到淘汰的一天；還有些企業，重視服務、財務與人際關係，卻不在意人才的發掘與培育，最後導致獨裁式的領導，難以凝聚員工向心力，使營運潛存危機。

因此，在個人或企業的使命宣言中，應當四者兼顧。穩定平衡的成長，正是早年日本經濟成功的祕訣。

七大習慣相輔相成

生理、靈性、心智以及社會情感，這四大人生面向休戚相關：生理健全有助於心智發展，靈性提升有益於人際關係的圓滿，因此，平衡始能產生最佳的整體效果。

本書的七大習慣也唯有在身心平衡的狀態下效果最佳，因為每個習慣之間，都存在著密不可分的關係。

愈是主動積極（習慣一），就愈能掌握人生方向（習慣二），有效管理人生（習慣三）；能夠不斷砥礪自己（習慣七）的人，方懂得如何了解別人（習慣五），尋求圓滿的解決之道（習慣四、六）；同理，一個人愈獨立（習慣一、二、三），就愈善於與人相處（習慣四、五、六），而磨練自己，則可以提升前六種習慣的境界。

此外，增進體能可以加強定力（習慣一），這算得上是運動除健身之外的最大益處。鍛鍊意志力有助於掌握人生（習慣二），增進實現自我的力量，並且不致違背良知，為外力所動搖，安全感也由此而生。

發展心智則可強化管理能力，在規劃人生時，強制自己以要事為重，不受急事所羈絆，能夠最有效的運用時間與精力；甚至，若能活到老、學到老，更可擴大知識領域，增加選擇空間。

請切記：工作本身並不能帶來經濟上的安全感，唯有具備良好的思考、學習、創造與適應能力——也就是產能，才能立於不敗之地。擁有財富，並不代表經濟獨立，擁有創造財富的能力才真正可靠。

每天抽出至少一小時鍛鍊自己，兼顧健康、靈性與心智的面向，不但是個人勝利之鑰，也能成功擴大你的影響圈。這種不假外求的方法，何樂而不為？把時間放在第二類事務，才能將這些習慣深化到生活中，真正以原則為重心。

這也是日常公眾成功的基礎，為你形塑內在安全感，才能強化社會情感面向，並為你涵養個人實力，以富足心態對待他人，真誠理解他們的價值，為他們的成功而歡欣喜悅，也因此與你的影響圈達成互賴。在互賴中實踐習慣四到習慣六，是互相了解與創造雙贏綜效的基礎。

聆聽良知的聲音

不斷自我磨練是改變與成長的關鍵，但在這個日新又新的過程中，良知的指引不可或缺。法國女作家斯塔爾夫人（Madame de Staël）有句名言：

> 良知的聲音極其微弱，很容易被淹沒，可是卻又清晰得令人無法遁逃。

良知是人類與生俱來、明辨是非善惡的本能。正如優秀的運動員必須鍛鍊神經與肌肉

圖35　良性循環使人成長

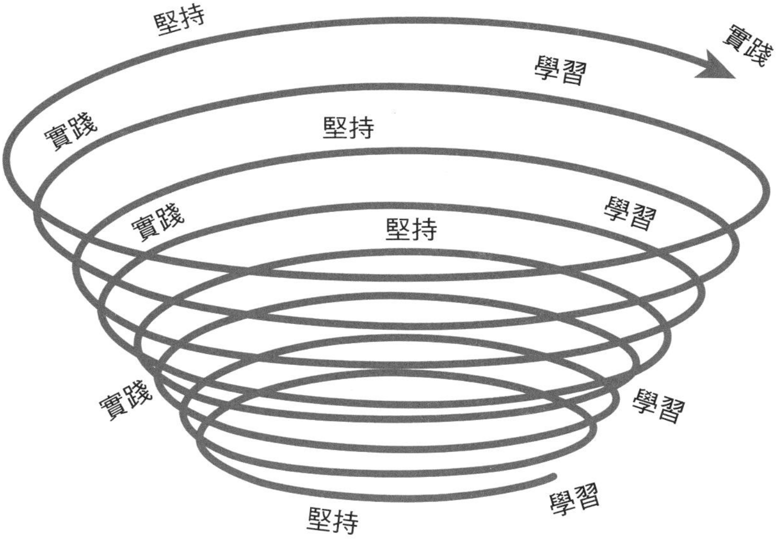

協調力，傑出的學者必須淬礪心智，成功圓滿的個人也需要激發良知，所以，我們應經常閱讀發人深省的著作、懷抱崇高的理想、奉行自己的信念，全神貫注，持之以恆。

如同垃圾食物與缺乏運動會摧毀優秀的運動員，淫穢邪僻的書籍也會助長人性黑暗面，使人是非不分，只關心是否會被人揭發。事實上，玩火者終有自焚的一天。

人貴自覺，人生應有目標與原則，否則便無異於禽獸，僅為生存與繁殖而活。墮入這種層次的人不是享受生命，而是「受制於」生命，白白糟蹋萬物之靈的天賦。

修身勵志沒有捷徑，必定是一分耕耘、一分收穫，而正直與成功不可分，做人愈是端正，愈能夠正確判斷客觀世界，心中的觀念地圖也愈精確。

這種良性循環能夠使人成長，但必須靠不斷學習、堅持與實踐良知所認定的正確原則來維繫。學習能持續培養良知，促使我們步向個人自由、安全、智慧與能力的道路。

順著這個良性循環，我們**學習**、**堅持**、**實踐**，並且不斷提升；若以為達到其一便已足夠，那是自欺的行為。想持續進步，就要一再重複學習、堅持與實踐的步驟，永不停息。

習慣七　立即行動檢核表

一、列出符合個人興趣與生活方式的運動項目。

二、選擇其一做為未來一週計畫中個人角色的目標，然後在下週結束時評估自己的表現。若尚未達成原訂目標，檢討個中原因，是有更重要的事必須完成？還是因為缺乏毅力？

三、同樣列出鍛鍊心智與靈性的活動清單，社會情感部分則列舉出希望改進的人際關係，或有助於提高效率的特定環境因素。從三張清單中各選一項做為下週的目標，付諸實行再評估成果。

四、每週力行「列表、實踐、評估」的自我鍛鍊工夫。

新見解——暫停一會，把鋸子磨利

西恩·柯維

我素來最喜愛的戲劇是《漢密爾頓》（*Hamilton*），首次看過之後，我就盡可能去了解創作該劇的米蘭達（Lin-Manuel Miranda）的一切。我發現要是米蘭達未曾停下來磨鋸子，《漢密爾頓》可能永遠不會誕生。

二〇〇八年時，米蘭達已連續工作七年，把他的第一齣音樂劇《在高地上》（*In the Heights*）搬上百老匯舞台。

米蘭達初試啼聲便贏得四項東尼獎（Tony Awards），得獎後，他終於抽出時間到墨西哥度假。他帶了「一小本輕鬆的讀物」，準備在海灘上看，那是契諾（Ron Chernow）寫的《漢密爾頓傳》（*Alexander Hamilton*），是美國開國元勛中最常被遺忘的漢密爾頓的詳盡傳記。

米蘭達接受赫芬頓（Arianna Huffington，譯注：希臘裔美國作家，以創辦《赫芬頓郵報》著名）訪問時說：「我的大腦稍有片刻休息時，漢密爾頓就走了進來。這個我至今最棒的構想，或許也是我這輩子最佳的作品，是在度假時走向我，那並非意外。」

《漢密爾頓》從構想的種子，一路成為破紀錄的作品，形成一種文化現象，也替米蘭達贏得普立茲獎、艾美獎、葛萊美獎各一座，還有十一項東尼獎！

我想可以客觀的說，漢密爾頓本身並不像米蘭達，他不相信休息更新的原則，也為此付出代價。

在音樂劇中，妻子艾莉莎（Eliza）藉著名為「休息一下」（Take a Break）的歌曲，勸漢密爾頓稍事休息，但他拒絕。

赫芬頓認為是疲憊，尤其睡眠不足，毀掉漢密爾頓的總統夢，威脅到他的婚姻，最終奪走他的性命。她寫道：「漢密爾頓……並未因工作過度和筋疲力盡而成功，反而因此壯志未酬。要是他聽從艾莉莎的建議『休息一下』，或許會有更多時間，締造這個他如此效忠的國家。」

不同於米蘭達創作的漢密爾頓警世故事，著名總統史專家葛德溫（Doris Kearns Goodwin）曾揭露，羅斯福總統在第二次世界大戰最關鍵的時日，曾旅行十天去釣魚。但他也是在那次旅行期間，想出重要的租借法（Lend-Lease Act），讓美國有依據，可在戰時把戰爭補給品借給盟國。

葛德溫也指出，林肯總統在南北戰爭期間，到過戲院多達百次。她說：「當燈光轉暗，莎士比亞的戲劇上演時，林肯可以忘掉戰爭，在珍貴的幾小時內讓頭腦變得清明。老羅斯福總統在白宮，每天下午運動兩小時，或是打一場激烈的網球賽，或是到岩溪公園（Rock Creek Park）林木茂密的峭壁健走，有時則是比賽拳擊或摔角。」

我們的文化並未把這些教訓放在心上。過勞在增加，孤寂在增加，人們花在螢幕前的時間也增加。

贏得每日的個人成功

我也曾落入這個陷阱，不過我已經知道我承擔不了不停下來復原更新的代價。

在日子非常忙碌的一段時期，有一天我下班回家，發現妻子和女兒未徵求我的意見，就買了一隻三呎高（約九十一公分）的金剛鸚鵡，關在有廚房餐桌那麼大的鳥籠裡。聽過這隻巨大鸚鵡震天價響的尖叫聲後，我開始相信鳥類是從恐龍演變而來的理論。第一天晚上，尖叫聲大到有兩個鄰居打來，要確定我家沒出什麼事。

我們都那麼忙，最不需要的就是再養一隻寵物。「這件事情你們為什麼沒跟我商量？」我生氣的說。這整件事令我措手不及，到後來那晚我對妻子瑞貝卡（Rebecca）說了難聽的話。

次日早晨醒來時我感到疲累，覺得太忙就省掉當天的復原更新好了，恰在此時父親的聲音在我腦後響起：你會忙著開車，連去加油的時間都沒有嗎？於是我起床，下樓，做半小時運動。然後閱讀和計劃當天要做的事。

當我複習使命宣言和個人目標時，良知提醒我，昨晚我為了那隻鳥，對瑞貝卡說了不好的話。所以準備好去上班後，我與妻子坐下來，我向她道歉。我做的很對，她清楚表現出來。瑞貝卡最後原諒了我，與我擁抱後，送我出門上班。

我到辦公室時不慌不忙，神清氣爽，這很重要，因為那一整天，我必須做幾個重要的商業決策，牽涉金額高達數百萬美元。幸好我那天狀態佳，做出明智的決定。那天早上我贏得每日的個人成功，只花了一小時，卻改變一切。如果有人好奇想知道，幾週後我們把那隻金剛鸚鵡賣給一個長得像海盜的人。

父親相信而且也身體力行不斷更新的習慣。他彷彿總是一面騎健身腳踏車，一面看書和雜誌。

在早晨短暫的時光裡，他會得出太多感想和構想，所以他把那段時間看得很神聖。他辛勤工作，頻頻出差，可是一定會排出放鬆的時間，尤其喜歡帶家人到蒙大拿州的小木屋去度假。他在那裡仍然早起，到山裡騎長途自行車，沿路停下來閱讀和思考。我年輕時不可磨滅的印象之一，就是在那些早晨看到他騎車回來，充滿熱情，信心十足，他會說：「今天早上最棒的點子出現在我腦海！」他旺盛的精力有傳染性。

即使有大家庭的各種需求，父親仍然早睡早起。週末家庭團聚時，我們其他人會去看電影，吃垃圾食物，聊天到很晚。我們會四下一看，然後說：「爸爸人呢？」而他已經去睡了。其他人會賴床，他卻是黎明即起，運動、思考、閱讀、寫作。

他會說：「孩子們，你們要多讀書。我每週讀十本。」我們則答：「你不是讀書。你只是翻一翻。你沒有讀。那不算。」

他也喜歡和母親一起騎噗噗機車，在附近繞很久，他們在車上可以「說說話」。沒錯，他享有的公眾成功和緊密關係，有很多都來自每天讓自己專注，並贏得每日的個人成功。

人類是由四部分構成：身、心、智、靈，這四部分相互依存，也需要不斷滋養。就像汽車的四個輪胎，假如有一個胎壓不足，四個輪胎的磨損就不平均。在疲勞（身）時，很難表達愛（心）。覺得有衝勁，與自我（靈）協調時，判斷力（智）會提升，也更易於尊重他人（心）。

不斷更新是屬於象限II的活動（參見二八六頁圖27），重要但不急迫，所以不會自然發生。你必須視之為優先要事，促使它發生。可是也像所有象限II的活動，花費於不斷更新的時間和精力，會得到好幾倍的回報。

為自己留點時間不必感到內疚。在飛機上他們告訴你，若機艙失壓，你應該先戴上自己的氧氣罩，再去幫忙別人。要是你因為缺氧而昏迷，那你對三歲小孩或最好的摯友，不會有多大用處。

控制科技，勿受制於科技

科技正吸走我們的時間和精力，讓我們的更新力前所未有的呆滯。

最近我參加孩子就讀中學的發表會，主題是協助青少年管理所用的科技。極度渴望獲得相關建議的家長，把演講廳擠得滿滿的，結果我只能坐在走道上。

主講人說，青少年每週有三十五小時是在螢幕前，這改寫了他們的大腦。過度使用社交媒體常導致沮喪和焦慮，也有許多熱門網站鼓勵暴力色情，網路上更充滿居心不良者。這是警訊！

他的主要論點是：要是你不控制家裡如何使用科技，科技就會以有害方式控制你的家庭。他鼓勵家長與孩子一起訂立一個家庭數據契約，如同使用科技的雙贏協議。

於是我和妻子與三個住在家裡的子女，共同商議我們稱之為「柯維家科技契約」（Covey Family Technology Contract）的東西。在我們提醒孩子，他們的電話費是我們付的之後，親子在很多事上達成共識。我們設定每日的螢幕時限為三小時。每晚要把電話放在擴充座上，拿到廚房充電，不可把電話帶上床。孩子很不情願的同意，吃飯或乘車時不能拿出手機。

兒子抱怨：「可是我會好無聊。」

我答：「無聊對大腦好。況且你們需要學習彼此交談。」

我們在履行契約上並非完美，有時會在孩子床上發現他們的手機。不過一般而言我們家有遵照約定，結果產生很大差別。在沒有契約前，十一歲的小兒懷特（Wyatt）玩手遊上癮。有一度因為他無法遵守答應的時限，我們不得不強制他停止，他曾經歷退縮期，還真的在那發抖。過程很可怕，不過他克服了。一週後他居然謝謝我，說：「爸，不再玩那個遊戲後，我覺得快樂很多。」

這個忠告不僅適用於小孩，它也適用於每個人，比方我必須抗拒整晚在手機上讀新聞的嗜好。

儘管如何管理在家使用科技，不是只有一種正確方法，但我認為，假使沒有一個全家人都同意的方案，一定會帶來麻煩。如果你有未成年子女，我鼓勵你們訂出某種家庭數據契約，以幫助你們應對這項對復原更新和心理健康空前的最大威脅。切勿讓螢幕掌控你我。古希臘的名言說：「適可而止」，這是很好的提醒，要我們對一切事物都走中庸之道，包含對科技。

有個伐木工人說過：「給我六小時砍下一棵樹，第一個小時我會用來把斧頭磨利。」

無論斧頭或鋸子，用意都一樣。在當今知識工作者時代，有太多工作依賴明智的決策和正確的判斷。我們也有太多幸福快樂，取決於人際關係的品質。你也許認為你沒有時間運動、與朋友吃午飯、看書、寫日記、參加會議、休息、或與家人一起度假。其實你是沒有時間不去做那些事。

22

你可以改變自己的人生

上帝行事由內而外，俗世法則卻是由外而內；
俗世法則或可讓人擺脫貧窮，
耶穌卻是教人內心脫去貧窮，然後人們得以自行遠離貧窮；
俗世法則以環境變遷來造就人，耶穌則是通過改變人來造就環境；
俗世法則塑造人的行為，耶穌改變人的本質。

前美國農業部部長埃茲拉・塔夫脫・本森（Ezra Taft Benson）

我想分享一段個人的故事，這故事完全體現了本書的精髓，我希望讀者藉此體會其中蘊涵的基本原則。

幾年前，我為了全心寫作，向任教的大學請了一年學術特休假，帶著全家前往夏威夷，住在歐胡島北邊的拉耶（Laie）。

一切安頓好之後，我們訂出一個融合工作與生活的每日節奏，這不只幫助我們提高效率，也讓每天進行得更愉快順利。

早上，在海灘上晨跑後，我們就把兩個還光著腳、穿短褲的孩子送到學校，而我則到甘蔗田旁邊一所僻靜的房子裡寫作，那裡是我的辦公室，美麗而且靜謐，沒有電話，也不用開會。

這間辦公室在一所學院旁，某天我在學院圖書館的書架間漫步，發現了一本特別的書，書中的一段文字：「刺激與回應之間的距離……」讓我接下來的生命徹底改觀。

刺激與回應的距離

我反覆咀嚼這段文字，它僅僅說明了一個簡單的理念：刺激與回應之間始終有段距離，而成長和幸福的關鍵，就在於如何利用這段距離。

這個觀念在我腦海中產生的影響難以言喻。由於我受的教育一直傾向自我決定論，因此這話的意涵：「刺激與回應之間始終有段距離」，帶給我一股新鮮且難以置信的力量，像是聽到聞所未聞的智慧之言，啟動了內在革命，而且時間恰到好處。

我一再反芻這句話，它逐漸對我的生活思維產生影響，彷彿我的一部分成了旁觀者，目睹自己生活的改變。我開始站在刺激與回應的那段距離之間，置身刺激之外來觀察刺激，這種內在的自由感令我狂喜，因為我可以選擇回應的方式，還有餘裕影響或改變這種刺激，我甚至能成為刺激本身。

交談的療癒效果

沒多久之後，這個「革命性」慢慢產生作用，我和內人珊德拉開始練習深化我們的溝通。我會在將近中午時分，騎著一輛紅色舊摩托車去接她，再帶著兩個上幼稚園的孩子（一個坐在我們之間，另一個坐在我的左腿上），騎過辦公室旁的甘蔗園。我們會慢慢騎上一小時，一面談天說地。

孩子很喜歡坐車，不吵不鬧，一路上沒什麼車，摩托車聲音很小，我們都能清楚聽到彼此說話。最後，我們來到一片人跡罕至的海灘，停下來，找一個僻靜的地方野餐。

沙灘和島上的小河徹底吸引了孩子們的注意力，所以我和珊德拉可以專心繼續交談。我們每天至少花兩個小時談天，這樣過了一年，我們之間形成了高度的理解和信任。

剛開始時，我們討論各種有趣的話題，如：人、理念、生活事件、孩子、我的寫作、我們的家庭、未來的計畫等等。但是，隨著對話的逐步深入，我們的話題也慢慢移到內在世界的交流，像是我們的成長經歷、行為模式、內心感受和自我懷疑。

毋須害怕敏感話題

我們沉浸在溝通的同時，也不忘保持客觀，審視這些溝通，以及正在溝通的自己。我們以新鮮、有趣的方式，利用刺激與回應之間的距離，思考自己曾受到的制約如何塑造了今天的自己，以及自己看待世界的方式。

我們進入自己的內在世界探險，這個過程的刺激程度遠超過了外在世界，而且更精采、更有趣、更引人入勝、更加充滿發現和感悟。

這個過程當然不完全是甜蜜而愉快的，難免會觸及彼此的痛處，甚至地雷，一些尷尬的往事浮現，不得不自我揭露，使得我們必須更敞開心扉，也難免感到脆弱不安。然而我們發現，多年來彼此其實一直盼望能好好談談這些事，而且經過雙方深入探討這些敏感問題，這個過程本身就讓我們感到被療癒了。

我們自結褵那一刻就極力互相支持、鼓勵和體諒，因此我們能夠進一步的探索彼此的內心世界，而我們之間的關係也得到滋養。

不追究與適時喊停的必要

我們逐漸得出兩個心照不宣的基本規則。

第一個規則是，不要追根究柢，無論哪個人露出了內心最脆弱的一面，另一人都不能探問，而是要表現出同理心——追問有時不免咄咄逼人、霸道、僵硬，因此儘管我們心裡很渴望多了解對方，還是意識到必須選擇適當的時機再讓對方傾吐心事。

第二個規則是，話題若過於尖銳或痛苦，就要及時打住，等到第二天或直到當事人願意再次開口繼續討論，否則我們就只是心裡放著這件事，因為我們有充分的時間與適合的環境，而且我們也很希望這段婚姻能夠幫助我們成長，所以我們相信解決問題的時間點遲早會來。

這種交流最艱難、也最有成效的時刻，就是我和珊德拉正好都感到軟弱的時刻。

由於兩個人的主觀問題，此時已看不到刺激與回應之間的距離，因此逐漸浮現不妙的感覺，但幸好我們的默契和共同心願，幫助我們隨時重啟對話，重新面對問題，直到彼此解開心結為止。

理解堅持的原因

這些困境多少與我的個性有關。我父親非常自持、內斂而謹慎，而我母親則一直很外向、坦誠和率真，我發現自己同時具有這兩種傾向——缺乏安全感時，我會變得像父親那樣內斂，活在自己的世界，小心觀察外面的世界。

珊德拉比較像我母親，喜歡交朋友，真誠而率真。這麼多年來，我常常覺得她有時太大剌剌了，她則認為我拘謹到有病的程度，比方說，我對他人的感受無動於衷。

經過許多次深入溝通，我們談到了這些和許多其他的問題，我逐漸體會也珍惜珊德拉的智慧和洞察力，她讓我變得更加坦誠易感，願意付出，與他人交流。

其實，有一個困擾我多年的問題，那就是珊德拉的固執癖好：她似乎對富及第（Frigidaire）這個家電品牌，有種我無法理解的癡迷，從來不考慮買別的牌子——即使在我們剛成家、手頭很緊的那幾年，甚至當時我們住的大學城並沒有這個牌子的經銷商，她也堅持開車到「大城市」去搬一台富及第回來。

那讓我心裡很不舒服，所幸只有購買家電時才會出現這種情況，但每次出現都是一種「刺激」，會引起我激烈的「回應」。

不忽視任何歧見

這個單一事件，成了所有非理性思考的象徵，激起我心裡各種負面情緒。一旦出現這種情況，我通常會躲回那個「拘謹到有病」的自己，我以為處理這件事的唯一辦法就是擺著不管，否則我一定會失控，口不擇言，然後就得回頭道歉。

她熱愛富及第還不是困擾我的最大問題，而是她為這個牌子辯護的那些莫名其妙的理由，才真的讓我抓狂。如果她乾脆承認自己毫無理性、完全感情用事，我大概還能接受，但是她把一切合理化，實在讓人生氣。

早春的某一天，我們談到這個話題。之前的所有深度溝通，已為這次談話奠定基礎，基本規則也已經確立——一是不要追根究柢，二是如果一方或雙方講不下去就暫時不談。

我永遠不會忘記那天，我們沒有去海灘，而是一直在甘蔗園裡兜風，大概是因為我們不敢看進彼此的眼睛，畢竟這個問題牽扯太多心理因素與不快感受。儘管這個問題已經埋伏許久，但也沒有嚴重到足以撕裂我倆的關係，不過既然我們希望營造一種美好而和睦的關係，任何歧見都不容忽視。

回到潛意識中的印記

這次互動的成果，讓我跟珊德拉都很訝異，因為這是真正的統合綜效。珊德拉好像是第一次好好思索自己對這個牌子的莫名執迷。她談到了她的父親，說他曾經在中學擔任歷史老師多年，後來為了餬口進入家電業。經濟衰退，使他陷入了嚴重困境，父親沒有瀕臨破產的唯一原因，就是那個牌子的公司允許他賒帳進貨。

珊德拉和父親的感情無比深厚，勞累一天的父親回到家裡，就會躺在沙發上，讓珊德拉為他按摩雙腳，唱歌給他聽，兩個人每天都沉浸在這個美好時光，持續多年。這時候，父親都會對珊德拉傾訴生意上的煩惱，還告訴她幸虧那家公司允許他賒欠，他才能度過難關，因此他對這家公司滿懷感激。

父女間的這種交流自然率真，這層影響力也是難以想像的。在那樣輕鬆的環境，心裡完全不設防，因此父親的話在珊德拉的潛意識裡刻上了深深的印記。她原本或許已經忘記這一切，直到我們能夠無拘無束進行溝通的那一刻，往事自然而然的重現。

我逐漸意識到，珊德拉談論的不是電器，而是自己的父親，她在談論一種忠誠——對於父親的願望的忠誠。

那次談話讓我們熱淚盈眶，不只是因為這些新發現，也因為我們更加敬重彼此。我們發現，看似瑣碎的小事，往往也源自刻骨銘心的情感記憶，如果只看表面而沒有挖掘深層的敏感問題，無異於踐踏對方心中的聖土。

保持談心的習慣

在夏威夷的那段日子，讓我們收穫滿滿，深入溝通的成效卓著，我們幾乎能夠瞬間理解彼此的想法；離開那裡時，我們決心將這個練習持續下去。

在那之後的許多年裡，我們仍然定期騎著摩托車出門，如果天氣不好就開車，目的就是談心。我們認為，愛情保鮮的祕訣就是談心，特別是討論彼此的感受。我們試著每天都談幾次心，即使我在外地出差亦然，那讓我感到快樂、安全和珍惜，就像是回到了家裡。

湯瑪斯．沃爾夫（Thomas Wolfe）說錯了，你可以再度得到回家的感受——如果你的家是一段珍貴的關係，以及難能可貴的伴侶情誼。

我和珊德拉在那幸福的一年裡發現，如果能巧妙利用刺激與回應之間的距離，以及人類的四種獨特天賦，就能由內而外，散發出力量。

由內而外才是治本之道

我們嘗試過自外而內的手段。

我們彼此相愛，於是想通過控制自己的態度和行為，以有效的人際溝通技巧來消除分歧，但這只是權宜之計，效果有限。只有從最基本的思維和行為模式下手，才能根除長期的潛在問題。

由內而外的努力，讓我們建立起充滿信任和坦誠的關係，以深入持久的手段，消除任何嚴重分歧；這是由外而內的方式絕對辦不到的。

我們為了抽時間從事第二類事務（也就是進行深入溝通）而重新審視自己的計畫，改變行為模式和調整生活，也因此得到寶貴的雙贏關係，深入理解彼此，還有完美的統合綜效。這就像種下一棵小樹，收穫了甜美的果實。

還不僅是如此而已，我們更深刻意識到，自己的行為模式會對子女的生活產生深遠影響，就像我們的父母影響了我們。理解這一點後，我跟珊德拉深信，我們必須精心訂出規則並以身作則，把基於正確原則的精神傳給後世子孫。

努力成為自己期望的那種人

我在本書中特別強調，有些不良的行為模式是上一代遺傳下來的，但我們可以努力改變。另一方面，很多人仔細審視自己的行為模式時，可能會發現它們很不錯，但那是上一代留下來的，我們視為理所當然。

真正的自我意識有助於識別這些行為模式，並對前人心存感激，因為他們以原則為重心的生活，不僅讓我們了解自己是什麼樣的人，也讓我們明白，只要努力，就可以成為自己期望的那種人。

多代同堂的和睦家庭裡存在一種超越的力量，親屬之間組成緊密互賴的家庭會產生一種強大力量，幫助人們了解自己、了解家庭傳承和家族精神。

子女很容易對「同族人」產生認同感，儘管他們長大後可能散居各地，但能感覺到這麼多人認識並關懷他們，這是福氣；就算孩子與你不夠親近，但他可能更認同叔伯阿姨，後者可能會在某個特定時期內替代父母親，擔任導師或榜樣的角色。

祖父母對兒孫的呵護關懷，是世上最寶貴的情感，我母親就是如此，儘管她已是耄耋之年，但仍然關心所有兒孫。

某次我在飛機上展讀母親來信，不由得淚如泉湧；每次打電話給她，她一定會說：

「孩子，我要你知道，我有多麼愛你，我覺得你實在很優秀。」她總是不斷重複這段話。

多代同堂的和睦家庭可能蘊涵著最具效益的人際互賴關係，許多人都能感覺到這種關係的重要性。想想我們在多年前對電視影集《根》（*Roots*）是多麼著迷，事實上我們所有人都有自己的根，也有溯根和認祖歸宗的本能。

這樣做的動力和動機不光是為了自己，也是為了後世子孫，為了全人類的後代。正如有人曾說：「我們能贈與孩子的永久遺產只有兩種——根和一雙翅膀。」

成為轉型人

除此之外，我認為給子女和他人「翅膀」，代表了賦予他們自由的力量，擺脫上一代的負面印記，讓他們成為我的朋友與同修，而這也就是華納博士（Terry Warner）所謂的「轉型人」。

我們應該改變自己的印記，而不是直接傳給下一代；改進的同時，也會有助於建立人際關係。

就算童年遭受父母虐待，也不代表你長大一定會虐待自己的孩子，儘管很多證據顯示，人們傾向於遵循上一代傳下來的行為模式，但只要你是個主動積極的人，就可以改變這種行為，你可以選擇善待子女、肯定子女，用積極的方式教育他們。

這些都可以寫進你的個人使命宣言，想著將它付諸實踐，創造「每日的個人成功」，慢慢學著愛和原諒父母。如果他們還健在，請透過理解來與他們建立積極的關係。

在你家族中流傳好幾代的趨勢，可以在你這裡畫上句點。

你是轉型人，連結過去和未來，你自己改變了，就可以影響到後代許多人。

改變思想才能改變現實

前埃及總統沙達特（Anwar Sadat）是二十世紀的一位強大轉型人，他留下的遺澤之一，就是讓我們深刻理解變革這件事。

當時，沙達特站在埃及的過去與未來交界，那是一道存在於阿拉伯人和以色列人之間充滿猜忌、畏懼、仇恨和誤解的高牆，眼前看來只有不可避免的衝突和分裂——談判處處碰壁，不論形式或程序都無法達成共識，就連協議草案中一個無關緊要的逗號或句號，也會僵持不下。

其他人試圖從表面來緩和僵局，沙達特卻總結了早年牢獄生活的經驗，從問題的根源下手，改變了數百萬人的命運。

他在自傳中寫道：

當時我幾乎是下意識生出了力量，那是我在開羅中央監獄五十四號牢房裡蓄積起來的變革力量，你可以稱之為才能或能力。我發現，在面對錯綜複雜的局勢時，除非具備必要的堅強心志與智慧，否則不可能改變分毫。

在那段隔離的時間，我苦思人生與人性，最後得出結論：如果人無法改變自己的思想構造，就永遠無法改變現實，也永遠不可能進步。

真正的變革是由內而外的，只單單想利用個人魅力的花招，在態度和行為方面做盡表面工夫，根本行不通。只有從根本上改變那些決定個人人格和世界觀的思想構造和行為模式，才能看到成果。

正如瑞士哲學家艾米爾（Amiel）所說：

道德事實可以從思考去理解，你可以感受到它，也能有意志的活出它，但你依然可能逃避或毫無所覺。在我們意識的深層之下，埋藏的是存在的本質，我們的天性與品質，但除非這些真實能深入到這最後的區塊，否則不可能成為我們自己的真理，不可能成為自然而生、融入意識且自願的行為，違論最終成為我們的生命。

也就是說，這已遠遠超越了我們的價值。因此，只要我們還能夠分辨自己與所有真相的距離，那麼我們其實尚未能成為那真相本身，光是思想、感覺、欲望和生命的意識，都還不能算是生命本身。

生命的目的是要活出神性，那時才能說，真實是屬於我們不會失去的一部分。唯有如此，真實不再存在於我們本體之外，也不光是我們的感覺，我們就是真實，真實就是我們。

從每日的個人成功做起

與自我、伴侶、朋友和同事達到合一的境界，是本書的七個習慣所能灌溉出來的最美好和最甘甜的果實。正因為多數人都曾品嘗過齊心協力的甜美，也忍受過勾心鬥角的苦澀，所以才知道前者是多麼珍貴且得來不易。

塑造絕對誠信的品德，把愛和服務當作生活重點，的確有助於實現整合的生活，但是這並不容易，需要按部就班的工夫。

但並非沒有實現的可能，只要以正確的原則為重，擺脫以其他因素為生活中心的思維，並跳出不良慣性的舒適圈。

我們有時也會犯錯，感到難為情，但只要我們從「每日的個人成功」做起，由內而外致力提升，總會看到成果。不僅如此，播種、除草、培育的過程本身，就能讓我們感受到成長的喜悅，最終品嘗到美滿生活的甜美果實。

容我再次引用愛默生的名言：

經由努力不懈，一切都能變得迎刃而解，這並不是事件發生轉變，而是因為我們的能力增強了。

只要將自己的生活聚焦在正確的原則上，在實踐和增強實踐能力中找到平衡，就能創造出兼具效能、意義且內在平和的人生……，這不只是為了自我實踐，同時也是為了我們的後代。

第五部

永遠的叮嚀

未來依舊少不了柯維

每個人都有退縮猶疑的時候，
七個習慣是所有人一輩子的功課。

23

一切回歸原則

決心即力量，信心即成功。

俄國小說家托爾斯泰

坦白講，以下有些涉及私人的問題，常令我尷尬萬分。不過，既然大家好奇，我只好據實以告。

《與成功有約：高效能人士的七個習慣》出版後，你是否希望更改或增減哪些部分？

老實說，我不會更改任何內容，也許我會希望更深入廣泛運用哪些原則，不過，這一點我已經在爾後出版的書中做到了。

例如：有二十五萬以上人次接受過七個習慣的訓練後證明，習慣三「要事第一」是最容易被忽略的部分。因此，《與時間有約》不僅深入探討習慣二（以終為始）和習慣三，同時也舉出所有習慣的實例。

《與幸福有約》（*The 7 Habits of Highly Effective Families*）則是以七個習慣的思考架構，建構出更穩固快樂的高效能家庭。

犬子西恩也把這個架構運用到青少年的特殊需求、興趣與問題上，進而寫成一本非常有趣的《7個習慣決定未來》。

書籍出版後，你覺得自己從七個習慣中學習到什麼？

我學習到很多，以下簡單列出：

一、我發現，你必須了解「原則」（Principle）與「價值觀」（Value）的差異。原則是外在的自然法則，最終會控制我們行為；價值觀是內在的主觀想法，代表我們最強的感受，它會引導我們的行為。希望大家將來能做到「重視原則」，如此才能以更有效能的方式，得到期望的結果。

每個人都有價值觀，價值觀主宰人的行為，但原則卻決定行為及其帶來的後果。原則獨立於個人之外，無論我們是否覺察到原則的存在，是否接納、喜歡、相信或遵循它們，原則都不會消失或改變。

我相信，謙遜乃所有美德之母，謙遜讓我們知道，控制一切因果的是自然法則，不是人，我們必須屈臣於原則下，因此我們應「重視原則」。

二、就我在世界各地傳授七個習慣的經驗看來，我發現它是深具國際性的。

雖然呈現及運用的方法不同，各文化也有差異，但原則不變。在世界六大宗教裡都可以找到七個習慣的蹤影，在這些宗教國度傳授七個習慣時，我常引用各國的宗教教義，面對中東、印度、亞洲、南美、歐洲、北美、非洲，乃至於北美原住民及其他少數民族，我都會這麼做。

芸芸眾生的問題與需求其實頗為相似，大家對這些原則也都很有感應，我們希望得到公義、雙贏，也都有道德感，只是每個人、每個文化的詮釋方法有些出入罷了。

三、嚴格來講，組織雖然無法「擁有」習慣，但是我確實看到組織「表現」出七個習慣的特質。組織的標準或規定，就代表習慣；組織的系統與流程，也是習慣。事實上，即使個人是依據組織的規章行事，所有的行為還是很個人化的。在我們訓練過上千個組織後發現，七個習慣的原則適用於所有高效能的人。

四、傳授七個習慣時，可以由任何一個習慣切入，也可以從一個習慣慢慢導入其他六個習慣，它們之間是息息相關的。

五、雖然七個習慣是一種由內而外的改變，但若能先從外在問題著手，再進行內在改革，效果會最好。比方說，如果人際關係出現溝通不良或信任度低之類的問題，你可以藉此擬出所需的方法，先改變個人，再改革組織。因此，我在傳授習慣一（主動積極）、習慣二（以終為始）、習慣三（要事第一）之前，常常會先教習慣四（雙贏思維）、習慣五（知彼解己）和習慣六（統合綜效）。

六、互賴比獨立難上十倍。人在面對「敵人」時，必須擁有獨立自主的心智和情感，才有辦法抱持雙贏的態度。當你渴望別人來了解你時，應該先主動去了解對方，如此才能在不妥協的狀況下，積極尋求第三種選擇。換句話說，充裕的獨立性、安全感以及自律精神，是創意式合作的必備條件；否則互賴不成，反落得固執己見，或者只是利用對方的弱點來滿足自己。

七、正直比忠實可貴。正直的信守對象是自然法則，而不是個人、組織或家庭。大部分的人會遇到問題，都是因為不確定「該隨波逐流？還是憑良心做事？」當我們為了忠於個人或團體，而將處世原則拋諸腦後，我們就喪失了正直；也許我們能暫時獲得歡迎，但畢竟無法持久。就像如果你常常在別人背後說長道短，別人往往也因此認定你將在其他場合中批評他們。

從某個角度看來，前三項習慣代表正直，後三項習慣則代表忠實，但其實它們密不可分。正直能產生忠實，如果你只顧著忠於某人或某組織，你將發現自己的正直會受到折損。最好是先做個可靠的人，再博取別人的喜歡，因為信任與尊重最後將為你帶來愛。

八、對所有人來說，七個習慣是一輩子的功課，每個人都會有退縮猶疑的時候。了解七個習慣很容易，持之以恆去做卻很難，因為它們雖然是常識，卻不見得會變成習慣。

你覺得哪個習慣最難？

習慣五。如果我很累，對自己的看法又很有自信時，我會懶得聆聽，甚至佯裝聆聽，或只是虛應了事，不想多了解。

事實上，我幾乎每天都在跟七個習慣掙扎，沒有一項能做到駕輕就熟。我把七個習慣視為「不可能的任務」，每當我更了解七個習慣的真諦時，我就覺得自己還有很多需要努力的地方。

因此，我給學生打分數時，都會取決於兩個部分：他們提出什麼樣的問題，以及他們如何回答自己的問題，這樣才能真正測出他們的理解度。

七個習慣也代表一種上揚的循環（如下頁圖36）？

習慣的層次高低也有很大的差異，初階的主動積極也許只是察覺到刺激與反應之間的空檔；進階的主動積極也許是擺脫報復心態；再往上推一層，可能是懇求對方的寬恕；然後是原諒對方、原諒父母、原諒已逝的父母，最後更達到毀譽不為所動的境界。

富蘭克林柯維公司是否體現了七個習慣？

我們很努力在做。

本公司最基本的價值觀，就是體現我們所傳授的理念，但我們也有不盡完美的地方。我們跟所有的公司一樣，都面臨變動的市場生態，以及如何融會「柯維領導中心」及「富蘭克林時間管理顧問公司」（Franklin Quest）的公司文化等問題。這兩間公司於一九九七年夏天合併，而七個習慣的發酵需要時間、耐性和堅持，公司的成敗需通過時間的考驗，因此短期內無法看得出來。

圖36　上升式渦漩線

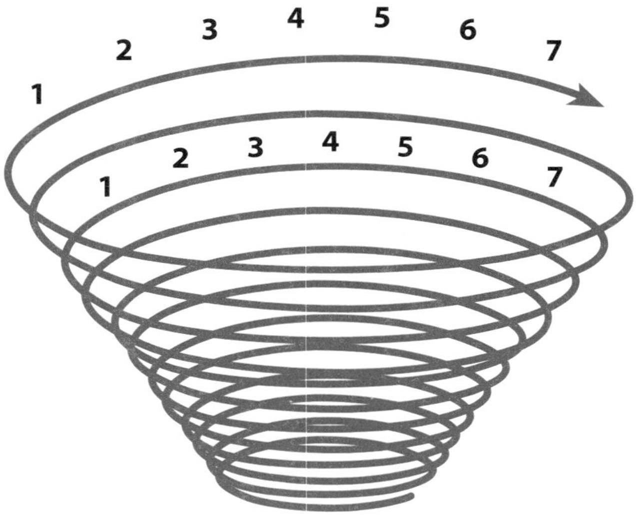

為什麼是七個習慣，是不是「七」這個數字有神奇之處？

只是湊巧加起來剛好七項。讀者若有其他想養成的習慣，只要把它放在習慣二下面，做為想要體現的一項價值觀就可以了。

換句話說，如果想培養守時的習慣，就把它當成習慣二的一項價值觀，無論是什麼選擇，都可以把它擺在自己的價值體系裡。

習慣二代表你的選擇或價值觀，習慣三則是實踐方式，這些都是非常基本且息息相關的原則。但是在今天的世界，高效能已經不再適用，激發人類天賦潛能的是第八個習慣：發現內在的聲音，這需要新的思維模式。第八項習慣不是一個遺漏的習慣，而是驅動其他習慣的力量。

若能重來，從商業角度，你會有什麼不同的做法？

在人才的招募與選擇上，我會做出更具策略性、更主動積極的選擇。

當你忙於應付緊急事件，處理一大堆事情時，往往無法深入員工的專業背景與做事方法，也不知如何要求他們的工作表現，結果一些能幹的人反而不能適才適所。我相信，若能有計畫的募選人才，進行積極的長期規劃，必能有長遠的效益。

有人說：「人最容易相信自己迫切想要的東西。」員工的特質與能力，必須經過仔細

圖37　柯維的第八個習慣 —— 發現內在的聲音

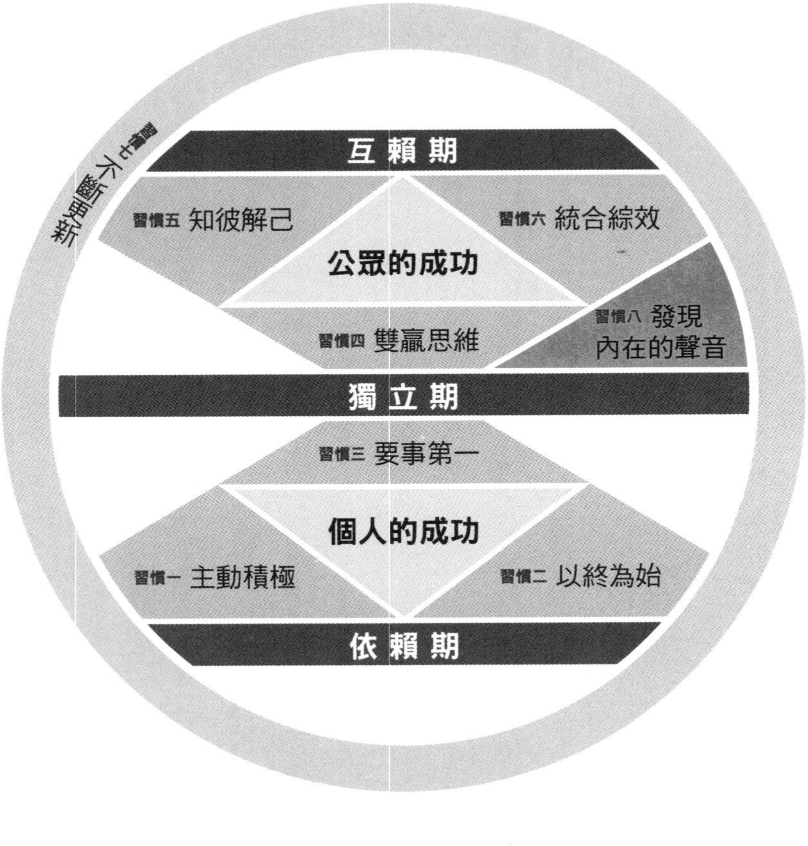

審查，因為這兩樣最後都會浮現出來；訓練和培養雖然重要，但是人才的招募和選擇卻又更重要。

若能重來，從父母的角度，你會有什麼不同的做法？

身為父母，我希望能花更多時間，在每個孩子的各個成長階段中，跟他們建立輕鬆溫馨的雙贏關係。由於工作需要，我必須經常旅行，以致我比較會讓步、寵孩子，其實這樣不太好。

科技對商業的未來走勢有何影響？

我相信一句話：「根基的變化會動搖一切。」科技基礎是一切的核心，會加速所有好、壞趨勢的變動，基於這個理由，人性的成分也愈形重要。

缺乏人性的高科技不是辦法，科技的影響愈重，控制科技的人就愈重要，建立科技運用的把關標準更是刻不容緩。

其他國家和文化的人也這麼喜歡七個習慣，你會覺得訝異嗎？

我會訝異，也不會訝異。

我會訝異，是因為我不知道七個習慣會成為世界風潮，以及其中幾個術語在美國會如此流行；我不會訝異，那是因為經過二、三十年的試煉後，我知道七個習慣之所以有用，是因為它符合自然法則，但那些原則不是我發明的，因此不能居功。

如何教小朋友七個習慣？

我會遵照史懷哲（Albert Schweitzer）管教孩子的三個基本規則去做：第一、以身作則；第二，以身作則；第三，還是以身作則。

不過，我不會那麼極端，我可能會先以身作則，然後與孩子培養一份深厚的關係，接著再用孩子的話，教他們一些簡易的七個習慣概念，好讓他們對七個習慣的內容與用語能有初步的了解，然後為他們示範如何以七個習慣來處理自身的經驗，讓他們知道自己做到哪幾點。

我老闆（配偶、孩子、朋友等）真的需要七個習慣，我怎麼樣才能讓他們讀這本書？

人們不在乎你懂多少，只在乎你關心多少。先讓對方信任你吧！然後再與對方一起分享你對七個習慣的心得，讓對方看到它對你的影響，然後找個適當時機，邀他們參加訓練課程、送他們書，或適時教他們一些基本觀念。

你的背景是什麼？怎麼會寫出這樣的東西？

以前我一直以為，自己會繼承父業，後來我發現，自己很愛教書，更愛教商場上的領導者。我在念哈佛商學院時，對組織中的人性面很感興趣，後來我在楊百翰大學教了幾年課，同時兼任顧問與培訓的工作。

在那段期間裡，我迷上了領導與管理技巧的課程，並自行編寫教材，那些內容最後就變成了七個習慣；接著，我把這些習慣應用到組織裡，又成了以原則為重心的領導觀念。後來，我決定離開大學，全職為各公司組織進行培訓工作，經過一年的仔細編審，我終於建立起一套系統化的內容，使我們能把這些教材帶給世界各地的朋友。

對於那些號稱握有成功之鑰的人，你有什麼反應？

我想說兩件事：第一，如果他們所說的話是以自然法則為基礎，我很願意虛心求教，並予以推薦；第二，也許他們和我所說的基本原則是一樣的，只是用語不同罷了。

新見解——二十一項高效能實踐

西恩・柯維

飛機起飛時有飛行計畫。可是在飛行途中，風、雨、亂流、空中交通、人為失誤、其他因素，會不斷使飛機偏離航道。

其實飛機有很多時候都不在航道上，關鍵是在於飛行員要檢視儀器，不斷做出小的航道修正。

最後飛機終會抵達目的地。

要是你和大多數人一樣，本書應已激勵你去嘗試七大習慣，以活出你的最佳人生。在這過程中，你的飛行計畫可能一直被打斷，你會感覺自己好像經常不在航道上。這樣該怎麼辦呢？

別氣餒。只要你持續回到原來的計畫，做些微調，終究會到達目的地。

由於本書有太多需要記住的東西，我在此分享「七大習慣工作坊」特別強調的「二十一項高效能實踐」（21 Highly Effective Practices），應當會有幫助。

個人的成功

習慣一

1 根據原則和所期望的結果做出反應。
2 使用主動積極的語言。
3 專注於你的影響圈。
4 成為轉型人。

習慣二

5 行動之前先確認預期效果。
6 創造個人使命宣言並以它為人生藍圖。

習慣三

7 專注於最優先的「要事」。
8 排除不重要的事情。
9 進行每週計畫。

10 真誠抉擇當下。

公眾的成功

11 與他人建立情感帳戶。

習慣四

12 保有富足的心態。

13 平衡勇氣與體諒。

14 將他人的「贏」視為自己的「贏」。

15 建立雙贏協議。

習慣五

16 練習同理心傾聽。

17 以尊重的態度尋求別人的理解。

習慣六

18 珍視差異。

19 尋求第三選擇。

習慣七

20 每日實現個人成功。

21 平衡產出和產能。

在這二十一項實踐中，有三項父親十分強調的基本概念。

首先，次序很重要。七大習慣是由內而外的做法。對外在挑戰：難搞的上司、個人成癮的習性、大好的機會，要從自己內在做起。必須先贏得個人成功，才能達成公眾成功。次序不能顛倒。一切改變都始於自己。每當你開始覺得問題出在外面，這種想法才是問題。

其次，思維是根本。我們花太多時間，去修剪態度和行為等枝葉，花太少時間去整理根部：核心思維，也就是我們觀看世界的視角。你必須先從這基本層次，去創造真正的改變。我們過著三重生活：公開、私下、祕密。公開生活是在人群中的生活和行為。私下生活是在家裡與親人一起。祕密生活是在頭腦裡，我們在此可以跳脫自我，檢視自己的思想、動機和基本思維，並選擇加以改變。我們在頭腦裡可以運用想像和良知，重寫人生的腳本，為人生規劃不同的方向，贏得個人的成功。

第三，負責作主的不是你我，是原則。我們的思維和習慣，愈是符合人類效能的原則，如責任、富足、更新，長久下來就會愈快樂、愈成功。這沒有捷徑可走。

七大習慣幾乎適用於所有情況，正因為它們是根據這些歷久彌新、放諸四海皆準的原則。七大習慣可以應用於家庭和工作、應用於個人和組織。由於太受到普遍認可，所以有許多專門用語都被畫成漫畫，用作諷刺，甚至當做一種痤瘡藥名。以下只是我看過的幾個七大習慣變體：

- 高效能僵屍的七個習慣
- 好評過高人士的七個習慣
- 高怨念人士的七個習慣
- 助你裝傻的七個習慣
- 超聰明人士的七個習慣
- 高懶惰人士的七個習慣
- 高效能蠢蛋的七個習慣

- 高平庸創業者的七個習慣
- 什麼都不怕人士的七個習慣
- 高效能海盜的七個習慣

七個習慣應用於身心障礙人士，效果奇佳。我有個朋友史達基（Glenn Stucki），十一歲時腦部受到創傷，他寫了一本親身體驗的書，書名《微笑是我的超力量：實踐七大習慣超越身心障礙》（*My Smile Is My Superpower: Rising Above a Disability Through Living the 7 Habits*）。他在書中分享，七大習慣如何助他克服別人的負面觀感，找回自己的聲音。

七大習慣也在監獄推行成功。美國某監獄裡，每個受刑人都可以上七大習慣課程，有一人上完課程後分享以下感想：

我遭到聯邦判決，要服刑九十五年。我高中畢業後，進了佛瑞斯諾州立大學（Fresno State），可是他們不給我佩爾補助金（Pell Grant），我氣極了。我轉向負面思維。我覺得此時做一些很壞的選擇，也沒什麼好處或壞處。我有各種藉口。可是現在我知道，關鍵都在我。我的思維又改變，變成主動積極，認為做學生、兄弟、兒子、專業人士等角色都要有高效能。

我體認到我在獄中二十年，卻未醒悟重點在悔過。如今我要自己做到善良、歉意、原諒。我做任何事一定要真誠。怪罪政府或獄政局是沒有用的消遣。我重新掌握自己的命運。七大習慣教人合作、同理心傾聽、主動出擊、清楚直接的目標。它重建我的思維模式。世上沒有小事。這句話對我很有意義。帶來可恥大禍的都是小事。如今我把家庭擺在第一位。感謝七大習慣，我不再是過去那個悲慘可憐、只會找藉口的人。

我也目睹七大習慣出色的應用於騎馬。幾年前我自己家，遭逢撼動我們整個天地的悲劇。我們可愛的女兒瑞秋（Rachel），在長期與憂鬱症奮鬥後，年僅二十一歲就因此症的影響而死。這對我們夫婦和兒女的打擊之大，讓我們沒把握以後還能不能快樂得起來。有個朋友早我三年失去年輕的兒子，他來看我，對我說：「你有三個選擇。你可以讓此事毀掉你的家庭。你可以讓此事纏住你。或者你可以讓此事令你堅強。」他的話深深影響我。此後過了幾月幾年，我與妻子苦心勉力，要做出主動積極的選擇，讓此次悲劇使家人變得更堅強，關係更親密。

我們的療癒方式之一，是全家人為紀念瑞秋，成立了非營利基金會：「馬上希望：瑞秋．柯維基金會」（Bridle Up Hope: The Rachel Covey Foundation）。瑞秋生前喜歡騎馬，她走後有很多她的朋友告訴我們，瑞秋如何帶著她們到山間騎馬，從而改變了他們。我們懂得女孩與馬匹之間的情誼，我們也想延續瑞秋的心願。

馬上希望基金會的使命是透過騎術訓練，激發年輕女孩的希望、信心、活力。我們的服務對象是，受焦慮、憂鬱、暴力或創傷所苦的年輕女性。我們獨特的活動包含三要素：學習騎馬及與馬建立感情；做馬廄工作；透過七大習慣培養生活技能。意外吧！七大習慣是整合到活動的每一部分，好教給年輕女性，行走人生所必要的思維和技能。

眼見七大習慣與騎馬輔助學習整合得天衣無縫，我們備感驚奇。例如馬可以教導我們，很多關於同理心和先求知彼的道理，好多動物都有這種作用。曾在很晦暗時來找我們的女孩安娜（Anna），因基金會的活動完全變了一個人，她分享以下心得：

參加馬上希望基金會活動的第一步，是寫下使命宣言，當作你希望做到什麼的提醒。我寫的是：「不怕相信某個人或事物」。當時我的人生裡，有太多人丟下我不管。可是我認識到，馬廄裡的馬可以帶給我安定。馬兒們總是待在那裡，給我無條件的愛。我記得有一天特別難過，我來到馬廄，來看我最喜歡的馬之一火箭（Rockette）。我進去跟牠抱抱，牠靠近我，偎著我進入。我開始大哭，因為牠感受得到我的挫折，牠接觸我，安慰我。馬很特別，因為牠們不會說謊，牠們不需言語就懂得你的感覺。你需要安慰時，牠們感覺得出來，牠們完全知道該如何回應你的情緒。

噢，要像馬那樣感同身受！

這原本是地方性活動的計畫，目前已成長為全球性的基金會。我們當前設定的目標是透過與現有騎術機構合作，在全球設立一千個「馬上希望」分會，藉助馬匹和七大習慣的力量，把希望帶給世界各地成千上萬的年輕女性。（詳情請上網查詢 BridleUpHope.org）

人人都會遇到難關。七大習慣背後的原則曾幫助我們全家克服挑戰，七大習慣也能幫助你。

父親史蒂芬・柯維撰寫此書，至今已三十多年。在此期間發生了太多變化，有些變好，有些變壞。我總是告訴我的子女，現在是人活著最精采的時刻。你可以用手機的全球定位系統（GPS）找方向，不必停到加油站去問路。你可以飛到世界任何城市。你可以透過書籍、部落格、影片、或十幾種其他傳播管道，立即影響和觸及全球數以百萬計的人。

與此同時挑戰增加。對機構的信任在減弱。憂鬱和焦慮成為全球流行病。家庭在傷害成員。世上有許多地方，心理上或實質上生活在恐懼中。

對個人而言，生活的步調快如光速。我們天天二十四小時相連結。社交媒體無所不在。螢幕接管我們的人生。太多的資訊，太多的選擇。我們需要依靠。

這正是對七大習慣的需求更勝以往的原因。七大習慣提供穩固的基礎，在其上可以建立更美好的人生。在日益瘋狂的世界中，七大習慣提供穩定支柱。它把人生還給每個人。

它提醒我們，儘管背負著過往的包袱，我們仍有力量做選擇。它鼓勵我們預期未來，並追求令人振奮的目的。它告訴我們，人人具有內在能力，可以建立優質關係，並找到團結眾人的第三選項。

最後，我祝福各位平安喜樂。盼望本書已說服你改變幾個思維，改掉一些習慣。壞習慣就像舒服的床，上去容易下來難，改變並不簡單。但是你可以辦到。力量就在你內心。關鍵在於許下承諾，真心承諾。一旦你說出：「我要這麼做」，一切就會改變，正如以下引用蘇格蘭作家兼登山客莫瑞（W. H. Murray）這段意味深長的文字所說：

未做承諾前你會遲疑，有機會退縮，總是無功而返。對所有自動自發（和開創）行動，都有一個基本真理，對此無知扼殺了無數的構想及遠大的計畫：當你做出確切承諾的那一刻，天意也會動起來。各種原本絕對不會有的事會發生，給予你助力。由這個決定引發的一連串事件，會產生有利於你的各式各樣不可預見的情況和際遇，還有物質上的協助，沒有人能夢想這種好運降臨。我深切敬佩歌德的一首兩行詩：

無論能做什麼，或夢想能做什麼，且開始去做。
膽量本身即附帶天分、力量和魔法！

24

柯維的最後訪談

以一個人現有的表現去期許他，他不會有所長進；
但若以他的潛能與應有的成就去期許他，他將不負所望。

德國詩人歌德

在《與成功有約：高效能人士的七個習慣》出版二十五週年後，史蒂芬·柯維的「影響圈」擴及全球。

他當過國王、總統的諮詢顧問，也透過各種想像得到的管道，教導上百萬人高效能生活原則。在二〇一二年柯維過世時，他名列世界最有影響力的人物之一，《與成功有約：高效能人士的七個習慣》也是百年來心理勵志類最重要的書籍之一。

終其一生，他持續教導七個習慣；同時，時代的劇變也讓他有了更進一步的深刻省思，現在我們想與您分享這些智慧。

以下這些問題是柯維在晚年接受採訪或演講時，常被問到的重要問題，我們為您整理出他的回答。我們盡量用他自己的話，將他最後的思考呈現出來，因此，不妨將這些內容稱為「最後的訪談」。

在《與成功有約：高效能人士的七個習慣》首度問世之後，發生了什麼改變？

改變本身不一樣了，改變的速度遠遠超過任何人的想像，科技革命似乎每一小時都在發生。

我們與經濟局勢的不確定搏鬥、全球的權力關係，一夜之間就發生戲劇性更迭，世界上許多地方，在心理上與實際上，都受到恐怖主義威脅。

在私領域的生活層面，也有徹底的轉變。如今，生活的步伐以光速前進，我們一天二十四小時都跟工作綁在一塊，我們習慣做得更多而不是更少，現在有許多人都想一次做很多事。

然而，有一件事自始至終都不會改變——你唯一可以仰賴的事，就是世上有著不朽的普世原則，它們不會改變，永遠都隨處適用。這些原則，如：公平、誠實、尊重、遠見、當責、進取心，它們影響我們人生的方式有如自然法則，就像自由落體遵循著地心引力一般——如果超出邊界，你就會跌落，這就是自然法則。

也因此，根本上我是個樂觀的人，是個樂觀主義者，因為我相信不變的原則，我知道要是我們根據這些原則來生活，它們就會給我們幫助。

我們跟從大樓上掉落的石頭不同，我們有能力選擇要不要往下跳；我們並非沒有意識的存在，只受到客觀力量的影響。

身為人類，我們被賦予了許多禮物：良知、想像力、自我覺察以及獨立意志。這些不可思議的禮物都是動物所沒有的，因此我們可以分辨對錯，能客觀看待自己、衡量自己的作為，我們可以落實想像力，創造想像中的未來，而毋須成為過去記憶的受害者。

當我們愈常使用這些能力，我們就會更加自由；我們可以選擇讓這些原則來幫助我們，而不是違抗這些原則。有能力做出這些選擇，讓我欣喜不已。

生活在變動的世界中，我們需要這些不會改變的原則。

但是，還有一個問題，就是太多人——恐怕是比以前更多的人，想避開這些生活原則，改走捷徑。我們想得到愛，卻不做出承諾；我們想要成功，卻不付出努力；我們想要苗條，卻也想吃蛋糕。

換句話說，我們想要不可能擁有的事物——沒有品德，卻仍想得到好品德的回報。因此，我寫出了《與成功有約：高效能人士的七個習慣》，我相信我們的文化正從這些原則所在的定錨點漂離，我想點出這樣發展的後果——忽略這些原則，只會使我們的生活遇到海難；同理，我向你保證，如果你遵循這些原則生活，長久以往，你會更加富足，不管是在個人生活或是生涯發展上。

我相信，如今七個習慣要比以往來得更加有意義。

沒有人會比我對七個習慣的影響力，感到更加驚訝、佩服與震撼。在到過這麼多國家、遇過這麼多人之後，這本書所產生的效應，還是一直讓我感到不可思議。我很感恩，有許多工作夥伴與朋友願意接受挑戰，實踐並教導這些習慣。

當然，我跟這些人一樣，每天持續努力鍛鍊七個習慣。這並不容易，但這是挑戰。

我發現，這深深影響著我，讓我每天早上醒來，都會思考自己的人生任務以及重要目標，並朝著最有意義的事一小步、一小步的前進。我發現對我來說，最難做到的是第五項習慣：知彼解己。我一直努力成為一個更有耐心、更好的傾聽者，我想我是有進步的。

然而，我可以告訴你，活出七個習慣是一項令人興奮的終身挑戰。也因此，當有人說他們讀過這本書，我會感到憂慮，擔心他們讀到的很可能跟我寫的並不一致；我害怕他們會以為，讀了這本書，就會讓他們一夜之間變得有效能——我希望人們真的明白，你不可能做完這七項習慣。

我很樂見世界上有愈來愈多人接受七個習慣的訓練，有成千上萬的人有資格在自己的組織內教導七個習慣，有超過一百四十個國家的人們會在網路與傳統教室上七個習慣的課程。更令我興奮的是，數以萬計的學校孩童也在學習七個習慣。有些地方，甚至是整間企業、整個政府單位、整所大學、整個學校系統，都採用七個習慣做為組織理念，並且發現這麼做為他們帶來了成功。

為什麼七個習慣會持續影響人們的生活？我想是因為七個習慣幫助人們發現最好的自己與生活。

人們，尤其是年輕人，直覺的感受到七個習慣裡所隱含的原則力量，而在他們內心深處，並不想以抄捷徑的方式過生活。這世界的活動太多，讓人們迷失了自己，現在他們想再度拿回對自己命運的掌握權。

七個習慣能幫助人們找回生活，讓人們重新得到選擇的權力。人們探索並發現自己最深刻、最珍惜的人生目的，人們獲得了創造並掌握自己未來的工具。

今日，我們時常聽到「盜用身分」的事情。

最嚴重的身分盜用，不是別人偷走了你的錢包，或盜刷你的信用卡，而是我們忘了自己是誰。

當我們開始相信自己的價值與身分，是跟他人比較所得的，而沒有看到每個人都具有無可限量的價值與潛力、無法與他人相較時，這才是更加嚴重的身分盜用。這類盜用，乃是因身陷於捷徑文化中，人們不願為真正的成功付出代價。

在我們的家人與親朋好友間，在工作上，我們一直在為這種虛假的自我形象服務。

當人發現鏡子時，就開始失去靈魂，他變得更加關心自己的形象，而不在乎真正的自己；他變成社會鏡子的產物，他的核心身分與價值全都偏移到外在世界。

七個習慣會把你帶回來，讓你忠於自己，並且提醒你，主宰人生的是你自己。

要為自己的選擇負責的人是你，而非別人；除了你自己，沒有其他人能讓你去思考、行動或感受任何非你所選擇的事物。七個習慣提醒你，你是自己未來的程式設計師，你可以設計自己的未來；七個習慣也教導我們，人生是團隊運動，互賴、與他人合作，要比獨立的境界更高。

要改變自己的人生，我會建議兩種方式。

一、遵循自己的良知

處於刺激（發生在我們身上的事）與反應（我們所做的回應）之間有選擇的空間，關於這一點，我談過許多次。在這個選擇空間中，我們怎麼做，最終會決定我們的成長與快樂。在這個選擇空間中，存在著人的四項天賦：良知、想像力、自我覺察與獨立意志，而良知主導著這四者。

通常，當我們在生活中感到不安時，便是因為我們違反了良知，在內心深處，我們都知道；我們只需問自己問題，並停下來「傾聽」，就能接觸到自己的良知。

譬如，你可以自問：在個人生活上，有哪件最重要的事需要我著手去做，才能達到最顯著的正面影響？請深入思考。哪一件事湧上了你的心頭？

現在，再請自問：在職業生涯中，有哪件最重要的事需要我著手去做，才能達到最顯著的正面影響？同樣的，請停下來，好好想想，深入自己內在，找出答案。

如果你跟我一樣，你就會透過傾聽自己的良知——內在的智慧之聲、自我覺察與基本常識，辨認出那些最重要的事。

再請自問一個重要的問題：現在我的人生要我做些什麼？停下來，仔細想想。

你感覺到，自己不夠聚焦，要對自己使用時間的方式更加留心；也許你會決定需要吃得更有營養，並開始多做運動，因為你經常感到疲累；或者，你會察覺到需要修復一段重要的人際關係。

無論那是什麼，當你發自良知做出改變時，都會感到強大的耐力與力量。沒有深刻的信念，你就沒有力量在遭遇艱難的時刻堅持追尋自己的目標，而信念來自於良知。

我們都有三種不同的生活：公眾生活、個人生活以及內心生活。我們的公眾生活，人人可見；個人生活，則是獨處的時光；內心生活，是我們真的想檢視自己的動機與內在渴望時所造訪的空間。我高度推薦發展內心生活，因為這是最有益於接觸良知的所在，待在這裡時，我們處於最佳的傾聽狀態。

二、改變自己的角色

要做出改變，第二個關鍵是改變自己的角色。

正如我經常說的，如果你想小小的改變人生，就改變你的行為；但如果你想做出重大的改變，就得改變思維，改變你看待自己、理解世界的方式，而改變思維最好的方式，就是改變你的角色。

你也許在工作上被擢升為新任專案經理，也許成為新手爸媽，又或者承擔了新的社群責任。突然間，你的角色改變了，你看待世界的角度不同了，自然而然，你就會隨著觀點的改變而做出更好的行為。

有時候，角色的改變是外在的事件，例如：工作責任的改變。然而有時候，我們只要改變自己的心態或是對情勢的看法，就能改變自己的角色。

比方說，你在工作上被大家視為控制狂，但你知道需要信任別人、放手讓他們發揮，那麼，你不妨從不同的角度來看待自己，將自己的角度從「監督者」重新定義為「顧問」。隨著角色改變，心態也會改變，你會開始把自己視為團隊成員的顧問，他們有權做出決定，並向你諮商，你就不會再把每件事都抓在手裡，一直緊迫盯人。

經常有人問我，七個習慣中哪一項最重要？我的回答是：你覺得最難做到的那一項，便是最重要的習慣。

運用你與生俱來的自我覺察與良知，幫助你去發現你最需要關注的習慣。通常，最好的改變是一次挑出一個習慣，對自己做出跟這個習慣有關的小小承諾，然後持續落實。漸漸的，你的紀律與自信就會增加。

我知道七個習慣對我有幫助，但我的公司或組織若是不肯實行七個習慣呢？

每一件事都始於個人，因為所有有意義的改變都是由內向外的。

當你啟動個人的改變後，很快就會發現，當你的影響力拓展出去，你的正直給他人深刻的印象時，你也改變了周遭的環境；只有在你成功的改善自己之後，你才能開始推動組織的改變。

我有個偉大的目標，是想讓七個習慣融入當代文化中，幫助人類改變從工業時代承襲而來，由上而下、命令與控制的心態。

工業時代的心態還停留在我們身上，這種心態把人當成需要加以控制的事物，認為人是可以取代的，人與人之間沒有差別。

然而我們都知道，每一個人都有獨特的天賦，能夠做出其他人做不到的貢獻。在財務報表上，員工經常被當成費用，而非槓桿值最大的資產；即使你是個仁慈的獨裁者，還是在用控制的手段，這是今日絕大部分組織的重大缺陷。

七個習慣能夠改變這一切。

注入七個習慣的文化，深入授權給每一個參與的人。在這樣的文化裡，每一個人都有極大的價值，互補的團隊經過細心的設計，能提升每一個團隊成員的生產力，不受他們的弱點左右。就像在合唱團裡，低音部不會試著取代高音部或中音部的位置。

我們需要每一個人，關鍵在於卸下人們的束縛，讓人們找到自己的聲音，致力於他們喜歡做的事，以及在服務人類需求上他們所擅長的事。

看到七個習慣有助於改變世界各地的團隊與組織，那現象令我自覺卑微渺小。

譬如，在墨西哥有間偉大的礦業公司將七個習慣做為公司理念，公司上下從執行長到礦工，都受過七個習慣的訓練。

當每一個人都受到重視，每一個人都為工作成果負起責任時，生產力突飛猛進，事故率則往下降。甚至，員工配偶開始打電話到公司詢問：「你們對我的先生或太太做了什麼？他們完全改變了！」在那之後，員工的所有家人也都接受了訓練。

我學習到，要建立偉大企業不只需要偉大的個人，一個組織一定也要以組織的方式來實踐七個習慣。

這意味著主動積極，具有清晰的任務與策略，持續做到要事第一，採取有利於所有利害關係人的雙贏思維，並且為了未來共同創新。

以七個習慣的架構來思考，對於組織的成功至為關鍵。

建立七個習慣的文化，不只是執行長的工作，而是每一個人的工作。在這樣的文化裡，每個人都是領導者。

最後，我還渴望，世界各地的組織文化都建立在以原則為中心的領導力上。這類領導力是給每一個人的，而不只專屬於執行長。

所有真正的領導力，都是基於道德力量，而非形式力量——甘地從沒擔任過任何正式職位；翁山蘇姬（Suu Kyi）與曼德拉（Nelson Mandela）因為良知之故，遭到囚禁多年。他們的領導力便是道德力量。

我這一生一直是個老師，從未擔任過要職，但我對實踐自己的任務感到高度負責。任何認真實踐七個習慣的人，都會成為領導者。

你總是教導人們應該要思考自己要將什麼傳承給後人，你會留給後人什麼呢？

對我個人來說，我希望自己最偉大的遺產，是帶給我的家人幸福快樂，讓他們生活得有品質。

這世上最能讓我感到快樂滿足的，莫過於我的家人，這對我來說是最重要的。

我贊成一位有智慧的領導人曾說過的話：「沒有任何成功能彌補家庭的失敗。」確實，你在自己家裡所做的工作，是你所能做的最偉大的工作；家人的重要性至高無上，值得我們投注比平常更多的關心與時間。

人們往往會在工作上，耗費諸多時間思考詳盡的策略，卻不肯花些許時間，計劃如何建立關係更緊密的家庭。

這也就是說，我不相信「家庭若是幸福，事業就會不夠成功」這種沒有根據的二分法，這不是非此即彼的選擇，只要用心計劃，你可以在兩方面都獲得成功——事實上，一方的成功會孕育另一方的成功。同時，如果你曾忽略了家人，想與他們重新建立關係，無論從何時開始都不嫌晚。

在工作上，當人們問起我希望自己以何聞名時，我的回答很簡單：我為孩童做的事。我相信，每一個孩子都是領導者，而且世人也應該如此看待孩子。

當我們看到孩子時，不要以他們的行為來定義他們，要看見並肯定他們是個領導者。領導力是清楚的肯定人們的價值與潛力，讓人們明白自己的價值與潛力。

我們可以養育出領導者世代，只要我們能教導孩子明白內在的價值與良善，幫助他們看見自己內在的偉大力量與潛能。

我很高興，現在世界上有上千所學校教導孩子七個習慣，讓他們明白自己的真正本質，以及他們能做到的事。我們教他們正直、懂得應變、自我規範以及雙贏思維；我們教他們勇於接納與自己不一樣的人，而非不信任他們；我們教他們如何「不斷更新」，從不停止成長、改善與學習。

這樣的工作，可見於如今全球有一千多所學校正在實行的「領導力教育」計畫。在這些學校裡，他們學到每一個人都是領導者，而不只是少數受歡迎的人才是；他們學到本質的成功（Primary Success）來自於真實、誠實的成就，而世俗的成功（Secondary Success）是來自世人的認可；同時，他們學會看重本質的成功，學到自己有了不起的天賦，可以做出抉擇，不必成為沮喪的受害者，也不會只是少不了的螺絲釘。

想像一下，與這些原則有深刻連結的孩子長大之後的未來，他們摒棄受害者心態與依賴他人的想法，不懷疑、不防衛，成為一個全然負責的公民，認真的看到自己對他人該負起的責任。這樣的未來是可能的。

這就是我希望後人記住我的地方。

你的工作成果未來的前景如何？

在內心最深處，我認為自己是個老師。

在結束正式教育之後，我當上教授，這是我喜歡的工作。當我著手了解自己的人生任務，我發現「以原則為中心的領導」是個遠大於我的理念，七個習慣與我的其他作品都包含了這個理念。我知道，除非我建立一個組織，讓這個理念得到統籌管理，並透過組織存活下去，否則這個理念的重要性和關聯性，可能會在我離開世間之後逐漸消失。

有了這個想法之後，我決定踏入商業界，建立一個組織，在全世界各地傳播「以原則為中心的領導力」。

一開始，我建立了柯維領導中心，隨後與富蘭克林時間管理顧問公司合併，成為富蘭克林柯維公司。公司的使命即是要透過應用「以原則為中心的領導」，幫助各地的人們、組織以及社會發揮潛能，成就偉大。

現在，我們在一百四十多國都有營運單位。這個組織的使命、願景、價值和表現，都令我感到驕傲，它的發展也正如我所期望的。

或許，最重要的是，法蘭克林柯維公司並非仰賴我一人，無論如何，它會在我過世之後仍繼續這份工作。

你曾說過，你最重要的最後訊息是「追求向上人生」（Live Life in Crescendo），這是什麼意思？

這意味著，你最重要的貢獻總是還未出現，而非已經出現。你應該持續拓展，並加深你對那項貢獻的承諾。退休，是錯誤的想法，你可以從某個職位退休，卻不可能從有意義的計畫及貢獻中退休。

「漸強」（Crescendo）是音樂術語，指的是演奏時要更有活力、聲音更大，充滿力量與奮鬥；相反詞是「漸弱」（Diminuendo），指的是讓聲音愈來愈小，退後、不冒險、變得被動、淡出人生。

所以，要追求向上人生，用這樣的想法活著是很重要的。

不管你完成了什麼，或還沒完成什麼，你都需繼續做出更重要的貢獻。要克制從後照鏡看過去成就的誘惑，樂觀的向前看。我很高興自己的下一本書就叫 *Live Life in Crescendo*（原文書名意為「追求向上人生」，中文書名為《與成功有約最後一堂課》），這是和我的女兒辛希雅所合寫的。

不論年紀或職位，只要能活出七個習慣，你就不會停止貢獻，你總會在生命中找尋更高、更好的目標——下一個迷人的挑戰、更深刻的了解、更熱情的羅曼史、更有意義的愛。你能從過去的成就獲得滿足，但下一個更偉大的貢獻總還在前方；你還有關係要建立、有社群要服務、有家人要關懷、有問題要解決、有知識要學習，還要創造更偉大的事物。

我有個女兒曾問過我，在寫完《與成功有約：高效能人士的七個習慣》之後，是否就完成了我對世界的貢獻。我想我的答案讓她驚訝：我不是在抬舉自己，不過我真的相信，我還前程似錦，大有可為。

史蒂芬．柯維於二〇一二年七月十六日辭世，享年七十九歲，當時他還正全力投入十項不同的寫作計畫中。就傳統的意義來說，他從未退休，而是直到生命終點都還在「追求向上人生」；他的思想還在持續影響著全世界，而且速度愈來愈快，轉化了各地學童、經理人與一般人的生命，於是我們相信他說的，他依然前程似錦，大有可為。

（郭貞伶／譯）

跋

我崇尚的自然法則

在本書末了，我想與讀者分享我的個人信念，以及我認為正確的原則。我相信，正確的原則就是自然法則，也就是神這個造物主，我們的父神是一切的起源，也是我們良知的源頭；我相信，人們據此良知生活行事，就能獲得成長，實踐天賦，而若是人們違背這個道理，那與其他動物無異。

我相信，有部分的人性無法藉由立法或教育來達到，只有神的力量才能處理；我相信，生而為人，我們不可能達到完美的境界，但若我們願意將正確原則徹底實踐，我們內在本有的神性與恩澤自然能展現於外，幫助我們發揮天賦。以德日進（Teilhard de Chardin）的話來說：

> 我們並非擁有靈性經驗的人類，我們是靈性的存有，在人世間經驗一切。

本書提及的許多原則，我都是親身經歷並在其中掙扎前行。這些掙扎是值得的，且帶來滿足，讓我的生活有意義，讓我有能力去愛、去為人服務，努力不輟。

再次，我想藉艾略特那段極美的話來描繪我個人的發現與信念：

我們必不可停止探索，而一切探索的盡頭，就是重回起點，並且對起點有初次認識般的了解。

附錄一

第四代時間管理

——高效能經理人的一天

以下是在辦公室掌握重點、善用時間的實例，有關原則請參看「習慣三」相關篇章。

假定你是一位大藥廠的行銷主任，現在正是一天的開始。瀏覽當天的行事曆後，你估計每項工作所需時間為：

一、邀總經理共進午餐（一至一個半小時）。
二、擬定下一年度媒體廣告預算（二至三天）。
三、處理積壓過多的公文（一至一個半小時）。
四、與業務經理討論上個月業績（四小時）。
五、處理亟待回覆的若干信件（一小時）。
六、瀏覽桌上堆積如山的醫學雜誌（半小時）。
七、為下個月的業務會議準備口頭報告（兩小時）。
八、據傳某產品最近一批貨的品質有問題。

九、回覆政府主管來電，討論此事（半小時）。

十、參加下午兩點召開的主管會議，但議題不明（一小時）。

現在我們運用習慣一（主動積極）、習慣二（以終為始）、習慣三（要事第一）所揭櫫的原則，安排全天的行事順序。

雖然，這只是短短的一天，但卻足以反映掌握時間的祕訣。

在前述預定工作項目中，除了第六項閱讀醫學雜誌外，似乎都既重要又急迫。根據第三代時間管理原則，我們應依循個人的價值觀與目標來安排事情的先後順序，當然也必須考慮別人是否能配合，而且某些事情不能變動，例如：中午必須進餐。

許多人採取這種時間管理方式，在當天即展開大部分工作，未完成的則順延至第二天或更久之後。

比方說，多數人會利用上午八時至九時這段期間，打聽下午主管會議的確實議題，以便事先準備，並與總經理約好共進午餐的時間，再和政府主管官員洽談產品品管問題。

接下來的一至兩小時，一般人會去見業務經理、處理信件，以及查證有關產品品質問題的傳言，其餘時間則用於準備中午的餐會或下午的會議。

午餐後，先處理上午未完成之事，待開完會再批公文或應付當天突發狀況。

表4　日程表（早八晚五）

日程表
(早八晚五)

8 ______

9 ______

10 ______

11 ______

12 ______

1 ______

2 ______

3 ______

4 ______

5 ______

至於編列媒體預算和準備下個月業務會議的口頭報告，通常不會被視作亟待處理的事，延後一、兩天似乎也無妨；然而，這兩件工作卻與長程規劃及業務目標有關，雖然不急迫，卻很重要。

你是否也以上述方式處理公務？還是根據第四代時間管理規則，掌握重點行事？（請參考二四八頁圖18）

要事第一的時間管理方式並非一成不變，你可以就實際狀況靈活運用，此處只提供一些可行的建議。

● **下午兩點的主管會議**　顯然這次會議根本沒有預定的主題，或是必須到開會時才知道。這種情形司空見慣，無怪乎時常會而不議，議而不決。

通常這類會議只討論迫在眉睫之事，重要但不緊迫的事必然排不上行程，這正符合了帕金森定律（Parkinson's Law）——預定多少時間，就會有多少工作。

為了扭轉這種現象，你不妨準備一份有關提高議事效率的報告，要求列入議程；即使開會時只分配到幾分鐘時間，也可先做預告，引起在座者的興趣。不過，無論何時提出，這份報告應強調，每次會議必須明定目標與完整議程，以便與會者預做準備，開會時能有所建言；議題中應包括具開創性的長遠目標。

此外，會議紀錄應在會後盡快發給每位出席者，並根據決議指定任務與完成時限，並且把成效列入未來會議的議程，加以檢討。

要把準備這樣一份報告當作今日要事，需要極大的勇氣與自制力；同時，必須考慮周詳，以免會議上出現尷尬局面。其餘各項工作，多半可循此方式處理，唯有與政府主管官員洽談一項除外。

- **回覆主管官員來電**　此事本來可授權屬下去做，但由於牽涉到另一機關，可能超出個人影響圈之外，所以不妨趁早親自完成。如果從電話中得知品管問題是持續的，就應該下定決心防患於未然。
- **與總經理午餐**　這或許是個難得的機會，可在無拘無束的氣氛下，討論一些長遠之計，也就是重要而不緊迫之事。或許你必須在上午抽出幾十分鐘來準備，也可能你只想輕輕鬆鬆聆聽對方侃侃而談，這兩種方式或多或少都有助於與上司建立良好關係。
- **編列媒體廣告預算**　可請與業務直接相關的部屬提供「完備的幕僚作業」建議（也就是大致上只需你簽署同意即可的報告），或是提出兩、三種方案供你選擇。

你可能得花上整整一小時，與部屬討論預期成果、基本方針、可運用的資源以及責任歸屬、成果評估，但在那之後卻可節省時間、又能統合綜效。

如果以往不曾採用此種方式，起初也許得花費較多時間，訓練員工如何結合彼此的力量，完成所謂「完備的幕僚作業」。

●**待辦公文與信件**　與其自己埋首於成堆的公文與信函中，不妨每天花費半小時或一小時，訓練祕書或助理代為處理。

如果祕書沒有把握如何回覆，可先行整理，並附上建議或說明供你裁決。如此一來，可能絕大部分的文件都不必由你經手，祕書會做得比你更妥貼。

●**與業務經理討論業績**　你們可以檢討行銷與業務部門的關係與雙方議定的業績目標，看看彼此是否掌握了重點。至於原訂的討論主題，很可能亟待解決，但是有效的討論除了解決眼前的問題，還應該探討潛藏在問題背後的長期成因。

此外，你可以訓練祕書與業務部門聯繫，有要事才向你報告。

你或許有必要向業務經理與屬下說明，主管的首要職責是領導而非管理，有些問題與祕書商量即可；若是擔心業務經理不屑與祕書打交道，至少可先著手建立兩者之間的關係，有一天他終會覺悟：身為主管不必事必躬親。

●**閱讀醫學雜誌**　此事或許並不十分急迫，但經常吸收新知，是培養專業素養與信心不可或缺的。你也可在下次部門會議中，建議員工訂定新計畫，分別閱讀這些雜誌，並提出心得報告；或者選出重要文章及摘要，供全體傳閱。

●**準備下個月的業務會議**　你可指定屬下分工合作，代表不同的意見與業務問題，分析全體業務人員的困難與需要，並在一週或十天內提出完整的議程建議，由你做最後決定，並且付諸實行。

部屬在設定議題前，應逐一訪問業務人員或抽樣調查，千萬不可閉門造車；議程訂定後，應及早分送每位出席者，以便預做準備。

如果屬下不習慣這種方式，你應該詳加說明用意與優點，並且訓練他們思慮遠大，對交辦的工作要有責任感，彼此分工合作，在一定時間內交出夠水準的成績。

● **產品發生品管問題**　產品出了問題，必須徹底檢討原因，倘若是長期累積的結果，就應該指定專人深入研究，並提出解決辦法，或者授權屬下逕行解決，但將結果呈報。

經由以上的安排，這一天的工作，包括：授權、訓練員工、準備主管會議、打一通電話、吃一頓頗有收穫的午餐。

如果每一天都能把握同樣的原則，不久，你就不會再為急事纏身，而能靜下心來領導、擘劃。

或許有些人認為，這種做法太理想化，難道真有完全不必面對突發事件的經理人嗎？我承認這種作風的確相當理想化，但本書的主旨並非「毫無效能者」的行事方法，而是「高效能者」的工作準則，高效能原本就是值得追求的理想。

當然，任何人都無法避免突發事件，況且，縱使規劃再完善，仍然可能發生意外，只不過我們可以將急務減少到不影響正事的地步，免得時時處於壓力過大的狀況下，畢竟壓力有損判斷力與健康。

我必須再次強調，堅持原則需要耐心與毅力，培養把握重點的習慣亦復如此。幸而只要踏出了第一步，總有成功的一天；一旦自己辦到了，還要鼓勵別人跟進。

我承認，在家庭或小型企業中，授權可能行不通，但有心人仍可舉一反三，加以變通。運用之妙，完全存乎一心。

附錄二

關於富蘭克林柯維公司

富蘭克林柯維公司（www.franklincovey.com）是一個全球性、以人為本的顧問培訓公司，專長於七個關鍵領域，包括：領導力、執行力、生產力、信任力、銷售績效、客戶忠誠度與教育。藉由提供一系列領導變革的架構與思維，貼合客戶的多變需求並精準提供解決方案，為激發個人、團隊和組織潛能，實現企業的至關重要目標，成就卓越。

自一九八九年《與成功有約：高效能人士的七個習慣》一書出版後，三十多年來，富蘭克林柯維公司不斷更新，致力創造顧問與培訓的極致影響力。目前在全球一百五十個辦事處有近二千名專家提供相關服務，客戶有九〇％來自於美國財富一百強的企業，超過七五％為來自美國財富五百強的企業，還有數以千計的中、小型企業和政府與教育機構。

當您閱讀完此書，是否希望獲得更多學習與成長的機會呢？

富蘭克林柯維公司在台灣、香港、大陸和新加坡皆設有辦事處，專業服務領域包含領導力、執行力、生產力、信任力、銷售績效、客戶忠誠度，歡迎致電 886-2-2325-2600，或瀏覽官網 www.franklincovey.com.tw，讓我們有機會為您提供更專業與詳盡的服務。

歡迎掃描以下所列的 QR Code 瀏覽各社群媒體平台，讓您即時獲得富蘭克林柯維公司最新資訊、掌握終極競爭優勢！

有關兒童、青少年、老師、學校、家庭等教育領域，歡迎致電 886-2-2703-5690，或瀏覽官網 www.peducation.com.tw。

心理勵志 BBP449

與成功有約

高效能人士的七個習慣 30 週年全新增訂版

The 7 Habits of Highly Effective People

30th Anniversary Edition

作者 — 史蒂芬・柯維（Stephen R. Covey）、西恩・柯維（Sean Covey）
譯者 — 顧淑馨
翻譯協力 — 張怡沁

副社長兼總編輯 — 吳佩穎
副總監 — 楊郁慧
責任編輯 — 許景理（特約）、楊郁慧、朱玉立、
羅玳珊、李美貞（特約）
封面設計 — 張議文
內頁設計 — 陳文德（特約）
內頁排版 — 蔚藍鯨（特約）

出版者 — 遠見天下文化出版股份有限公司
創辦人 — 高希均、王力行
遠見・天下文化 事業群榮譽董事長 — 高希均
遠見・天下文化 事業群董事長 — 王力行
天下文化社長 — 王力行
天下文化總經理 — 鄧瑋羚
國際事務開發部兼版權中心總監 — 潘欣
法律顧問 — 理律法律事務所陳長文律師
著作權顧問 — 魏啟翔律師
社址 — 台北市 104 松江路 93 巷 1 號
讀者服務專線 — 02-2662-0012 ｜傳真 — 02-2662-0007；2662-0009
電子郵件信箱 — cwpc@cwgv.com.tw
直接郵撥帳號 — 1326703-6 遠見天下文化出版股份有限公司

製版廠 — 東豪印刷事業有限公司
印刷廠 — 中原造像股份有限公司
裝訂廠 — 中原造像股份有限公司
登記證 — 局版台業字第 2517 號
總經銷 — 大和書報圖書股份有限公司 電話 — 02-8990-2588
出版日期 — 1991 年 1 月 15 日第一版第 1 次印行
2024 年 9 月 6 日第十版第 34 次印行

國家圖書館出版品預行編目(CIP)資料

與成功有約：高效能人士的七個習慣/史蒂芬・柯維(Stephen R. Covey), 西恩・柯維(Sean Covey)著；顧淑馨譯. -- 第十版. -- 台北市：遠見天下文化, 2020.10
面；公分. -- (心理勵志；BBP449)
譯自：The 7 habits of highly effective people : 30th anniversary edition.
ISBN 978-986-5535-66-7(平裝)

1.成功法

177.2 109013244

定價 — NT 550 元
ISBN — 978-986-5535-66-7
書號 — BBP449
天下文化官網 — bookzone.cwgv.com.tw